O CAVALO CEGO

Copyright © 2010 by Iben Nagel Rasmussen
Copyright da edição brasileira © 2016 É Realizações
Título original: *Il Cavallo Cieco. Dialoghi con Eugenio Barba e Altri Scritti*

Editor
Edson Manoel de Oliveira Filho

Produção editorial
É Realizações Editora

Capa e projeto gráfico
Mauricio Nisi Gonçalves

Preparação de texto
Márcio Honório de Godoy

Revisão
Mariana Cardoso

Reservados todos os direitos desta obra. Proibida toda e qualquer reprodução desta edição por qualquer meio ou forma, seja ela eletrônica ou mecânica, fotocópia, gravação ou qualquer outro meio de reprodução, sem permissão expressa do editor.

CIP-BRASIL. CATALOGAÇÃO NA PUBLICAÇÃO
SINDICATO NACIONAL DOS EDITORES DE LIVROS, RJ

R176c

Rasmussen, Iben Nagel, 1945-
   O cavalo cego : diálogos com Eugenio Barba e outros escritos / Iben Nagel Rasmussen ; organização Mirella Schino e Ferdinando Taviani ; tradução Patricia Furtado de Mendonça. - 1. ed. - São Paulo : É Realizações, 2016.
   384 p. ; 23 cm.

   Tradução de: Il Cavallo Cieco. Dialoghi con Eugenio Barba e Altri Scritti
   ISBN 978-85-8033-282-7

   1. Teatro dinamarquês. I. Schino, Mirella. II. Taviani, Ferdinando. III. Mendonça, Patricia Furtado de. IV. Título.

16-37435   CDD: 839.813
                                                        CDU: 821.113.4

28/10/2016   03/11/2016

É Realizações Editora, Livraria e Distribuidora Ltda.
Rua França Pinto, 498 · São Paulo SP · 04016-002
Caixa Postal: 45321 · 04010-970 · Telefax: (5511) 5572 5363
atendimento@erealizacoes.com.br · www.erealizacoes.com.br

Este livro foi impresso pela Intergraf Indústria Gráfica em novembro de 2016.
Os tipos são da família Adobe Garamond Pro e Letter Gothic Standard. O papel do miolo é o Couche Fosco 90 g, e o da capa, Cartão Supremo 250 g.

IBEN NAGEL RASMUSSEN

O CAVALO CEGO

Diálogos com Eugenio Barba
e Outros Escritos

Organização
Mirella Schino e Ferdinando Taviani

Tradução e revisão técnica
Patricia Furtado de Mendonça

É Realizações
Editora

SUMÁRIO

Nota dos Organizadores 7
Nota do Tradutor 11

IBEN NAGEL RASMUSSEN: O CAVALO CEGO.
DIÁLOGOS COM EUGENIO BARBA E OUTROS ESCRITOS

I. *Polônia e Noruega* 23
II. *Ornitofilene* (1965-1966) 37
III. *O Odin Teatret na Dinamarca* 45
IV. *Kaspariana* (1966-1968) 51
    Eugenio Barba 51
    Iben Nagel Rasmussen 57
V. *Ferai* (1969-1970) 63
    Eugenio Barba 63
    Iben Nagel Rasmussen 70
VI. *Min Fars Hus* (1972-1974) 77
    Eugenio Barba 77
    Iben Nagel Rasmussen 84
VII. *Carpignano* 91
    Eugenio Barba 91
    Iben Nagel Rasmussen 97
VIII. *Come! And the Day Will Be Ours* (1976-1980) 101
    Eugenio Barba 101
    Iben Nagel Rasmussen 109
IX. *O Milhão* (1978-1984) 119
    Eugenio Barba 119
    Iben Nagel Rasmussen 122
X. *Cinzas de Brecht* (1980-1984) 129
    Eugenio Barba 129
    Iben Nagel Rasmussen 133

XI.	*O Evangelho de Oxyrhincus* (1985-1987)	139
XII.	*Talabot* (1988-1991)	145
	Eugenio Barba	145
	Iben Nagel Rasmussen	151
XIII.	*Kaosmos* (1993-1996)..	161
	Eugenio Barba	161
	Iben Nagel Rasmussen	167

APÊNDICE I: APÓS KAOSMOS

Nota dos Organizadores 173
Eugenio Barba: *Os Atores da Ferocidade (Mythos)*.. 175
Torgeir Wethal: *À Procura de Espelhos Estragados (O Sonho de Andersen)* 185
Mirella Schino: *Cinquenta Anos de Espetáculos (A Vida Crônica)*..................... 201
Eugenio Barba: *A Árvore e Suas Raízes (A Árvore)*... 215
Iben Nagel Rasmussen: *Um Pio Vindo de um Ramo Seco (A Árvore)* 231

APÊNDICE II: A HISTÓRIA DEVE SER CONTADA

Nota dos Organizadores 241
Iben Nagel Rasmussen: *As Mudas do Passado* 243
Iben Nagel Rasmussen: *Itsi-Bitsi*.. 257
Eugenio Barba: *Carta para Aramis* 271
Iben Nagel Rasmussen: *Trinta Anos Depois* 275
Eik Skaløe: *Uma carta de Eik* 277
Eugenio Barba, Iben Nagel Rasmussen: *O Corpo Transparente. Conversa sobre o Treinamento*.. 279
Iben Nagel Rasmussen: *O Livro de Ester* 287

APÊNDICE III: IMAGENS

Nota Cronológica (m.s. e f.t.).. 301
Oitenta Imagens do Odin Teatret. Álbum Organizado por Mirella Schino...................... 313

NOTA DOS ORGANIZADORES

Mirella Schino e Ferdinando Taviani[1]

O Cavalo Cego é a história do Odin Teatret e de seus espetáculos, construída a partir do cruzamento de dois olhares: o de Eugenio Barba, que fundou o grupo em 1964, e o de Iben Nagel Rasmussen, que se uniu ao Odin Teatret em 1966.

O livro nasceu de uma longa entrevista feita pela atriz ao diretor. A edição original em dinamarquês é de 1998.

A história do Odin é contada através dos olhos de dois protagonistas, revelando-se uma fonte essencial para quem se interessa por um teatro cujo valor já é universalmente reconhecido na cena da segunda metade do século XX. De um ponto de vista mais abrangente, o livro também é importante para estudar o ofício do diretor, pois além de Barba falar amplamente de suas soluções, ele também trata – com uma abertura incomum – dos problemas internos, dos becos sem saída, dos próprios temores e do que considera "suas próprias inadequações".

No entanto, paradoxalmente, *O Cavalo Cego* também é um livro igualmente útil para quem se interessa pelo treinamento e pelo trabalho de composição *do ator*, pelas peculiaridades da relação entre ator e diretor, vistas – ao menos uma vez – do ponto de vista de quem faz teatro. Quem toma a palavra neste livro, ao lado de Barba, e com a mesma abertura, interesse e confiança, é uma grande atriz, uma mestra.

Inúmeras foram as vezes em que Eugenio Barba contou, *a posteriori*, a história de seus espetáculos, como através de suas várias conferências e livros.

---

[1] Mirella Schino, professora da Universidade de Roma Tre, se aproxima do Odin Teatret no final dos anos 1970. Em 1986, passa a integrar o *staff* científico da ISTA (*International School of Theatre Anthropology*). Criou e coordena os Arquivos do Odin Teatret. Ferdinando Taviani, professor emérito da Universidade de Aquila, é Conselheiro Literário do Odin Teatret desde 1974, além de ser um dos membros fundadores da ISTA.

Com mais frequência ainda, falou de como constrói uma nova obra. Mas nunca com o tom presente neste livro, enquanto fala com alguém que trabalhou ao seu lado durante tantos anos, uma atriz que viu crescer, mudar, manter vivo o próprio fogo, apesar da passagem do tempo. É esse diálogo com a Iben que faz brotar, nas histórias de Barba, detalhes, imagens e lembranças que são incomuns. Sim, este livro é importante para conhecer objetivamente a história de Barba e do Odin. No entanto, o mérito particular de *O Cavalo Cego* – seu sabor especial – encontra-se na qualidade do tom de ambos, diretor e atriz, e na liberdade com a qual eles falam, contam, exploram, no diálogo entre duas subjetividades nada dissimuladas.

Iben Nagel Rasmussen responde às histórias de Barba opondo-lhes, ponto por ponto, sua memória de atriz, que costuma ser outra. Mas ela faz essa contraposição sem criar polêmica, como se a diferença fosse uma alegria, um estímulo a mais. Demonstra curiosidade e interesse pelas palavras do seu diretor até mesmo quando ironiza, o que acontece o tempo todo, e se diverte ao ressaltar discrepâncias ou diferenças.

Talvez seja exatamente por isso que o ponto de vista da atriz consiga sempre manter um valor e uma integridade que lhe são próprios. Em um primeiro momento, parece mais limitado, menos abrangente, mais anedótico. Ela vive dizendo que suas prioridades, no trabalho, são diferentes das do diretor. Pode parecer ainda mais estranho, mas em suas histórias afloram detalhes, rostos e emoções que, aparentemente, o diretor nem percebeu. Quando ela fala, a primeira coisa que surge são as relações internas do grupo. Esse não é seu ponto de vista "natural". Pelo contrário, é provável que tenha sido um ângulo particular escolhido para desenhar seu quadro, como faria um pintor, ou como faz um verdadeiro escritor, e não alguém que está apenas reunindo memórias. O resultado é que o esboço que ela faz do Odin é diferente do esboço de qualquer outra pessoa.

Além disso, resulta ser um relato tenaz das investigações e dos valores que marcaram o início desse teatro, e que, para Iben Nagel Rasmussen, parecem ser, de um lado, a própria justificação deste livro, do outro, as bases – imprescindíveis e sempre em perigo – de seu próprio trabalho.

O discurso de Barba é espinhoso e rico, mesmo nas confiantes e particulares inflexões deste livro. A escrita de Iben Nagel Rasmussen tem um tom que é só dela, lembrando um diário. É fresca e leve, possui a sabedoria de quem sabe que a diferença é um bom terreno para o trabalho, e não deve ser nem defendida nem sacrificada.

A qualidade do diálogo entre os dois, fruto de algo ainda mais profundo que um longo trabalho em comum, surge novamente na breve entrevista sobre o treinamento, intitulada *O Corpo Transparente*. Trata-se de um dos textos acrescentados na edição italiana: aqui os papéis se invertem, pois é Eugenio Barba que interroga a atriz.

O treinamento costuma ser associado à aquisição progressiva de técnicas: um modo para melhorar as capacidades do ator ou para que ele encontre um estilo próprio. Para algumas pessoas, ainda que mais raramente, o treinamento também foi importante como um caminho para encontrar algo mais profundo, mais pessoal, mais íntimo ou espiritual até. Foi um tema central na vida do Odin. Como no passado, é uma prática imitada, seguida e discutida por muita gente. Ainda que essa entrevista seja curta e faça uso de poucas palavras, Iben Nagel Rasmussen consegue passar uma imagem quase oposta do treinamento: para ela não se trata nem de uma técnica nem de um caminho, mas de uma possibilidade de fazer com que o corpo do ator se torne transparente, de permitir que ele mostre o que possui de mais privado e individual, o que ele tem em comum com o público: algo mais arquetípico – ou mais íntimo – da natureza, do passado ou das recordações de um indivíduo. Que nome dar a isso? É raro encontrá-lo. Em situações como essas, normalmente essa coisa é definida com termos corretos e pomposos: uma chama, uma luz. Talvez pudéssemos dizer que é a imagem e a força de uma paixão – algo radicalmente diferente das paixões pessoais e de sua representação.

Como se o esforço físico prolongado, preciso e detalhado pudesse produzir uma iluminação repentina, uma fratura que revela a presença ou a ausência dessa força-paixão e de sua profundidade. Porque o teatro, inclusive desse ponto de vista, é exigente e não tem dó.

Parece que foi essa qualidade que Iben Nagel Rasmussen intuiu – como possibilidade vital, tempestuosa, fragilíssima e preciosa – quando foi espectadora de seu primeiro espetáculo do Odin Teatret, em 1965: o jovem, muito bem cuidado e provavelmente ingênuo, embora certamente aceso, *Ornitofilene*. É essa mesma qualidade que ela busca e persegue em seu próprio trabalho de atriz, em seus alunos, no treinamento – e em Barba.

Já acenamos algumas diferenças entre a edição italiana e a edição original dinamarquesa: a italiana possui três Apêndices a mais.

O Apêndice I inclui cinco textos que atualizam a história dos espetáculos do Odin Teatret de 1998 até os dias de hoje: um artigo de Barba sobre *Mythos* (1998); um artigo de Torgeir Wethal[2] sobre *O Sonho de Andersen*, 2004; um texto de Mirella Schino sobre *A Vida Crônica*; mais dois textos sobre *A Árvore*, a última montagem do grupo, um escrito por Eugenio Barba e outro por Iben Nagel Rasmussen.

O Apêndice II reúne diversos escritos de Iben Nagel Rasmussen: *As Mudas do Passado* (1979); o texto de *Itsi-Bitsi* (1991), com fragmentos de seu diário de trabalho e outros escritos que compõem o programa desse espetáculo, nos quais ela fala de sua juventude nos anos 1960, da revolta política, das drogas e da chegada ao teatro; o texto de seu mais recente espetáculo, *O Livro de Ester* (2006), centrado na figura de sua mãe, a escritora Ester Nagel; e, finalmente, a entrevista que ela deu a Eugenio Barba sobre o treinamento *O Corpo Transparente*.

Itsi-Bitsi e *O Livro de Ester* materializam o valor altruísta da autobiografia: histórias que devem ser contadas para recuperar vidas que, de outra forma, se perderiam. *Itsi-Bitsi* conta a história de Eik Skaløe – escritor e autor de canções – e de uma geração inteira que tinha vinte anos por volta de 1960. Filhos da Guerra e das marchas pela paz.

São escritos separados por gênero e classificação, mas reunidos por uma tensão parecida que o leitor saberá reconhecer e identificar.

O Apêndice III é composto por uma nota cronológica e um Álbum organizado por Mirella Schino, no qual o leitor encontrará informações e imagens relacionadas à autora, ao seu diretor e ao teatro que fazem.

A edição de *O Cavalo Cego* foi viabilizada com a ajuda e a generosidade de algumas pessoas que desejamos agradecer aqui: Francesco Galli, Francesca Romana Rietti, Nicola Savarese e Rina Skeel.

Dezembro de 2016

---

[2] Torgeir Wethal foi um dos atores que fundaram o Odin Teatret em 1964 junto de Eugenio Barba, além de ter sido o único que participou de todos os espetáculos que marcaram a história dos cinquenta anos do grupo. Faleceu de câncer em 2010. Participou dos ensaios do espetáculo *A Vida Crônica* até quatro semanas antes de morrer.

NOTA DO TRADUTOR

Patricia Furtado de Mendonça[1]

SOBRE O TEXTO ESCRITO: "O CAVALO CEGO"

Traduzir textos de Eugenio Barba e dos atores do Odin é sempre um imenso desafio. Aceitar percorrer esse caminho significa penetrar um labirinto que se abre ao infinito ao invés de se fechar em si mesmo, pois o Odin Teatret é um universo em permanente expansão, um mundo de realidades paralelas em constante movimento, um hiperlink sem fim.

Mas a tradução deste importante livro de Iben Nagel Rasmussen representou, para mim, outro tipo de desafio.

Teoricamente, traduzi todo o livro do "original" em italiano. Na prática, não foi exatamente assim – como nunca é com os livros do Odin.

Os textos de Eugenio Barba e de Mirella Schino, assim como os que ela elaborou junto de Nando Taviani, foram traduzidos diretamente do italiano, língua na qual foram escritos. No entanto, o mesmo não vale para os textos de Iben Nagel Rasmussen e de Eik Skaløe, que foram escritos em dinamarquês, e de Torgeir Wethal, cujo texto foi concebido em norueguês.

Então por que esses textos não foram traduzidos diretamente de suas línguas escandinavas?

Como acontece com os vários livros do Odin – que são organismos vivos em contínua mutação, e não fósseis de um saber estático e definitivo –, alguns desses textos foram, ao longo dos anos, reelaborados e reeditados: pelos próprios autores; pelos tradutores junto dos autores; ou, ainda, por Eugenio

---

[1] Mestre em Teatro pela UNIRIO, formada em Artes Cênicas pela Faculdade de Letras e Filosofia da Universidade de Bolonha, Itália. Colabora com o Odin Teatret e é tradutora de Eugenio Barba desde 1998, tendo traduzido, entre vários outros livros e artigos, o conhecido *A Arte Secreta do Ator, um Dicionário de Antropologia Teatral*, de E. Barba e N. Savarese, publicado pela É Realizações em 2012.

Barba e pelos organizadores do livro junto dos demais autores e dos tradutores, que costumam ser figuras que gravitam ao redor do universo do Odin e que conhecem, de perto, sua entrópica realidade.

E aqui o labirinto começa a se revelar. Em alguns casos, o "original" deixa de ser o texto escrito pela primeira vez e se torna a sua última versão, aquela reelaborada/reeditada/retraduzida. Isso sem falar nos textos inéditos que vão sendo somados nas novas edições à medida que se atualizam as várias produções artísticas e pedagógicas do Odin. Para a edição brasileira, por exemplo, com relação à edição italiana de 2006, foram somados os seguintes textos: *Cinquenta Anos de Espetáculos*, de Mirella Schino; *A Árvore e suas Raízes*, de Eugenio Barba; *Um Pio Vindo de um Ramo Seco*, de Iben Nagel Rasmussen; e uma atualização da *Nota Cronológica*. Soma-se ainda o acesso ao filme-documentário *O Corpo Transparente*, de Claudio Coloberti, através do qual o leitor poderá confrontar o texto presente no livro com a entrevista real e as imagens de Iben Nagel Rasmussen em ação ao longo de todos esses anos – falaremos disso mais à frente.

No caso deste livro, a "versão final" foi aquela em italiano, da qual parti. Essa língua é, realmente, uma das mais usadas dentro do Odin, ainda que o dinamarquês e o inglês sejam, praticamente, as "línguas oficiais". Isso não se deve simplesmente à origem de Eugenio Barba e de Roberta Carreri, e sim à forte presença de artistas e intelectuais italianos que, há muitíssimos anos, mantêm um sólido vínculo colaborativo com o grupo – como Nando Taviani e Mirella Schino, organizadores deste livro.

Sendo mais objetiva: que dificuldades e que soluções encontrei ao traduzir os textos de Iben Nagel Rasmussen a partir das versões em italiano?

Em primeiro lugar, cada texto foi traduzido do dinamarquês ao italiano por pessoas diferentes, o que não favorece uma "unidade sonora" da voz da autora. O corpo do livro *O Cavalo Cego* foi traduzido por Daniela Piccari (atriz italiana que integrou o Farfa, grupo internacional fundado por Iben Nagel Rasmussen em 1980), com a colaboração de Tina Nielsen (dinamarquesa, atriz do Odin Teatret entre 1992 e 1997) e a revisão de Eugenio Barba, sendo que Iben Nagel Rasmussen, que também conhece a língua italiana, acompanhou de perto as diferentes fases desse processo.

Os outros textos de Iben Nagel Rasmussen, presentes nos Apêndices I e II, foram traduzidos para o italiano por diferentes colaboradores do

Odin, ou até mesmo por Eugenio Barba e Nando Taviani, que, junto de Iben, acabaram imprimindo algumas mudanças com relação à versão inicial dinamarquesa. Em alguns casos, Mirella Schino também participou da sedimentação desses materiais.

Outro complicador: cada um desses textos foi escrito/traduzido/reelaborado em épocas diferentes e para publicações distintas. É natural que cada "versão final em italiano", por mais aderente ao conteúdo do texto inicial ou por mais completa que tenha se tornado, acabe adquirindo novos ritmos, novas cores e novas sombras que vão se afastando dos tons que são próprios da autora.

Quando me vi diante dessa sinfonia de "vozes Iben" – uma voz por texto – eu me perguntei: mas qual seria a "voz primeira"? Como posso (com todo o respeito pelos inúmeros colaboradores que fielmente participaram dessa complexa re-construção) atravessar esses novos ritmos, cores e sombras para alcançar "a voz" de Iben Nagel Rasmussen, para tentar transmiti-la?

Precisei recorrer às traduções de todos esses textos em inglês, na esperança de me aproximar da escrita dinâmica, saltitante, cheia de humor e ironia que intuí fosse a de Iben Nagel Rasmussen. As "versões finais em italiano" me forneciam todo o conteúdo ao qual ser leal, mas eram as "versões em inglês" que me transmitiam a *forma mentis* da autora, o ritmo da sua respiração e das ondas do seu pensamento. Em vez de seguir a reta que liga o italiano ao português, duas línguas latinas, resolvi desviar e seguir as curvas do dinamarquês através do inglês, duas línguas germânicas – lembrando que, como aconteceu com as traduções para o italiano, os textos traduzidos para o inglês também foram produzidos por diferentes tradutores-colaboradores do Odin.

Traduzir Iben Nagel Rasmussen não é tarefa. É missão. Eu não podia escolher o caminho mais fácil.

Na esteira de Iben, adotei o mesmo procedimento para os textos de Eik Skaløe e de Torgeir Wethal, que também haviam sido mexidos. Frase a frase, ia cotejando as versões em italiano e em inglês, ia fazendo costuras, ia lapidando. Em alguns momentos, me debruçava sobre os textos em dinamarquês e em norueguês, observava como as frases haviam sido separadas, que sons deveriam ter. Buscava atravessar as palavras, perfurar as línguas, para tocar *o que* o autor queria dizer, e *como* queria dizer.

Acho que vale compartilhar o que me escreveu Raúl Iaiza, ator argentino, residente na Itália, que trabalhou vários anos com Torgeir Wethal, além de ter sido assistente de direção de Barba em alguns espetáculos do Odin. Eu havia lhe perguntado sobre a tradução do texto de Torgeir presente no livro de Iben, com a qual colaborou. Ele disse: "Não é exatamente uma tradução, é mais um 'diálogo de tradução' no qual o Torgeir ajustava sua versão em italiano a partir do que havia escrito em seu norueguês 'corrompido' (muitas vezes seu norueguês possuía 'cores' dinamarquesas). E como tinha uma escuta extremamente refinada, ele compreendia, por meio do nosso diálogo – considerando que o italiano não é minha língua materna –, qual era a melhor solução".

Aí eu pergunto: como atravessar todas essas camadas para chegar à "voz primeira" do Torgeir e da Iben? Não podemos pegar atalhos. É preciso escavar, e muito.

É importante recordar que o Odin é, como diz Nando Taviani, um "enclave teatral": um território que possui uma identidade própria, que afunda suas raízes no respeito às diferenças, na pluralidade de universos culturais e linguísticos que se entrelaçam e se transformam ininterruptamente. Tudo isso deve ser levado em consideração num processo de tradução deste tipo.

Sim, também existe uma dramaturgia do processo de tradução, uma urdidura de tramas ocultas por baixo do véu das palavras. Espero ter conseguido transmitir, através das duras marcas pretas que repousam imóveis sobre essas folhas de papel, um pouco de tudo aquilo que Iben Nagel Rasmussen e todo o Odin quiseram contar a partir desse *Cavalo Cego* que você também poderá cavalgar.

SOBRE O TEXTO FALADO: "O CORPO TRANSPARENTE"

Se antes contei sobre minha busca da voz de Iben Nagel Rasmussen, partindo das palavras escritas presentes em *O Cavalo Cego*, agora contarei sobre as dificuldades de passar sua voz para o papel e para as legendas do filme *O Corpo Transparente*.

Certamente você vai se perguntar: "Por que a tradução do texto *O Corpo Transparente*, presente neste livro e assinado por Iben Nagel Rasmussen e Eugenio Barba, resulta tão diferente da tradução que encontramos nas legendas do filme-documentário, realizado por Claudio Coloberti, que leva o mesmo título? Afinal, não se trata da mesma entrevista?".

Foi praticamente a mesma pergunta que fiz a mim mesma quando começava a traduzir a entrevista que integraria o Apêndice II de *O Cavalo Cego* e me deparava com as falas de Iben no filme.

Ao me confrontar com algumas estranhezas, típicas da passagem de um discurso oral a um discurso escrito, resolvi cotejar os dois materiais, palavra por palavra, frase dita por frase escrita, para "editar" minha tradução do italiano ao português.

Perguntei a Eugenio Barba se não seria melhor partir do áudio da entrevista filmada. Ele pediu que eu me baseasse no texto escrito e já publicado em italiano. Mirella Schino explicou-me que o texto havia sido transcrito, revisto e editado por Nando Taviani, com a colaboração e a aprovação de Iben Nagel Rasmussen e Eugenio Barba.

Sim, era outro material. Visava garantir *ao leitor* a compreensão das várias nuances do discurso oral de Iben Nagel Rasmussen, que, em alguns momentos, poderia resultar ambíguo, visto que ela responde às perguntas de Barba em italiano, e não em dinamarquês. Para não dar margem a mal-entendidos e para que o conteúdo da entrevista chegasse em modo fluido e coerente até o leitor, foi considerado "definitivo" o texto reelaborado em italiano após sua transcrição.

Tudo estava claro, o texto poderia ser facilmente traduzido partindo do papel. Mas sou teimosa. Quis "dialogar", ainda que silenciosamente, com a fala viva de Iben em meu processo de tradução: mais uma vez, eu precisava encontrar o ritmo *dela*, que poderia ter se perdido ao longo dessa reelaboração. Resolvi voltar ao DVD. Após vê-lo e revê-lo diversas vezes, deixando-me influenciar pelo compasso de sua fala enquanto buscava o fluir mais adequado para o português escrito, perguntei-me: "E se o leitor, como eu, também pudesse ter acesso a esse material, pudesse *ver* e *ouvir* a Iben em vez de, somente, *lê-la*?".

Fora disso, o DVD não continha apenas a famosa entrevista entre a atriz e seu diretor. Também incluía sua participação em diferentes espetáculos, treinamentos e sessões de trabalho ao longo de todos esses anos. Resumindo: o leitor teria a chance de ver Iben Nagel Rasmussen *em ação*.

A ideia foi aprovada por todos.

A tradução do texto *O Corpo Transparente* presente no livro *O Cavalo Cego* respeita plenamente sua versão final em italiano, apresentando-se com frases coerentes e bem resolvidas, honrando a boa e velha gramática. Mas a tradução para as legendas da entrevista percorreu caminhos totalmente diferentes.

Iben Nagel Rasmussen é, antes de tudo, atriz. Sua fala é cheia de emoções, suspensões e reflexões que carregam tons corporais extremamente vivos, que falam por si só. E por estar se comunicando em um idioma que não é o seu, ela se torna, a meu ver, ainda mais expressiva. Eu não queria que o leitor, forçado a seguir as legendas posicionadas ao fundo da tela, perdesse tudo o que Iben transmite para além das palavras, por meio de: seu olhar, que traz ao presente as experiências do passado; suas mãos, que moldam e revelam seu pensamento; os sutis movimentos de seu torso, que pulsa e enraíza suas falas. Repito: eu queria que ela fosse *vista e ouvida* durante a entrevista, e não apenas *lida*.

Como resolver essa equação? Escolhi ficar bastante aderente à sua fala em italiano, fazendo uma tradução extremamente literal. Permiti que a língua portuguesa absorvesse as estranhezas do italiano improvisado de Iben, reproduzindo, inclusive, alguns de seus "tropeços". Que os gramáticos me perdoem – principalmente os radicais da norma culta –, mas optei por ser fiel à expressividade da atriz. Sim: licença poética.

Forçando um pouco, foi possível aproximar bastante a língua portuguesa da língua italiana, considerando a origem latina de ambas e o grande número de palavras com a mesma raiz etimológica. Isso favoreceu uma maior sincronia sonora e visual entre o texto dito em italiano e o texto escrito em português que aparece na tela – as legendas. Por tudo isso, também procurei respeitar a ordem em que as frases eram ditas, para que estivessem "sincronizadas" com as expressões corporais de Iben durante a entrevista e nos outros momentos em que ela fala para seus espectadores. Na minha opinião, essa "aderência" permite que o espectador-do-filme/leitor-de-legendas consiga se distrair menos, dedicando mais atenção à atriz como um todo. Com esses dois binários correndo paralelos, o trem dos significados e dos significantes deslizaria melhor rumo ao mundo Iben Nagel Rasmussen.

Teria sido bem mais complicado fazer isso com dois idiomas provenientes de raízes etimológicas distintas. Demos sorte.

E o que dizer dos fragmentos do filme em que Iben, explicando alguns aspectos de seu treinamento a um público internacional, aparece falando em inglês? A tradução desses trechos para o português partiu do original em inglês, e não de sua tradução para o francês ou o italiano. Em respeito às técnicas adotadas pelo Odin Teatret e ao trabalho com as partituras físicas e vocais, mesmo nesses casos, procurei ficar *o máximo possível* aderente à sua fala, tentando transformar a legenda numa espécie de "dublagem por escrito", visando não prejudicar a sincronia com a dinâmica de suas ações.

Concluo dizendo que vejo esses dois materiais como complementares: o texto presente no Apêndice II e o filme realizado por Claudio Coloberti. São os dois lados da valiosa moeda *O Corpo Transparente: conversa sobre o treinamento*.

Agradeço a paciência de Iben Nagel Rasmussen, Eugenio Barba, Mirella Schino, Nando Taviani, Jan Ferslev, Rina Skeel e Claudio Coloberti ao responderem a todas as minhas perguntas e dúvidas para melhor traduzir os textos – escritos e falados – presentes neste livro e no filme que está sendo disponibilizado on-line para o leitor. Agradeço a Márcio Godoy, que há anos é o preparador dos textos que traduzo e já conhece meu estilo e minhas manias. Agradeço a toda a equipe editorial da É Realizações, principalmente a Edson Filho, grande parceiro do Odin Teatret e que é muito mais que um editor. O resultado desse trabalho só foi possível graças ao esforço compartilhado de todos os envolvidos nas diversas fases dessa grande aventura.

Iben Nagel Rasmussen

O CAVALO CEGO

Diálogos com Eugenio Barba
e Outros Escritos

Nestes diálogos com Eugenio Barba, eu não queria analisar seus espetáculos com o Odin Teatret. Por meio de esboços ou *flashes*, eu queria que viessem à tona os aspectos mais pessoais de um homem e de seu trabalho, indo além das inúmeras teorias que se coagularam nos rastros do nosso teatro.

O livro foi se construindo a partir de uma série de entrevistas que fiz com Eugenio Barba após 1995. Ao transcrevê-las, procurei manter os ritmos e o sabor da oralidade.

De comum acordo, na metade do trabalho, decidimos dar espaço ao modo em que algumas situações e episódios ficaram impressos em minha memória: nos demos conta de que nossas lembranças são realmente muito diferentes. E exatamente por isso, espero que possam se revelar complementares, uma iluminando a outra.

A primeira intervenção, quando se fala do nascimento do Odin Teatret e de seu primeiro espetáculo, é de Eugenio Barba. Naquela época eu ainda não fazia parte do grupo. Nas páginas seguintes, que tratam de experiências compartilhadas, será indicada cada mudança de voz.

Iben Nagel Rasmussen

I

POLÔNIA E NORUEGA

Eugenio Barba

Em certos momentos da minha vida tomei uma decisão em poucos segundos, depois assumi minhas responsabilidades.

Quando tinha dezoito anos, por exemplo, voltei à Itália com uma jovem sueca após uma viagem à Escandinávia. Naquela época, eu morava com minha mãe na casa do meu avô. "Eugenio, se você realmente ama essa garota e quer ficar com ela, você não pode morar na casa do seu avô. Ele nunca vai aceitar isso", minha mãe explicou. "Está bem" – eu respondi – "não vou morar na casa do meu avô."

No dia seguinte, parti novamente para a Noruega.

Seu eu tivesse refletido, nem que fosse por três minutos, provavelmente teria encontrado uma solução, mas não fiz isso. Nem tive tempo para pensar: "Caramba, agora vou perder a minha língua".

Essa impulsividade, que não me permite avaliar as consequências, é meu ponto frágil e também a minha força.

E foi assim que tudo começou.

Na Universidade de Oslo, eu fazia parte de um pequeno grupo de pessoas que se reuniam ao redor da SOSTUD: a Associação dos Estudantes Socialistas. Foi lá que encontrei Dag Halvorsen, que estava todo entusiasmado após seu recente retorno da Polônia, país que visitara com uma delegação da juventude estudantil.

Profundamente impressionado, ele falava da situação política e da vida cultural que estava florescendo no país. Isso foi logo depois de 1956. Gomulka havia tomado o poder e uma radical transformação da vida artística e teatral sacudia o país inteiro, na época sob o regime socialista.

Um dia, à tarde, logo depois que o Dag voltou, assisti por acaso a um filme polonês: *Cinzas e Diamantes*, de Andrzej Wadja. O filme me marcou de modo indelével, obrigando-me a assisti-lo várias outras vezes. Suas imagens e seu protagonista ainda estavam impressos em minha memória quando, também por acaso, caiu em minhas mãos um exemplar de *Les Temps Modernes* – a revista organizada por Jean-Paul Sartre – dedicado à Polônia.

Nesse exemplar, li textos extraordinários de escritores e poetas, como Brandes e Rózewicz, Strikowski, Andrzejewski e Tuwim. Dentro de mim, lentamente, a Polônia foi se transformando de um país abstrato e desconhecido, como Botsuana ou a Guiana Francesa, em um universo concreto. Surgiam em minha mente visões luminosas, reforçadas pelas descrições do Dag.

Eu achava que podia me tornar um diretor de teatro. Não havia escolas para diretores na Noruega. Então não tive dúvida: a Polônia, que era um país mágico, não seria somente o lugar mais apropriado, mas seria também o mais estimulante e excitante para ficar.

Eu ainda não tinha acabado a faculdade em Oslo, mas consegui uma bolsa de estudos da Itália. Tive a sorte de conseguir renová-la algumas vezes – naquela época, poucas pessoas queriam estudar na Polônia. Só que eu não podia imaginar que minha estadia seria brutalmente interrompida quatro anos depois. Voltarei a falar disso mais à frente.

Na escola teatral de Varsóvia, minha maior deficiência era não saber falar polonês. Eu dependia de quem falava um pouco de inglês ou francês, sobretudo os professores. Isso significa que eu não compreendia boa parte do que era dito. Eu não podia entender as explicações e as discussões que surgiam quando uma cena era analisada ou quando alguém interpretava um texto. Para resolver o problema, o diretor da escola propôs que eu fosse devagar no primeiro ano, concentrando-me, principalmente, para aprender a língua.

Esse acordo permitia que eu acompanhasse os ensaios nos teatros e que observasse os diretores mais famosos trabalhando. Eu viajava e visitava teatros que ficavam em outras cidades. Gastava pouco, já que me hospedava nas Casas de Estudante. Além disso, se eu comparasse minha bolsa de estudos com os salários normais da Polônia, era mais que suficiente.

Durante essas viagens para Lódz e Cracóvia, assisti a espetáculos e ensaios de alguns dos diretores mais interessantes da Polônia naquela época.

Em Nowa Huta, fora de Cracóvia, foi construído um grande teatro para os milhares de operários das usinas de aço. O teatro, que estava sob comando dos diretores Krystyna Skuszanka e Jerzy Krasowski, também contava com a colaboração de Josef Szajna como cenógrafo. Tadeusz Kantor também colaborava como cenógrafo e, às vezes, dirigia textos de Witkacy numa cantina de Cracóvia. Todos eles pertenciam a uma nova – e para mim fascinante – vida teatral e artística. Sim, Cracóvia era realmente única.

Dag estava vivendo lá e eu ia sempre visitá-lo. Ele havia recebido uma bolsa de estudos para estudar Sociologia e tinha uma namorada intelectual, uma poeta chamada Janka Katz. Um dia, eu e o Dag estávamos indo para Wroclaw, onde eu tinha um encontro com um diretor conhecido chamado Jakub Rotbaum, quando a Janka disse: "Por que vocês não passam por Opole? Tenho um querido amigo lá, o diretor Jerzy Grotowski. Ele dirige um pequeno teatro que só tem treze filas".

Eu nunca tinha ouvido falar nem desse teatro nem do seu diretor, mas resolvemos parar em Opole. Os diretores dos teatros costumavam ser generosos e, muitas vezes, me convidavam para almoçar. Seria perfeito. Ao mesmo tempo, poderíamos bater um papo com esse Grotowski e conhecer seu trabalho.

Quando chegamos, descobrimos que era o dia da estreia do seu espetáculo *Dziady* [Os Antepassados], de Adam Mickiewicz. Nós três – eu, Dag e Grotowski – tínhamos a mesma idade. Para mim e para o Dag, era difícil levar a sério um diretor teatral de 26 anos. Ele falava de uma maneira bastante formal, e dava uma de sabichão. Fora isso, morávamos em Varsóvia e eu já tinha viajado meio planeta. Então, não lhe demos muita atenção. E ele ainda nos causou má impressão, porque não pagou nosso almoço, obrigando-nos a pagar do próprio bolso.

Não gostei do espetáculo que vi no seu Teatro das Treze Filas. Pareceu-me presunçoso e exaltado. Os atores eram muito jovens e, para disfarçar a idade, colaram barbas e bigodes falsos no rosto. Mas nem assim eles convenciam.

O público ficava espalhado pela sala toda, não havia palco. Três jovens espectadoras da plateia foram colocadas no centro e os atores atuavam entre elas. A uma certa altura do texto de Mickiewicz, três moças são levadas embora. Isso aconteceu literalmente no espetáculo: os atores as pegaram pelas mãos, ainda confusas e sem graça, e as tiraram da sala. Lembro que esse episódio me incomodou porque infringia o acordo tácito entre espectador e ator: cada um tem seu território, que não deve ser invadido pelo outro.

O trabalho dos atores também não me impressionou. Comparando com os atores tradicionais de Varsóvia, alguns realmente muito bons, esses aqui pareciam água requentada. Mostravam grande vitalidade, mas eu estava acostumado com o teatro estudantil polonês, que misturava cabaré, dança, canto e expressão corporal. Tudo me parecia artificial e baseado num jogo de efeitos. Mas por não conhecer bem a língua, eu não sabia que efeito o espetáculo causava nos poloneses. O clássico de Mickiewicz, bastante conhecido e quase sagrado, era tratado de forma radicalmente inovadora e surpreendente. Eu não podia compreender o significado e os conflitos descritos pelo texto.

O famoso crítico Tadeusz Kudkinski estava lá na estreia, e fiquei surpreso quando li sua crítica no dia seguinte. Ele aprovava o espetáculo tecendo vários elogios, e usava uma expressão que, logo depois, foi adotada por Grotowski para explicar seu método: a dialética da derrisão e da apoteose.

É normal que um estrangeiro que acaba de chegar a um ambiente cultural novo para ele queira "ser alguém". Em Oslo, era importante ser visto no *Teater-caféen*, um lugar frequentado por artistas e atores. O ideal era beber uma cerveja na mesinha deles. Na Polônia, eu tentava encontrar personalidades conhecidas. Tinha mais tempo livre que os outros estudantes e, durante as minhas viagens, também podia ficar uns dois ou três dias visitando o mesmo diretor. Então fui a Opole pela segunda vez. Grotowski e seus atores ainda estavam apresentando *Dziady*, mas naquela época ainda não existia o treinamento que mais tarde ajudaria o grupo a ficar famoso.

Como Dag havia dito, a Polônia era realmente um país extraordinário. Era atravessado por uma carga de energia que lembrava os excessos dos personagens dos romances de Dostoiévski. No dia em que recebiam o salário e durante toda aquela semana, as pessoas iam para o trabalho de táxi. E foi assim que, um dia, Szajna me carregou para o bar com ele. Ficamos bêbados e, no meio da madrugada, ele tirou o casaco: o número tatuado em seu braço veio à luz. Ele tinha ficado quatro anos em Auschwitz. Bebia vodca e dava em cima de todas as mulheres, uma após a outra. Seu inacreditável apetite pela vida era uma reação àquela epiderme socialista, grudenta e insensível, que envolvia a sociedade. Eu tinha chegado à Polônia como um marxista prudente, ligando o socialismo à justiça. Era testemunha de uma obtusa burocracia que me confundia e enfraquecia meu ardor político. Fui ficando gradualmente imune à retórica socialista, mas não à indignação social.

Eu me sentia totalmente envolvido pela história da Polônia. O episódio da revolta operária no gueto, durante a Segunda Guerra Mundial, me deixava acordado de noite. Eu costumava caminhar pelas ruas da cidade velha de Varsóvia, ainda em reconstrução após ter sido devastada pelos alemães. Os cadáveres vinham à tona com as escavações, e a crueldade da guerra voltava a aflorar. Quando visitei Auschwitz, me vi diante de algo tão incomensurável e inconcebível que mais parecia uma ficção.

Saindo pelo portão de entrada, vi uns casarões que não ficavam longe do campo de concentração. Era 1961, só dezessete anos haviam se passado desde que o campo de extermínio estava em plena atividade. Provavelmente, os camponeses que estavam lá cultivando seus campos ou suas hortas eram os mesmos daquela época. Era impossível que não soubessem do que acontecia.

Eu encontrava pessoas que tinham participado da Resistência: algumas eram afiliadas ao partido comunista; outras, exiladas em Londres, eram leais ao governo polonês; ou então, eram famílias que tinham arriscado a própria vida escondendo um judeu. As contradições estavam presentes em toda parte, e era difícil controlá-las e exorcizá-las. Arranhavam-me por dentro e doíam. No final, não aguentei e voltei pra Noruega.

Pensei em deixar a Polônia quando minha bolsa de estudos vencesse, em janeiro de 1962. Como despedida, queria passar o natal em Zakopane, um lugar de montanhas onde a *intelligentsia* e a *nomenklatura* costumavam passar as férias. E depois – o que deve ser levado em consideração – eu tinha ouvido dizer que era um lugar muito frequentado por estudantes e atrizes.

Durante a viagem parei em Cracóvia, fui ao bar do Hotel Francuski para tomar alguma coisa. E quem é que estava sentado ali, bonachão e vestido todo de preto? Aquele diretor bizarro, Grotowski. Nos sentamos no balcão e começamos a beber.

Naquele momento, eu estava de um jeito que podia confessar todas as minhas penas a qualquer pessoa que suportasse ouvi-las. Depois de ter esvaziado meu coração para Grotowski, ele me propôs ir para Opole e me tornar seu assistente no *Teatr 13 Rzedów*, o Teatro das 13 Filas.

Um dia depois de aceitar a proposta, fiquei com uma sensação ambígua. Mas eu também não tinha muito a perder. O retorno à Noruega sem ter concluído meus estudos e, o que era ainda pior, não tendo mais convicção política, não era nada atraente.

Eu realmente acho que Grotowski havia me adotado como uma espécie de animal que dá prestígio. O fato de ter um estrangeiro vinculado ao teatro era, sem dúvida nenhuma, considerado prestigioso.

Os atores do Teatro das 13 Filas me acolheram de maneira educada, mas não foram calorosos. Até o colaborador mais próximo de Grotowski, o diretor literário Ludwik Flaszen, era cético: ele achava que eu era um bondoso Don Juan, sem densidade intelectual. Mas eu estava lá, convidado por Grotowski para ser seu assistente, e comecei a seguir o trabalho cotidiano do grupo.

Eles estavam terminando os últimos retoques do novo espetáculo, *Kordian*, que não tinha nada daquele ar estudantil que, para mim, havia caracterizado *Dziady*.

Grotowski havia ambientado o texto clássico de Juliusz Słowacki em um manicômio. O patriota Kordian quer libertar sua pátria do domínio do czar russo e acaba trancado num hospital psiquiátrico. Tudo o que acontece, ou que já aconteceu, é tratado como crise mental ou delírio. Os espectadores se encontram do lado dos doentes. Levou tempo para que eu apreciasse o resultado. Sim, até mesmo para que eu me comovesse com o que estava vendo.

Quando *Kordian* ficou pronto, Grotowski passou imediatamente para outro projeto. Eu nunca tinha trabalhado concretamente em um espetáculo, mas ele pediu que eu lesse *Akropolis*, um texto clássico polonês de Wyspianski. Foi um pesadelo: páginas e páginas escritas numa florida linguagem simbólica. Precisei lê-lo várias vezes para compreender cada palavra e cada frase. Só depois nos encontramos de novo. O que consolidou o forte vínculo entre mim e Grotowski foi a capacidade de dialogar. Tínhamos interesses em comum, antes de mais nada, o hinduísmo, e algumas escolas do budismo. Ele ficava intrigado com minha bagagem de conhecimentos e experiências. Eu tinha lido livros que não haviam sido traduzidos para o polonês e podia inventar histórias sobre minhas viagens e andanças. Ele, Grotowski, tinha uma relação sofrida com a história polonesa, falava muito tempo sobre as revoltas patrióticas do século passado, sobre o romantismo e sobre os grandes poetas Mickiewicz, Słowacki e Norwid, e sobre o papel que esses grandes vates haviam tido na formação da identidade polonesa. Grotowski tinha uma memória fora do comum e recitava trechos de poesias e longos fragmentos de prosa.

Akropolis descreve o castelo de Wavel. Nesse monumento histórico-cultural de Cracóvia, onde viviam os reis poloneses do Renascimento, estão penduradas algumas tapeçarias com cenas inspiradas na mitologia grega e na *Bíblia*. É noite de Páscoa e as figuras dessas tapeçarias ganham vida. Representam cenas da guerra de Troia, o amor entre Helena e Páris, episódios do Antigo Testamento. A última cena descreve a ressurreição de Cristo. Os românticos poloneses chamavam a Polônia de *Christus Narodów*: o Cristo dos povos, porque o país havia sofrido demais. Após ter sido dividida entre Rússia, Alemanha e Áustria, a Polônia ressurgirá, como Cristo, e reencontrará sua unidade nacional.

"Qual é a Akropolis dos nossos dias?", perguntou-se Grotowski. Ele chegou à conclusão de que o maior monumento do nosso tempo era Auschwitz. Graças a essa ideia, o inócuo texto simbolista torna-se o espelho de uma experiência extrema da História, e a mistura dos temas das tapeçarias – gregos, judeus e cristãos – transforma-se em episódios da Babel concentracionária. Mas essa interpretação comportava dois perigos: Grotowski podia ser atacado por profanar um texto clássico e ser acusado de banalizar Auschwitz. Então ele teve a ideia de chamar Józef Szajna como cenógrafo: ele havia sido internado em Auschwitz e teria sido difícil acusá-lo de sacrilégio.

Na mesma hora Szajna arquitetou várias soluções, que logo depois se tornaram decisivas para o espetáculo. Por exemplo, propôs utilizar tubos metálicos como elementos cenográficos. Encontrou os figurinos, os tamancos certos – os mesmos usados em Auschwitz – e sugeriu o uso de uma carrocinha que ocuparia um papel central no espetáculo.

Akropolis começava em um espaço vazio, com os tubos amontoados no centro. Durante o espetáculo, os atores os pregavam ou os penduravam por todo o espaço. No final, os espectadores se viam praticamente escondidos e engaiolados pelos tubos. Dos vários livros que havia lido sobre Auschwitz, Grotowski tinha escolhido uma frase de *Adeus a Maria*, de Tadeusz Borowski, na qual o escritor conta suas experiências em Auschwitz. Dizia: "De nós, restará apenas um monte de metal queimado e a risada sarcástica das futuras gerações". Grotowski usou-a como mote do espetáculo.

Grotowski e eu examinamos o texto minuciosamente e por muito tempo para extrair uma série de informações precisas. Tudo o que resultava supérfluo era eliminado. Buscávamos palavras e conceitos que, direta ou indiretamente, pudessem evocar o universo dos campos de concentração. Parávamos, por exemplo, em um verso que continha a palavra "nuvem". Que associações ela suscitava quando era posta em relação com Auschwitz? Podia ser a fumaça do forno crematório? Ou eram as nuvens que descarregavam a chuva sobre milhares de corpos nus?

Aprendi muita coisa. Cada frase era discutida e cuidadosamente analisada. Durante uma semana, nos dedicávamos com afinco ao texto em todas as noites. Era a primeira fez que Grotowski fazia esse tipo de trabalho junto de outra pessoa.

Começaram os ensaios, eu os seguia sem fazer nenhum tipo de intervenção. Eu só me permitia fazer comentários ou dar opiniões a Grotowski fora da sala de trabalho. No início, achei que minhas propostas não tinham nenhum valor. Mas, aos poucos, fui me dando conta de que ele as levava em consideração e ainda inseria algumas dessas sugestões no espetáculo.

Um dia Grotowski teve que partir para Varsóvia e pediu que eu estruturasse os entreatos. Até aquele momento, os atores tinham feito uma cena após a outra com intervalos que, na verdade, eram rápidas transições para deslocar e arrumar os elementos cênicos. Trabalhamos durante três dias e encontramos várias maneiras de carregar os tubos, de pregá-los no chão e de explorar os efeitos acústicos dessas atividades, alternando-as ritmicamente, fazendo composições com a batida dos martelos, com os sons dos passos e das corridas, e também com o silêncio. Eu me sentia muito inseguro e os atores não me levavam a sério. Zbigniew Cynkutis aceitou, Zygmunt Molik foi meio irônico e Ryszard foi explicitamente mal-educado. No final das contas, não foi uma experiência gratificante e fiquei bastante surpreso quando Grotowski manteve nossos resultados. Só me dei conta de que funcionavam alguns anos depois, após ver o espetáculo pela enésima vez.

Akropolis foi o primeiro espetáculo do Grotowski que me emocionou de verdade, mesmo tendo vivido aquela lentidão técnica de todo o processo. Era musical e belo, e quando digo "belo", quero dizer *verdadeiro*, chega a dilacerar a alma, chega a doer. A cena final era realmente impressionante, Grotowski tinha sido genial. Ele usou uma *kolenda*, um hino de natal que fala do Menino Jesus recém-nascido que se transformará no Redentor do mundo. A canção tinha uma qualidade emocional particular que penetrava na medula dos meus ossos. No espetáculo, os prisioneiros a cantavam histericamente, carregando o cadáver, um enorme boneco, de modo triunfal. Acreditavam que era o Redentor que tinha vindo para salvá-los.

Havia uma atriz que se deixava levar por emoções exageradas, o que não era condizente com um espetáculo sobre Auschwitz. Era bonita, loura, atraente. O figurino furado revelava partes do corpo, despertando pensamentos que acabavam distraindo. Mas o que realmente incomodava era a expressão do seu rosto. Grotowski teve a ideia de transformar o rosto de todos os atores em máscaras fixas. Naquela época, todo mundo acreditou – e muitos ainda acreditam – que essa postura representava o caráter do personagem. Mas as máscaras faciais nasciam de uma exigência bem óbvia: anular a expressão açucarada das feições da atriz.

Antes, os atores não faziam nenhum tipo de treinamento fixo. Agora foram incluídos outros tipos de exercício, além daqueles para as máscaras faciais. Zbigniew Cynkutis passou a ensinar os exercícios plásticos que havia aprendido na escola de teatro. Esses exercícios, que mais tarde se tornariam famosos quando ensinados por Ryszard Cieślak, tinham sido transmitidos por uma professora da escola de teatro de Łódź que estudara com um aluno de um aluno de Dalcroze. Rena Mirecka, que se ocupava de alguns elementos de pantomima, tinha um dom particular para a composição e a formalização de um personagem teatral. Ryszard Cieślak era responsável pela acrobacia e Zygmunt Molik pela voz. O Teatro das 13 Filas contava com sete atores, mas todos com níveis diferentes.

Akropolis cresceu rápido, em três ou quatro meses. Todo mês eu voltava para Varsóvia e ficava lá por alguns dias. Eu tinha recebido uma *delegacja* – uma permissão – para estudar em Opole, mas precisava ir até Varsóvia para retirar minha bolsa de estudos diretamente na secretaria da universidade. Além disso, eu tinha amigos lá, ou melhor, amigas, que eu gostava de reencontrar.

Quando o Teatro 13 Rzedów [das 13 Filas] fechou por causa das férias de verão, entrei com um pedido no Ministério da Cultura para acompanhar um circo. Deram-me uma vaga de estagiário para seguir um circo búlgaro durante três semanas. Essa temporada me mostrou por que um circo quase sempre funciona, ao contrário do teatro.

Um espetáculo de circo possui uma estrutura dramatúrgica que não conta uma história, mas, mesmo assim, se desdobra de um jeito que obriga os espectadores a seguirem cada detalhe. As ações são fixadas em seus mínimos particulares, nada acontece por acaso: a entrada dos artistas, o modo com o qual se movimentam na pista ou se dirigem ao público. É uma coreografia, uma geometria dinâmica. A música ao vivo que acompanha os vários números é um estímulo emocional que conduz o público de maneira refinada: faz com que ele relaxe, marca uma atmosfera cada vez mais dramática, cria silêncio e, também, uma tensão insustentável para depois, ao fim, reconduzi-lo a um gratificante estado de alívio. Em quase todos os números, os artistas não "representam", mas executam uma ação, muitas vezes perigosa. Entram na pista apostando a própria vida. O que mais se pode esperar de um ator? Sob uma tenda de circo rudimentar com dois mil espectadores, eu aprendia muito vendo um espetáculo sem narração, mas cujas variações rítmico-dramatúrgicas agitavam e impressionavam o público em nível sensorial. Em razão do grande número de espectadores, prevalecia uma psicologia de massa que cancelava a individualidade. Já no teatro de Grotowski acontecia o contrário: a consciência da própria identidade era aguçada pelo número reduzido de espectadores.

Passei o resto do verão trabalhando: de um lado, como soldador numa refinaria de açúcar fora de Torun, a duzentos quilômetros de Varsóvia; de outro, numa brigada de voluntários que ajudavam os cidadãos durante a colheita. Apesar de tudo, permanecia em mim um pouco daquele velho Espírito comunista.

Assim que voltei a Opole, começou o trabalho para o novo espetáculo, *Faust*, de Marlowe. Grotowski sabia muito bem como enfrentar o tema, e a reelaboração do texto não foi tão drástica assim. Os ensaios de *Faust* começavam às dez da manhã, mas eu dormia muito pouco até essa hora, pois ficava escrevendo relatórios sobre os ensaios madrugada a dentro. Mas, principalmente, porque Grotowski e eu ficávamos batendo papo no restaurante da estação, que ficava aberto a noite toda. Muitas vezes continuávamos a conversa lá em casa, até o raiar do dia, e acabávamos tomando café da manhã no *Bar Mleczny*, uma espécie de cafeteria. Parecia que cada dia durava o dobro de tempo. É um reflexo automático que nunca mais perdi: continuar trabalhando mesmo estando exausto e sem entender mais nada.

Após a montagem de *Faust*, passaram-se longos períodos sem que nada acontecesse no Teatro das 13 Filas. Não treinávamos todo dia. *Faust* não foi apresentado por muito tempo, tinha pouco público. É incrível pensar que os espetáculos de Grotowski acabaram virando lenda.

Foi naquela época que começaram os problemas com as autoridades do regime socialista, que criticaram o espetáculo, sua estética e a falta de interesse por parte do público.

Enquanto os poloneses não podiam ter um passaporte, eu podia viajar ao exterior. Então aproveitava para viajar e encontrar personalidades artísticas, gente de teatro e críticos, a fim de contar sobre o teatro de Grotowski. Comecei a escrever artigos a respeito do seu trabalho, tentando publicá-los onde fosse possível.

Foi uma escola fora do comum. Eu costumava pegar o trem à noite, assim podia dormir sem gastar dinheiro com hotéis. Viena, Paris, Copenhague, Estocolmo ou Genebra. Com meu ardor de missionário, durante quase trinta meses fui ao encontro de um número infinito de jornalistas, escritores e professores universitários.

Eu tinha decidido ir para a Índia e ficar lá dois meses junto de Judy Jones, que havia conhecido durante o congresso do ITI (International Theatre Institute) de Varsóvia. Eram minhas férias de verão, antes do início dos ensaios do próximo espetáculo, *Estudo sobre Hamlet*.

Foi assim que acabamos no Kerala, no verão de 1963. Algumas pessoas de Bombaim haviam me falado de uma forma local de teatro que era interessante: o Kathakali.

Quando finalmente chegamos, fiquei chocado. Não era a melhor temporada do ano, então só pudemos assistir a poucos espetáculos de Kathakali. Em compensação, duravam a noite inteira.

Os vilarejos onde os espetáculos aconteciam eram pobres. Então o contraste foi meu primeiro impacto. Os atores, com uma maquiagem exagerada e figurinos que brilhavam, pareciam divindades que desceram à Terra.

Acho que fiquei mais impressionado com a escola que formava os atores do que com os espetáculos em si. Como acontece com o balé clássico do Ocidente, os meninos começavam sua aprendizagem mais ou menos aos dez anos de idade. Ninguém explicava nada para eles. Os meninos repetiam os movimentos físicos ensinados por seus rigorosos mestres ou por um ator mais velho. Esse rigor me lembrava a experiência com o circo na Polônia. Eles também ensaiavam os números de trapézio e de acrobacia todas as manhãs. Os meninos levavam bronca toda vez que erravam, chegavam até a apanhar. Quando eu perguntava aos pais se não achavam esse tratamento duro demais, eles respondiam que era graças a esse rigor que os filhos sobreviveriam.

Os jovens alunos da escola de Cheruthuruthy fizeram-me entender que você só é digno de representar os deuses e seus gestos quando oferece o melhor de si mesmo, o máximo absoluto.

Os alunos eram ingênuos. Não se perguntavam sobre o sentido ou a finalidade do que representavam, nem sobre as teorias que fundamentavam o trabalho. Mas tinham uma fé, uma serenidade e uma energia que me surpreendiam. Na Polônia, viviam discutindo se o teatro tinha que ser engajado, se precisava ser uma expressão individual ou se devia revelar os problemas da sociedade. Na Índia, a falta de questionamentos por parte dos alunos era compensada por uma coerência que funcionava como fio condutor através de todas as atividades cotidianas. Ao amanhecer, os alunos já começavam a exercitar os pés e as pernas devido à postura e à caminhada típicas do Kathakali. Também treinavam os olhos, arregalando-os com a ajuda dos dedos e acompanhando a órbita de uma vela em movimento, como se seguissem o percurso da lua no céu.

Eu estava totalmente fascinado, mesmo sem aprender nada na prática. Quando voltei à Polônia, tentei ensinar alguns desses exercícios aos atores de Grotowski, mas logo depois foram retirados do treinamento. Era óbvio que pertenciam a um mundo totalmente diferente. Fora isso, Grotowski tinha começado a desenvolver o treinamento numa direção mais individual.

Parecia que o espetáculo *Estudo sobre Hamlet* – que Grotowski havia preparado enquanto eu estava na Índia – não ia durar muito. As autoridades comunistas de Opole ameaçavam fechar o teatro. Parti para a Escandinávia e tentei difundir informações a respeito de Grotowski para despertar reações no exterior que pudessem aliviar a pressão sobre o seu teatro. No final da primavera, fui à embaixada polonesa de Oslo para renovar meu visto. Foi recusado, e minha bolsa de estudos ainda não tinha vencido. Quando perguntei por que, disseram que eu era *persona non grata*, uma pessoa indesejada. E foi assim que minha estadia na Polônia chegou ao fim.

É verdade, eu tinha uma grande responsabilidade sobre as pessoas que me seguiam. Por outro lado, tinha certeza de que nada do que eu dizia, ou pedia para ser feito, poderia prejudicar os atores.
Cada um era livre e podia deixar o teatro quando bem entendesse.

Se o fim não tivesse sido tão drástico, acho que a separação entre Grotowski e eu teria sido mais difícil ainda. Fui obrigado a aprender a nadar sozinho. Perdi tudo o que tinha: livros, discos, anotações – tudo. Fiquei com a dolorosa sensação de não ter aprendido nada sobre o ofício. Quando ia ver um espetáculo, eu me dava conta de que não tinha a menor ideia de como colocar as luzes, de como usar os instrumentos técnicos e de como dirigir os atores. Estava certo de que minhas experiências com Grotowski não tinham servido para nada, considerando a situação em que eu me encontrava.

Depois de viver como um satélite no espaço sideral, voltei para a Noruega com os pés bem fincados no chão. Comecei a estudar sânscrito e filosofia Samkhya na universidade. Meus amigos de Oslo ficaram surpresos, achavam que eu tinha me tornado muito sério – ou calvinista, segundo Dag Halvorsen. A necessidade de virar diretor também veio do dilema que eu vivia, como estrangeiro, na Noruega. O teatro era um lugar onde a condição de ser "diferente" podia ser aceita e transformada numa coisa positiva. Mas naquela época, em 1964, era difícil imaginar algo que não fosse o teatro tradicional, não havia alternativas. O teatro de Grotowski era um teatro tradicional de província, com atores que haviam sido educados dentro do sistema. Qualquer reflexão histórico-teatral sobre aquele período que não leve isso em consideração resultará num equívoco. A força subversiva do teatro de Grotowski se deve ao fato de que ele – conscientemente – se afastava daquele teatro de província ao buscar um horizonte desconhecido. Abria-se para perspectivas impensáveis, para uma imprevista sociedade teatral que se deflagraria após 1968.

Antes de ir para a Polônia, eu tinha uma ideia clara sobre como o teatro deveria ser. Eu era brechtiano, marxista, e meu teatro tinha que ser um instrumento para a transformação da sociedade. A permanência na Polônia e com Grotowski havia me despido dessa postura retórica. O teatro continuava sendo um instrumento de transformação, mas eram o diretor, o ator e o espectador que se transformavam, e não o público em geral.

Em Oslo, as possibilidades eram muitas. Havia seis ou sete teatros. Eu os visitei, pedi para trabalhar, mas todos responderam não. Eu não tinha nenhum título de estudo e, naquela época, em 1964, ninguém tinha a mínima ideia de quem era Grotowski. Comecei a pensar em outras possibilidades. Todos os grandes "velhos" – Brecht, Copeau e Stanislávski – tinham trabalhado com amadores. Entrei em contato com grupos de teatro amador da Noruega (eram muitos), mas ninguém queria investir numa forma de teatro tão estranha como aquela que eu estava propondo. No final, pensei em procurar "atores" frustrados que estavam na mesma situação que eu, jovens que queriam fazer teatro mas não tinham passado na prova de admissão da escola de arte dramática do Estado. Consegui a lista dos recusados e comecei a telefonar. Boa parte respondeu, estavam curiosos. Então organizei uma reunião no Instituto Indo-Iraniano onde eu estudava sânscrito.

Era uma "moldura" imponente. Eu também tinha convidado meu amigo Jens Bjørneboe para dar credibilidade à causa e a mim mesmo. Jens estava no auge da sua fama. Durante a reunião, evoquei a visão de um teatro de vocação experimental, dei alguns exemplos históricos e descrevi, com toque de magia, os espetáculos de Grotowski. Todos os presentes pareciam convencidos e dispostos a experimentar.

Um amigo, que era professor, me emprestou uma sala da escola de Halling. Trabalhávamos todo dia das 17 às 22 h. Eu estava muito inseguro. Como deveria ser a programação? O que os alunos tinham que fazer a cada hora? Eu mesmo cuidava do treinamento vocal, mas pedi que outras pessoas conduzissem a parte física. Tor Sannun estava à frente da acrobacia e Anne Grimmes do balé-jazz e da pantomima. Os exercícios eram muito gímnicos. Após algumas semanas, dos doze exercícios apresentados, sobraram apenas cinco. Ninguém entendia muito bem o que eles tinham a ver com o teatro.

Tudo mudou quando alugamos uma sala da Associação dos Arquitetos por setecentas coroas por mês. Podíamos trabalhar lá das 9 às 17 h sem que nada nos atrapalhasse. Mas qual seria nossa primeira montagem? Perguntei a Jens Bjørneboe se podíamos usar um texto que ele tinha acabado de escrever, *Fugleelskerne* [Os Amigos dos Pássaros] rebatizando-o de *Ornitofilene*.

II

ORNITOFILENE[1]

Eugenio Barba

Depois que improviso, que tento montar uma cena ou encontrar a solução de um problema técnico ou espacial, aí sim me dou conta de que sei nadar. Mas aquelas ondas são tão imensas que a água invade minha garganta, desapareço da superfície e só penso em boiar. Depois que já estou na praia, aí posso dizer: "Ah, sim! Encontrei Moby Dick e o capitão Ahab. Segui a rota do Beagle. E que ondas! Lembravam a baleia azul cavalgada por Simbá e a Leviatã que engoliu o profeta Jonas". Posso falar de tudo isso depois de estar a salvo, com os pés enxutos e bem fincados na areia da praia.

Em *Ornitofilene* [Os Amigos dos Pássaros] havia uma conexão direta entre o texto, as ações e a expressão física. Seguíamos cada uma das frases do texto de Bjørneboe e tentávamos despertar, com a sonoridade da voz, associações que ampliassem e comentassem as palavras. Fiz uma drástica reelaboração do texto. A peça, que originalmente tinha doze ou quinze personagens, acabou tendo apenas cinco: o número dos atores do Odin. O pai, a mãe e a filha já existiam no texto de Bjørneboe, mas todos os outros papéis foram reunidos num único personagem de mil faces, representado por Tor [Sannum]. A história compara duas visões morais contrastantes: um grupo de alemães, "amantes dos pássaros", querem criar um lugar de veraneio paradisíaco num vilarejo pobre da Itália.

---

[1] *Ornitofilene* [Os Amigos dos Pássaros], 1965-1966. Atores: Anne Trine Grimmes – Else Marie Laukvik – Tor Sannum – Torgeir Wethal. Adaptação e Direção: Eugenio Barba. Espaço Cênico e Figurinos: Odin Teatret. Texto: Jens Bjørneboe. Arquiteto: Ole Daniel Bruun. Número de apresentações: 51. Estreia: Oslo, outubro de 1965. Última apresentação: Oslo, março de 1966. Turnês: Dinamarca, Finlândia, Noruega e Suécia.

Ficam indignados ao descobrirem que os homens do vilarejo saem para caçar e matar os pássaros canoros, uma especialidade culinária da região. Os alemães dão um ultimato: lugar de férias paradisíacas ou de caça? Nesse meio-tempo, descobre-se que, durante a guerra, esses mesmos alemães haviam participado da ocupação da cidade e tinham sido acusados de torturar e fuzilar seus habitantes. Então o povo do vilarejo se reúne para discutir se era contra ou a favor do ultimato. É desse encontro que os espectadores participam, como se fossem os habitantes do vilarejo. A duração do espetáculo equivale à duração da assembleia. Os vários assuntos, objeções e julgamentos pragmáticos que, no texto de Bjørneboe, eram apresentados por vários personagens, no espetáculo eram expostos por Tor, que conduzia a reunião como porta-voz dos espectadores.

Começamos a ensaiar com o texto já reelaborado, mais ou menos como vi Grotowski fazendo com *Akropolis*. Havia uma cena, por exemplo, que descrevia o prazer da caça. Nela, o ator Torgeir Wethal emitia uma série de sons associados a cantos de pássaros, mas isso não interferia na compreensão do espectador. Respeitávamos o texto e tomávamos cuidado para que fosse bem entendido. Dependendo de como se dizia o texto, o sentido das palavras podia ser confirmado ou negado, e novas imagens podiam ser suscitadas. Por exemplo: eu podia pedir a um ator que trabalhasse fazendo associações entre a escuridão da noite e o frio, usando sua voz para reagir com timbres e ressonâncias particulares. É óbvio que o espectador não percebia isso de forma explícita, e essa dimensão subliminar que me interessava não era nem uma ilustração nem um comentário direto ao texto escrito.

As modulações da lógica sonora do texto foram estabelecidas antes de criarmos a partitura física. *Ornitofilene* era uma história que podia ser reconhecida e na qual o autor havia indicado o desenrolar da trama. Quando a história de Bjørneboe continuava sendo literatura e não correspondia às nossas experiências, tentávamos criar variações e desvios no texto, tirando-o do trilho. Ao cortar fragmentos do texto, nos esforçávamos para identificar uma verdade interior que fosse nossa.

O melhor exemplo é o da cena em que, no texto original, o pai se suicida: Torgeir interpreta um ex-*partigiano*[2] que é leal e coerente com as convicções

---

[2] *Partigiano* (no plural, *partigiani*): termo italiano que indica os protagonistas da chamada *Resistenza*, movimento armado de combate ao fascismo e à ocupação nazista no norte da Itália durante a Segunda Guerra Mundial. (N. T.)

que justificam sua luta, mas para não sucumbir diante da condescendência de sua aldeia, decide se enforcar. Só que, durante os ensaios, Torgeir não encontrou nenhuma solução técnica eficaz para se enforcar a poucos centímetros dos espectadores. Então perguntei aos outros atores: "Quem consegue achar uma solução?". Else Marie, que interpretava o papel da filha, achou que conseguiria. E conseguiu. Foi assim que a cena se resolveu. Esse é um exemplo típico do que eu quero dizer com "tirar o texto do trilho": tirá-lo dos binários literários sobre os quais ele desliza e direcioná-lo para outros binários, mais especificamente, os teatrais. A realidade da situação de trabalho veio à tona: um ator era incapaz de realizar uma tarefa. Mas, com ela, surgiu outra verdade: o tempo torna as pessoas mais maleáveis e, no final, os filhos – neste caso, a filha – é que acabam pagando pela perda dos ideais de seus pais.

Então havia três fios de materiais que se entrelaçavam continuamente: o texto, o timbre de voz e as ações físicas. Isso me dava inúmeras possibilidades, sobretudo quando eu me esforçava para visualizar o que estava sendo contado. No drama de Jens Bjørneboe, por exemplo, o pai *conta* que foi torturado. Eu queria mostrar essa situação. Então construí uma cena que, embora não estivesse presente no texto, tinha que possuir uma intensidade absoluta. Chamávamos de "quentes" as cenas que inventávamos, as que eram fruto de nossas improvisações. "O que é um algoz?", nos perguntamos. Para nós, ao pé da letra, era um homem que tortura, que provoca dor e pisa em outro indivíduo. Não tínhamos nenhum ator que pudesse interpretar o carrasco nazista, só o coitado do Tor, que tinha apenas 18 anos. Então ele teve que se transformar. Diante dos olhos do público, Tor tirava os sapatos e os enfiava dentro do casaco, que virava um imenso uniforme, tipo aqueles de beisebol. Depois ele pegava o xale preto de uma atriz e o amarrava na cabeça como se fosse o capuz de um algoz. Ao mesmo tempo que se transformava num monstro tipo Quasímodo, o personagem do *Corcunda de Notre Dame*, com gestos simples ele dizia seu texto (sempre de Jens Bjørneboe): um elogio ao perfume e à beleza das rosas italianas.

O ex-soldado alemão canta um hino em homenagem à flora italiana do mesmo vilarejo onde, durante a guerra, ele torturou e executou civis. Enquanto a montagem respeitava o texto, a maneira de dizê-lo ressaltava seu sentido. Mas acrescentamos outro elemento. Pode-se dizer que, quem tortura, mutila a própria humanidade. Quando você dá um golpe em outra pessoa, está matando o ser humano que existe dentro de você. Decidimos tornar literalmente visível esse ato de golpear e desfigurar a si mesmo: Tor se chicoteia com uma corda como alguém que se autoflagela. Então tínhamos, de um lado, um algoz encapuzado que se chicoteava, e, do outro, o torturado que reagia intensamente, como se aquelas chicotadas o atingissem. As chicotadas eram fortes, hiper-realismo puro.

O algoz, imperturbável, se chicoteava com a corda. Imagino que um torturador aja com indiferença, com distância profissional e sem envolvimento afetivo. Eles querem algum tipo de informação, por isso torturam. Torgeir, o torturado que não levava nenhuma chicotada, reagia saltando no ar, e depois que caía no chão como um animal ferido, se arrastava e dizia seu texto, ou melhor, lia uma carta em voz alta. Era a última carta que um norueguês de 18 anos, membro da Resistência, escrevia aos seus pais antes de ser fuzilado pelos nazistas. Nela, ele descrevia a alegria de morrer por uma sociedade melhor. A voz de Torgeir também expressava alegria, embora ele tivesse uma corda enrolada no pescoço. A outra ponta da corda era usada pelo algoz para se chicotear. Parecia um cordão umbilical que ligava a vítima ao seu algoz.

A cena seguinte nasceu de uma situação que eu tinha vivido no Sul da Itália após a morte do meu pai. Eu tinha dez anos. Membros da família e amigos estavam sentados ao redor da cama onde se encontrava o cadáver do meu pai. Algumas pessoas, sobretudo os homens, entravam no quarto e se jogavam sobre o seu corpo. Eles o sacudiam, o puxavam, tentavam levantá-lo. As outras pessoas que estavam ali precisavam intervir com determinação para separá-los do cadáver.

A lembrança dessas fortes reações emocionais diante da morte inspiraram o desenrolar da cena. No espetáculo, a mulher e a filha se comportam como duas aves de rapina, dois abutres. Se eu tivesse feito um filme, teria mostrado um cadáver. Os alemães mataram um *partigiano* e, na calada da noite, as duas mulheres saíram pelas montanhas para recuperar seu cadáver. Pode-se pensar que os abutres estejam devorando o corpo. As duas mulheres tentam levantar o morto, arrancando-o dos abutres, comportando-se como eles. Talvez o corpo esteja no meio de outros cadáveres e as duas mulheres estejam lutando entre si pela posse do morto. Na cena, ao mesmo tempo que as mulheres-abutres estão felizes porque encontraram uma carniça, elas querem ter o corpo do amado somente para si. Ao montar uma cena, é importante não se limitar a uma única interpretação. É preciso elaborar, materialmente, mais pontos de vista. Como a filha é mais forte, é ela quem carrega o pai nas costas. Ao mesmo tempo que o corpo é um cadáver, é também uma cruz. Surgem novas associações. As mulheres começam a cantar: mais uma vez, voltamos para o literal, para a situação real. Elas cantam *Alltid Freidig Når du Går* (Sempre Valente em Seu Caminho), um hino fúnebre que acompanha os funerais da Escandinávia até os dias de hoje. As atrizes cantam de maneira "quente", para usar nossa terminologia de trabalho. E quando um ator canta de maneira "quente", motivado por uma forte carga emocional, ele reduz as qualidades estéticas da voz. Então as nuances sonoras, toscas e sem graça, se transformam em lâminas que entalham minha sensibilidade: é alegria, desespero, paixão, violência ou sensualidade? No final, Else Marie – a filha – explode numa longuíssima, barulhenta e vulgar gargalhada de prazer, contente por ter vencido a própria mãe.

Na peça de Bjørneboe, o pai lembra como foi torturado. É por isso que não pode perdoar os alemães. Seu discurso comportava uma ausência de ações, criava um "buraco" no fluxo das imagens físicas e vocais. Quando suas palavras *se tornaram visíveis*, descobrimos uma inesperada possibilidade de improvisar. Tempos depois, esses "buracos" na história se transformaram nos momentos mais surpreendentes durante a preparação de um espetáculo, porque, ao mesmo tempo que precisam ser preenchidos com cenas que tenham uma moldura lógica para o espectador, devem desorientá-lo através de seus elementos contrastantes, "tirando o texto do trilho". A moldura dessa cena de *Ornitofilene* é simples: um funeral e duas mulheres que procuram um parente fuzilado pelos alemães. Mas aqui são inseridas novas ações, reais em outro nível: as imagens do meu pai em seu leito de morte, as pessoas que se batem para abraçá-lo e para estarem perto dele, os presentes que intervêm para separá-los. Isso não tem nada a ver com fantasia ou estética. A base da imagem é uma experiência pessoal que não pode ser cancelada. Talvez fosse por isso que a cena mexesse tanto com os espectadores: era uma situação arquetípica.

A cena que chamávamos de "fria" – segundo nossa terminologia – não excluía a emotividade. Era simplesmente construída com outro procedimento: cada fragmento era improvisado e explorávamos as informações do texto. Isso acontecia, por exemplo, na cena em que Torgeir saía para caçar. Ele se enfiava no bosque segurando uma espingarda, avançava cuidadosamente, estava pronto para abater uma ave, sussurrava baixinho para não ser ouvido. Descrevia o prazer da caça, o delicioso sabor dos passarinhos, as várias maneiras de cozinhá-los: era impensável renunciar a tudo isso. Cada vez que dizia uma frase, ele mudava de posição, justificando-a em relação ao texto. Precisava despertar associações. Quando falava de um ninho de passarinhos em cima da árvore, batia a coronha da espingarda com força, como se batesse no próprio tronco para fazê-los cair. Exterminava os passarinhos pisoteando-os, esmagando-os com as mãos. O texto expressava uma sensação de liberdade e de amor à natureza que era desmentida pela brutalidade da ação. Ele segurava e manuseava a espingarda como se ela fosse uma criança pequena que devia ser protegida. Indicava um passarinho distante no céu como se sua mão o amassasse docemente contra uma parede. Uma cena "fria" obriga o ator a "compor", a fazer uma "composição". Isso significa que, em cada etapa, ele deve construir um percurso minucioso de associações mentais e de ações precisas que se refiram a cada uma das frases do texto e, às vezes, a cada palavra. O texto pode ser ilustrado, contradito, comentado e ser colocado em dúvida. É possível se afastar dele. Dessa maneira, a partitura física e vocal deixa de ser uma mera e inerte ilustração do texto.

Uma cena "quente" também pode começar com um tipo de composição, mas seu desenho não precisa ser assim tão rigoroso. Na cena da caça, eu queria que o modo de Torgeir segurar e usar a espingarda se desdobrasse numa série de detalhes bem precisos. Essa precisão – que deve poder ser repetida – se apresenta sob a forma de tensões que, aos olhos do observador, se tornam reações. Só que essas tensões são diferentes das tensões das cenas "quentes". Na cena de tortura, por exemplo, Torgeir tinha que saltar no ar e cair no chão como se fosse um passarinho baleado. Ainda que as ações variassem um pouco de um ensaio a outro, eu não fazia nenhuma intervenção, ou então esperava para poder corrigir alguns detalhes, porque a cena me impactava emocionalmente. Não se tratava apenas de encontrar um tom de voz ou o desenho de uma ação que pudesse ser simplesmente repetida. As reações sensoriais e mentais que as ações de Torgeir despertavam durante as cenas "quentes" eram totalmente diferentes daquelas da cena da caça.

Quando comecei os ensaios, eu não tinha nenhuma ideia prévia de uma forma ou de uma expressão artística. Eu só queria obter o mesmo efeito emocional de algumas cenas de *Akropolis*, o espetáculo de Grotowski. Mas também havia outras imagens que me seduziam e me guiavam. Em *Ornitofilene*, essas imagens tinham a ver com a morte. Como apresentar o enforcamento do pai de maneira que fosse realmente crível ao espectador? De um lado, a cena precisava ser tão realística a ponto de desorientá-lo; de outro, não podia ser literal, pois, na noite seguinte, um ator – provavelmente o mesmo – tinha que repetir a cena.

A escolha dos figurinos não vinha de nenhuma pesquisa particular. Pegamos o que encontramos em casa, pois não tínhamos dinheiro. As mulheres usavam vestidos pretos que me remetiam ao Sul da Itália, ainda muito presente em mim. Duvido que hoje eu seria capaz de fazer cenas como aquelas de *Ornitofilene*. Tantos anos se passaram desde que vivi aquelas experiências, que elas acabaram se tornando feridas distantes no tempo. É óbvio que nunca vou me esquecer das pessoas que se jogavam sobre o cadáver do meu pai, mas agora posso falar disso tudo usando palavras, não preciso mais exorcizá-las através de outra linguagem.

Grotowski e eu éramos parecidos nisso: ambos estávamos interessados na misteriosa zona da espiritualidade e da religiosidade. Mas, mesmo assim, nosso comportamento era diferente. Grotowski tem uma maneira totalmente polonesa de se relacionar com a História, com o heroísmo e com a luta patriótica. Minha relação com a História é outra. Eu havia emigrado com 17 anos e sentia que minha identidade italiana ia se despedaçando, se desmanchando gradualmente, uma camada após a outra. Mas apesar das nossas diferenças de temperamento e de vitalidade, eu percebia uma certa semelhança entre *Akropolis* e *Ornitofilene*. Essa semelhança se manifestava, basicamente, numa visão da História vivida como um "inexorável momento de verdade para o indivíduo".

Depois que começamos a apresentar *Ornitofilene*, fiquei surpreso ao ver o efeito que o espetáculo tinha sobre os espectadores. Eu realmente não esperava por isso.

III

O ODIN TEATRET NA DINAMARCA

Eugenio Barba

Minhas escolhas e minhas ações costumavam ser decididas por meio de impulsos quase arcaicos. Nem mesmo as decisões importantes nasciam de motivações ponderadas ou de reflexões claras. Raríssimos foram os casos em que isso aconteceu.

Nos últimos anos comecei a me sentir mais seguro, não tenho tantas incertezas como no início. Ouso confiar naquela parte de mim que chamo de "cavalo cego". Confesso que foi ele que me guiou e que ainda me guia.

Eu viajava pela Europa para espalhar notícias sobre o teatro de Grotowski, e após terminar a conversa com as pessoas que encontrava, eu sempre perguntava: "Quem você acha que poderia se interessar por esse tipo de teatro?". E assim eu recebia nomes e endereços com os quais entrava em contato na próxima parada, em busca de aliados para Grotowski. Quando passei pela Dinamarca na primavera de 1964, visitei Jess Ørnsbo, redator da revista *Vindrosen*. Também conversei bastante com ele sobre Grotowski. Como sempre, terminei a conversa com a pergunta: "Quem você acha que poderia se interessar por esse tipo de teatro?". Ele me falou de Christian Ludvigsen,[1] a quem fui encontrar na noite seguinte.

---

[1] Christian Ludvigsen era professor do Instituto de Dramaturgia da Universidade de Århus. Quando nos transferimos para a Dinamarca, fez de tudo para nos ajudar, entrando em contato tanto com o Ministério da Cultura dinamarquês quanto com autores conhecidos. Christian foi conselheiro literário e membro do conselho de administração do Odin Teatret por mais de vinte anos.

Logo depois, recebi uma carta do Christian na Noruega, onde eu estava com meus quatro futuros atores insistindo em projetos confusos para o futuro. É difícil expressar o significado dessa carta em minha vida.

Até hoje mantenho relações com Christian. Ele escreveu uma crítica do primeiro número da revista quadrimestral *TTT, Teatrets Teori og Teknikk* [Teoria e Técnica do Teatro], que o Odin Teatret começou a publicar em 1965, em Oslo. Fora isso, também organizou (em colaboração com Jens Okking, que dirigia o pequeno teatro Vestergade 58) nossa primeira turnê na Dinamarca, em Århus, onde lecionava na universidade.

Através do Christian, entrei em contato com a universidade e com Tage Hind, outro professor do Instituto de Dramaturgia. Tage me convidou para dar uma aula aos alunos. Fiquei muito surpreso. Já tinha feito trabalhos muito estranhos na minha vida, mas dar uma palestra sobre teatro, numa universidade, era algo completamente novo. A proposta fazia eu me sentir nervoso e sem jeito. Mas aceitei, pois daria prestígio ao Odin Teatret.

O cunhado de Christian Ludvigsen, o famoso escritor Peter Seeberg, não poupou esforços para apresentar o espetáculo do Odin em Viborg, a cidade onde trabalhava (E foi assim que descobri que as relações familiares são úteis até na Dinamarca).

Foi ali, em Viborg, que a enfermeira Inger Landsted viu *Ornitofilene*. Ela morava e trabalhava em Holstebro, que ficava a uns 50 km de Viborg, e fazia parte de um pequeno grupo de teatro amador. Ela costumava seguir as aulas de dramaturgia de Tage Hind e, um dia, ouviu ele falando de um estranho grupo norueguês de teatro.

A enfermeira ficou tão animada com nosso espetáculo que, no dia seguinte, ligou para o diretor da prefeitura de Holstebro. Ela disse que se realmente quisessem transformar Holstebro num centro cultural – já tinham comprado uma estátua de Giacometti para um museu que ainda deviam construir e, além do mais, queriam escolher um compositor de música eletrônica – por que não encontrar um teatro que também pudesse funcionar como escola? Naquela época, na Dinamarca, discutia-se muito sobre a reforma das escolas de teatro.

Aquela conversa telefônica incomum entre Inger Landsted e o diretor da prefeitura, Jens Johansen, terminou em um convite para irmos até Holstebro a fim de discutir o assunto, inclusive com o prefeito, Kai K. Nielsen.

As descrições de Inger devem ter sido tão convincentes que eles acabaram pedindo para encontrar o diretor do teatro imediatamente.

Era como se o Senhor tivesse enviado um mensageiro com um milagre. Em Oslo, eu já pensava em tirar o Odin da cidade grande. Tínhamos até buscado uma sala em Frederikstad e em Lillehammer, mas em vão.

Aos meus olhos, aquela cidadezinha do Oeste da Jutlândia mais parecia um parto da fantasia. Eu, Tage Hind e Agnete Strøm, nossa administradora, partimos de Århus e fomos para Holstebro. Certamente, as autoridade locais ficariam impressionadas ao me ver chegar lá com um professor universitário.

Eu achava que a parte ocidental da Jutlândia era uma extensa paisagem de pântanos, uma vastidão infinita de urze, assim como havia lido nos clássicos dinamarqueses da Universidade de Oslo. Mas fiquei deprimido ao viajar atravessando tristes campos de batatas varridos pelo vento. E quando chegamos, a cidadezinha pareceu mais triste ainda: era mais parecida com um franguinho raquítico do que com um futuro centro cultural.

Vi que seria quase impossível fazer teatro naquele lugar. Com uma população de 18 mil pessoas, não havia um número suficiente de espectadores. Além disso, as pessoas de lá eram profundamente religiosas e totalmente desprovidas de qualquer tradição cênica.

Fomos recebidos pelo prefeito e por outros três ou quatro membros da Câmara Municipal. Num dado momento, durante as discussões sobre as condições e as modalidades para nossa eventual transferência a Holstebro, acabei dizendo que não queríamos fazer nem uma escola de teatro nem um teatro normal. Ao contrário, queríamos um laboratório teatral.

Silêncio total. Ninguém disse uma palavra até que o prefeito, Kai K. Nielsen, perguntou, sem papas na língua: "O que é um laboratório teatral?".

Imediatamente respondi: "É um teatro que não apresenta espetáculos todas as noites". No final das contas, pareceu uma resposta plausível.

A prefeitura de Holstebro tinha comprado algumas propriedades na periferia, entre as quais, uma espécie de granja que deveria ser usada como sede da Defesa Civil. Perguntaram se não queríamos transformar uma de suas alas num teatro.

Também nos dariam um subsídio de 75 mil coroas por ano, uma quantia equivalente ao pagamento anual de um operário não especializado.

Existem fotos daquela época que são muito significativas para mim. Foram tiradas durante uma coletiva de imprensa na qual falamos de nossos grandiosos projetos para os jornais locais. Dissemos a eles que, com certeza, a cidade se tornaria famosa e seria indicada nos mapas graças às nossas atividades.

Em uma dessas fotos, eu e meus três atores noruegueses do Odin Teatret aparecemos nessa granja que a prefeitura tinha comprado e que ainda estava sendo usada. Estávamos ali, com os olhos ansiosos enquanto observávamos os porcos naquele estábulo que, mais à frente, teria se tornado a "sala preta" onde Grotowski, Dario Fo, Ronconi, Decroux, J.L. Barrault e tantos outros teriam apresentado seus trabalhos.

Em junho de 1966, nos transferimos para a Dinamarca.

Eu não sabia como enfrentar a situação na qual fomos parar. De um lado, nosso pequeno grupo – Torgeir [Wethal], Else Marie [Lauvik], Anne Trine [Grinnes], eu e a secretária Agnete Strøm – era de amadores; de outro, o conselho municipal, a cidade e os jornais dinamarqueses locais e nacionais começaram, de uma hora pra outra, a prestar muitíssima atenção na gente. Fui entrevistado e tinha que opinar sobre tudo. Nesse momento, tornaram-se úteis todas as experiências que eu tive rodando pela Europa para difundir o evangelho de Grotowski. Mesmo sendo um estudante completamente anônimo, eu precisava exibir total equilíbrio e segurança ao falar com desconhecidos. Tinha aprendido a assumir um comportamento que irradiava amabilidade e experiência.

A transferência para Holstebro mudou minha atividade dentro do grupo rapidamente. Em Oslo, podíamos nos concentrar no treinamento e no espetáculo. Trabalhávamos das 9 às 17 h. Quando chegamos a Holstebro, começamos a trabalhar às 7 h. Pensei: teatro é artesanato; se os artesãos começam sua jornada de trabalho às 7 h, como eu também fazia quando era soldador em Oslo, nós também temos que começar às 7 h.

Eu me perguntei como o Odin Teatret conseguiria enraizar sua presença em Holstebro. Não estou falando apenas de conquistar seus espectadores. Nossos espetáculos eram feitos para um número muito limitado de pessoas – naquela época, mais ou menos sessenta –, e eram bastante diferentes de tudo o que normalmente se via por aí. Exatamente por isso, achei que teríamos que nos manifestar por meio de outros tipos de atividades, para nos tornarmos um agente ativo na cidade e dentro de seu contexto social.

Nossa primeira atividade foi uma espécie de residência interescandinava que se baseava principalmente no treinamento e na preparação do ator. Da Polônia, eu tinha convidado Grotowski, seu ator Ryszard Cieślak e Stanisław Brzozowski, do Teatro de Pantomima de Henrik Tomaszewski. As residências nasceram da necessidade que eu e meus atores sentíamos de encontrar artistas de teatro, de vê-los em ação e de conhecer seus métodos de trabalho. Mais à frente também chegariam Etienne Decroux, Jacques Lecoq, Jolanda Rodio e Dario Fo.

As duas primeiras residências aconteceram durante o verão. Eu ensinava com a ajuda dos atores, principalmente de Torgeir, que ainda era muito jovem – tinha apenas dezenove anos. Também éramos responsáveis por toda a parte prática e administrativa: preenchíamos formulários pedindo dinheiro, cozinhávamos e lavávamos os pratos, fazíamos as compras, mimeografávamos, arrumávamos as camas, virávamos motoristas, etc. Na primavera seguinte, organizamos uma residência sobre o teatro checoslovaco, que estava em plena fermentação: estávamos no meio da "Primavera de Praga", em 1967, há poucos meses do trágico 1968 da invasão soviética.

E foi assim que teve início nossa tradição de organizar duas residências internacionais por ano: uma no verão, que durava duas ou três semanas e era dedicada ao treinamento; outra na primavera, que durava uma semana e se dedicava a algum tema específico (por exemplo, "O Mito da *Commedia dell'Arte*" ou "A Linguagem Cênica"). Essas atividades tornaram o Odin Teatret conhecido no ambiente profissional escandinavo, já que naqueles anos não havia nenhuma iniciativa desse tipo na Europa. Para nós, do Odin, as residências eram um período de aprendizagem em todos os níveis, mas eram também uma oportunidade para nos projetarmos totalmente no mundo externo, ainda que por breves períodos.

Era também uma maneira de estreitar os laços com a cidade. Entre os participantes, havia atores conhecidos, dinamarqueses e escandinavos, o que garantia a qualidade do que fazíamos. Muitos ficavam hospedados em casas particulares, e os proprietários ficavam felizes de receber hóspedes famosos. Uma última coisa, que não é a menos importante: para o Odin Teatret, a organização das residências também era uma maneira de ganhar dinheiro.

A necessidade de estarmos presentes em Holstebro com atividades locais, anônimas e contínuas, mas também com iniciativas importantes, foi se desenvolvendo ao longo dos anos, e foi expressa com os festivais, as residências e os espetáculos que organizamos frequentemente na cidade. Sempre fui infinitamente grato a Holstebro, cujo conselho municipal daquela época teve a audácia de apostar num desconhecido grupo norueguês de teatro.

As pessoas costumam nos perguntar se eu tinha dúvidas nos primeiros anos, quando ainda era um desconhecido, bem distante do nível artístico e profissional de hoje. Não, eu não tinha dúvidas. Sabia o que queria. Estava decidido, sem saber por quê. Se durante o trabalho para um espetáculo eu estabelecia que uma coisa devia ser "assim", e depois isso não funcionava, então a única saída era buscar outra solução. Só depois de uma resposta concreta você pode se posicionar, se adaptar, mudar ou adivinhar como continuar.

IV

KASPARIANA[1]

Eugenio Barba

A memória faz brincadeiras estranhas com a gente. Quando tento contar como um espetáculo nasceu, os atores têm dificuldade de reconhecer minha descrição do processo de trabalho. É como se, durante esse percurso, existissem particulares ou situações que se fixam na minha memória, assumindo um significado especial. Isso também deve valer para cada um dos atores. Falei várias vezes sobre o quanto Stanislávski foi importante no meu trabalho, assim como o diálogo com os mortos. Mas quando estou ensaiando, eles não estão presentes na sala de trabalho. Lá eu me esqueço de tudo.

Durante alguns meses, em Oslo, tínhamos trabalhado num refúgio antiatômico que a prefeitura havia nos emprestado: uma espécie de túnel subterrâneo, amplo, úmido e muito longo. Um gerador barulhento nos iluminava e nos fornecia o ar necessário para estar ali. Um dia, enquanto ensaiávamos, fomos interrompidos por um barulho ainda maior: o poeta dinamarquês Ole Sarvig e sua esposa batiam energicamente no portão de metal. Ole se apresentou como um conhecido da minha amiga dinamarquesa Dea Trier Mørch, artista gráfica e escritora com a qual ele tinha viajado na Polônia. Naquele mesmo dia, Ole assistiu a um ensaio de *Ornitofilene*. Foi a partir daí que

---
[1] *Kaspariana*, 1966-1968. Atores: Jan Erik Bergström – Anne Trinnes Grimnes – Lars Göran Kjellstedt – Else Marie Ludvik – Iben Nagel Rasmussen – Dan Nielsen – Torgeir Wethal. Adaptação e Direção: Eugenio Barba. Espaço Cênico: Bernt Nyberg. Texto: Ole Sarvig. Conselheiro Literário: Christian Ludvigsen. Número de apresentações: 74. Estreia: Holstebro, setembro de 1967. Última apresentação: Holtebro, fevereiro de 1978. Turnês: Dinamarca, Itália, Noruega e Suécia.

nasceu uma relação muito estreita entre nós. Sua visita fez com que eu me sentisse menos sozinho, me deu a sensação de que nossa atividade, literalmente subterrânea, também poderia ter um sentido para outras pessoas.

Quando nos transferimos para a Dinamarca, retomei contato com ele e falamos sobre a possibilidade de colaborar. Quem se tornou nosso conselheiro literário e propôs a história de Kaspar Hauser para o primeiro espetáculo dinamarquês do Odin Teatret foi o Christian Ludvigsen. Concordamos imediatamente. Isso me dava a oportunidade de refletir sobre as consequências sociais e políticas originadas da maneira com a qual educamos nossos filhos – estávamos em 1966 – e, em geral, eu estava interessado na pergunta: o que podemos ensinar, o que podemos transmitir?

Tínhamos acabado de inserir alguns alunos no grupo, e Judy estava grávida do nosso primeiro filho.

A história de Kaspar Hauser permitia que nos perguntássemos sobre o que era a hipocrisia em nossa sociedade, um tema que me parecia interessante. Hoje o tema é menos interessante, já damos por certo que ela existe, eu diria até que se tornou uma virtude necessária.

Mas quando finalmente Ole chegou com seu texto, descobrimos que era um poema com poucas linhas, distante anos-luz da proposta dramática de Bjørneboe. Não havia nenhuma indicação de personagens, cenas ou sucessão de acontecimentos. Havia atmosferas, imagens e metáforas, todas estranhamente poéticas, mas sem força dramática. Nos vimos diante de uma sequência de "buracos" na história, que teríamos que preencher sozinhos. Comecei a trabalhar e escrevi uma sinopse, uma sequência de cenas: Kaspar acorda, Kaspar é vestido, Kaspar aprende a caminhar, etc. Depois começamos a bordar, bordar e bordar a partir dessa estrutura bem simples. No final, chegamos a um emaranhado de ações e possíveis interpretações.

Durante as férias de natal, eu tinha ido à Inglaterra com a Judy para visitar sua família. Lá, por acaso, nos deparamos com uma grande loja que vendia tecidos brocados e de cores fantásticas para cortinas. Eu amo as cores, compramos vários tecidos diferentes. Não tínhamos cenógrafo nem costureira, ninguém que nos ajudasse a cortar e a costurar os tecidos, então nós os usamos do jeito que estavam. O tecido ficou sem costura nenhuma, os atores se enrolavam com eles, até mesmo os sapatos eram pedaços de couro amarrados com laços do mesmo material. Os próprios atores inventavam maneiras de se enfeitar.

O espetáculo se desdobrava a partir das várias etapas de uma vida humana. Instintivamente, eu associava a vida humana à vida do Filho do Homem, de Cristo. E essa acabava se tornando uma história paralela. O protagonista era Kaspar Hauser, mas também era Cristo, que é sacrificado a uma sociedade que ele não reconhece e que não admite os valores que representa.

Na época medieval, durante as representações sagradas da Paixão de Cristo, os atores se exibiam em cima de plataformas, tablados ou pequenos palcos, deslocando-se de um para o outro. Em *Kaspariana*, cada ator "habitava" sua própria morada, desenhada por ele mesmo. No centro do espaço, colocamos uma grande caixa de madeira da qual, graças a um refletor, saia uma luz intensa que apontava para cima. Lembrava uma casinha sem teto e produzia efeitos "expressionistas", porque a luz criava efeitos especiais de sombra. Eu pensava em pintores como Caravaggio e El Greco. É como se, durante o trabalho, se estabelecessem certos pontos de referência que me ajudam e me orientam nas várias facetas do espetáculo. Nesse caso, foi Caravaggio. Ao mesmo tempo, há problemas técnicos que precisam ser resolvidos: o que devo fazer para que a luz, que sai de baixo, ilumine o rosto dos atores sentados em suas moradias, mas sem que ela cegue os espectadores sentados nas laterais?

O espaço cênico reproduzia a organização de uma pequena cidade; cada moradia tinha seu próprio ambiente, composto por um conjunto de cadeiras destinadas aos espectadores. Nesse caso também, pedi a cada ator que levasse propostas sobre a disposição das cadeiras ao redor de suas próprias moradias.

Em seguida, o trabalho teve início a partir de um simples núcleo narrativo: Kaspar acorda e vai até uma praça onde há pessoas reunidas. O que estão fazendo? Comendo. Como provocar uma associação com a comida sem mostrá-la diretamente? Será que pode ser através da comunhão, quando o pão é distribuído durante a missa católica? Se for assim, então o pão é sagrado. A hóstia é um alimento sagrado que se oferece às pessoas que participam da refeição. As hóstias não voam, mas nós tínhamos aquela caixa no meio do espaço, de onde saía uma luz: os atores se reuniam ao redor dessa caixa, subiam nela, e por instantes cobriam a luz do refletor que ficava escondido lá dentro.

Devagarzinho fomos construindo um universo teatral, uma pequena sociedade que, para se alimentar, reúne-se ao redor de um centro de luz espiritual. Só no final montamos o texto dessa cena, que ia numa direção totalmente diferente. Usamos uma passagem de *As Três Irmãs*, de Tchekhov, na qual se fala do tédio da nossa época, porque nada acontece. Então discutimos o acontecimento do dia: uma execução. Os protagonistas falam de um tédio que é um cotidiano cheio de crueldade e insensibilidade.

A refeição seguia o modelo de uma liturgia católica, exatamente como eu me lembrava da minha infância. Else Marie, que ficava escondida dentro da caixa luminosa, tirava a mão pra fora segurando um pedaço de pão (iluminado pelo refletor) e o oferecia aos outros atores. A ação era acompanhada pelo toque de um sininho, como acontece nas várias fases da missa. Esse foi o simples ponto de partida que desencadeou toda a cena: um jantar compartilhado, uma simbiose doente. *Kaspariana* tinha pouco texto, a maior parte foi acrescentada durante o processo de trabalho. A poesia de Ole Sarvig tinha poucas páginas.

Depois da primeira cena, parecia que todo o resto caminhava sozinho. Eles comem, conversam e, de repente, eis que surge um rapaz. Qual é a reação? Medo. Busquei uma imagem de pânico: pombos que voam agitados. Pedi aos atores que fizessem uma improvisação a partir deste tema: pássaros assustados. Pequenas sequências eram montadas a partir da aparição (epifania) de Kaspar. Tem sempre alguém que está mais curioso que assustado. Uma jovem fica fascinada pelo rapaz seminu. As ações começam a ficar ambíguas, com múltiplos significados. Else Marie interpretava a mulher que vai ao encontro de Kaspar. Ele precisa se vestir e ser batizado. O batismo é um ritual, então a vestição se transformou num batismo e assumiu uma natureza solene e formal.

Há temas que retornam em nossos espetáculos. A vida de Cristo é um deles. De todos os grandes aventureiros espirituais da humanidade – Buda, Ramakrishna, Zarathustra ou Lao-Tsé –, nenhum é tão paradoxal quanto Cristo. É uma personalidade extravagante que, para salvar o próximo, se deixa crucificar e aceita uma morte ignóbil, destinada a criminosos e a escravos rebeldes. Era um mito grandioso. Para mim, Kaspar vinha da mesma estirpe de Cristo. A primeira coisa que os habitantes que o adotaram lhe contam é a fábula do filho traído pelo próprio pai. Kaspar aprende, literalmente, a dar os primeiros passos na sociedade que o acolheu e que lhe transmite o que conhece. Quando construí essa cena, tinha na cabeça uma imagem de vulgaridade. Seus mestres podem lhe ensinar o "Pai Nosso" ou "Cuidado com os falsos profetas!". Vulgares não são as palavras em si, são as maneiras de falar e os comportamentos das pessoas que as pronunciam.

Kaspar é colocado num trono elevado, com a *Bíblia* aberta diante do rosto como se fosse uma máscara que achata e sufoca suas feições. Tem que mostrar o que aprendeu, mas perdeu suas características humanas. O trono era uma das plataformas-moradas erguidas verticalmente, e a imagem evocava um totem ou uma crucificação. Mas Kaspar esqueceu o que havia aprendido e seus mestres ficam dando sugestões. Começam sussurrando de modo sedutor, depois de forma ameaçadora até explodir num coro histérico de rezas e invocações. O mau aluno lembra uma única frase – um falso silogismo – e o acontecimento é comemorado com uma dança.

É óbvio que, ao desenvolver uma cena, eu partia das minhas próprias experiências. Lembrava-me do interesse que eu despertava em algumas festas, quando todo mundo vinha me perguntar: "Ah, você é estrangeiro? De onde você vem? Que interessante!". Mas logo depois eles esqueciam de mim e a festa continuava como se eu não estivesse mais ali. Falando de *Kaspariana*: de um lado, eu seguia uma história como aquelas encontradas em revistas semanais de atualidades – como *Annabella* ou *Famiglia Cristiana*[2] –, em desenhos animados ou em qualquer filme hollywoodiano; de outro, era uma história que me permitia ilustrar cenas e ações como aquelas que a literatura me ensinou. Os estereótipos sempre contêm um arquétipo. O ponto, aqui, é como você trata o tema, que conexões consegue extrair dele, em qual contexto você o insere, como elabora a linguagem, o ritmo, a intensidade, os detalhes dinâmicos e sensoriais que atiçam a atenção do espectador.

Enquanto trabalhávamos em *Kaspariana*, eu me concentrava em cada ator com muita atenção. Utilizava uma técnica que poderia chamar de "estado de sono, estando acordado". Primeiro, eu dava um tema de improvisação. O ator, de olhos fechados ou abertos, devia reagir livremente a esse tema de acordo com suas lembranças, impressões ou fantasias (se ele imaginasse que estava no Haiti, por exemplo, começava a agir a partir daí). Na maioria das vezes, o ator que improvisava e eu ficávamos sozinhos na sala de trabalho, para criar uma atmosfera íntima e de concentração. Eu achava que assim poderíamos alcançar zonas internas ou estados de ânimo que se escondem no mais profundo de nós mesmos e que não temos o costume de acessar. Podíamos reconstruir algumas dessas experiências, mas era realmente fundamental tê-las vivido, assim elas penetravam no espetáculo e coloriam suas cenas. Para

---

[2] *Annabella*: revista de moda e atualidades femininas que existiu entre 1938-1984. *Famiglia Cristiana*: revista de inspiração católica, fundada em 1931 e que existe ainda hoje. (N. T.)

mim, era importante preservar a ressonância emocional que as improvisações haviam despertado. Não era um problema se eles esqueciam os detalhes. Anos depois é que fui me dar conta de que um embrião de clichês e repetições também habitavam essa liberdade. Como diretor, precisei aprender a transformar aquele timbre ou aquela cor suscitados pela ressonância interna, inserindo-os num contexto diferente de situação cênica e de relações.

O espetáculo era construído de forma linear, com uma cena atrás da outra. Como eu ainda me sentia inseguro, as improvisações eram fixadas sem grandes mudanças.

Ainda estava influenciado por Grotowski, ainda me inspirava nele. Tentava reconstruir tudo o que caracterizava sua obra. Ele tinha um consultor literário, um arquiteto e um assistente de direção, então eu também deveria tê-los. Christian Ludvigsen já era o consultor literário do nosso teatro, Stanley Rosenberg, que tinha vindo dos Estados Unidos para estudar com a gente, tornou-se meu assistente e me apresentou a um arquiteto sueco de Lund, chamado Bernt Nyberg. A influência de Grotowski estava presente em toda parte, e o Odin Teatret fazia todo o possível para ficar parecido com seu teatro de província polonês. Na Dinamarca, era normal ter um assistente de direção, mas era estranho ter um arquiteto que pensasse o espaço cênico. Colaborar com um cenógrafo significava realmente outra coisa.

O tema dos meus primeiros espetáculos girava sempre em torno da relação entre sociedade e indivíduo, da injustiça, da crueldade e da luta sem sentido, do fato de ser humilhado, de ser esmagado. Em nível inconsciente, talvez isso estivesse ligado ao fato de ter perdido meu pai quando eu era criança. Em nível consciente, prevaleciam minhas experiências ligadas à Polônia e à sua história: a Revolta no Gueto e os jovens do Levante de Varsóvia, que lutam e se preparam para a vida e que acabam, inexoravelmente, trucidados. Mas eu também era influenciado pela injustiça cotidiana e quase existencial que tinha vivido na sociedade socialista. Eu me sentia culpado pelo fato de que os poloneses não podiam ter um passaporte e viajar para onde bem entendessem.

Desde a minha infância em Gallipoli, no Sul da Itália, eu sabia que a única coisa que o ser humano possui é sua boa reputação. Se você a perde, não vale mais nada.

É por isso que a boa reputação do Odin Teatret em Holstebro era algo absurdamente vital para mim. A regra era que cada um podia se comportar como quisesse, mas sem causar nenhum escândalo na cidade. Ninguém podia ficar bêbado, e era terminantemente proibido consumir qualquer tipo de droga. Isso porque, na cidade, ninguém iria dizer "Jens Jensen fuma maconha", mas diriam "os integrantes do Odin Teatret são viciados em drogas". O comportamento de uma única pessoa prejudicaria todas as outras que tinham aceito aquela rígida disciplina.

Fiquei chocado quando descobri que um dos atores fumava maconha. Mandei ele embora na mesma hora. Para protestar contra minha decisão, outro ator abandonou o grupo.

Foi uma catástrofe, porque tínhamos trabalhado mais de um ano em cima de *Kaspariana*. O espetáculo só havia sido encenado umas cinquenta vezes, e tínhamos a possibilidade de apresentá-lo ainda por muito tempo. Fora isso, tínhamos acabado de receber um convite do Jean-Louis Barrault para apresentá-lo no festival internacional do Théâtre des Nations, em Paris.

Tentei reconstruir o espetáculo com um casal de franceses que veio estudar com o Odin e também convidei uma jovem finlandesa, Carita Rindell, que pediu para ser nossa aluna.

Não funcionava de jeito nenhum. Era a prova do que acontece quando se cria um espetáculo totalmente vinculado à personalidade e às formas expressivas dos atores: é impossível substituí-los sem transformar radicalmente o espetáculo.

Kaspariana foi enterrado.

Nesse meio-tempo, adiaram um ano o convite para Paris. Estávamos em 1968 e o Odéon, o teatro que deveria nos acolher, tinha sido ocupado por estudantes.

E foi assim que tivemos tempo para preparar um novo espetáculo, que levamos a Paris no ano seguinte.

Iben Nagel Rasmussen

Em novembro de 1965, o Odin Teatret apresenta Ornitofilene *na Holbæk Kunsthøjskole (uma escola de arte popular): fico em estado de choque. O espetáculo penetra em meus ossos, chega na medula.*

Quanta coragem eles têm.

Suas vozes explodem com uma estranha e férvida convicção. Será que estão cantando salmos? É como se eu os ouvisse pela primeira vez. É uma língua totalmente nova, uma expressão que eu desconhecia. Seus corpos pareciam transparentes, como se a própria alma falasse através deles. Agora eles nos fazem uma pergunta importante e pedem que nós – público – tomemos uma decisão. Eu gostaria de responder, mas não entendo o que estão dizendo. É que eles falam em norueguês, ainda por cima desse jeito meio esquisito, parece que estão cantando. Quem me dera trabalhar com eles! Daria a minha vida por isso.

INTERIOR

Não temos nenhum palco no Odin Teatret, só uma sala vazia sem arquibancadas ou poltronas para os espectadores.

Em 1966, quando fui aceita como aluna do grupo, ainda estavam reconstruindo o estábulo da granja que viríamos a ocupar. O estábulo destinado às vacas se transformaria num espaço teatral que incluiria uma grande sala preta e uma sala branca, um pouco menor. Em 1980, o teatro foi ampliado com uma sala vermelha e, depois, com uma sala azul. É por isso que qualquer tipo de trabalho, seja ele treinamento ou ensaio, é definido com a fórmula "estar em sala".

Em cada porta fica pendurada uma plaquinha. De um lado é vermelha, do outro, é verde. Se o lado vermelho estiver virado para fora, significa que é proibido entrar, o que é interpretado tão seriamente quanto o silêncio de uma filmagem cinematográfica.

Bem no início, Eugenio ficava sentado atrás de uma grande escrivaninha. Alguns anos depois, ela foi substituída por uma menor. Hoje ele não tem nem uma mesinha. Durante os ensaios para um novo espetáculo, ele leva um caderno com anotações, que também é usado para escrever comentários e novas ideias. Eugenio fica sentado numa cadeira que tem rodinhas, assim pode se movimentar facilmente de um lado pro outro da sala. O público deve assistir ao espetáculo de lugares diferentes, então cada angulação deve ser o mais eficaz possível. Só que ele costuma se esquecer – de propósito – das rodinhas da cadeira e do seu público. Durante meses, continua sendo o diretor que, pacientemente, acompanha as cenas sempre do mesmo lugar. Até que, de repente, volta ao papel de espectador e vai com a cadeira de um canto pro outro.

Na sala, o cigarro é tabu, e ninguém pode entrar com xícaras de chá ou café, com comida ou lanchinhos.

FOTOGRAFIA INSTANTÂNEA

Ele assiste a *tudo*, de óculos, sentado à sua mesa, emanando concentração e energia.

O treinamento físico é conduzido pelos atores mais antigos. Eugenio faz comentários e propõe correções. Nos primeiros anos, ele ainda se levantava para mostrar alguns exercícios, como ficar na postura invertida, sobre a cabeça ou sobre os ombros, fazendo sua camisa branca cair e revelando sua pele morena.

O silêncio reina na sala, com exceção de um comentário ou outro do homem de óculos.

O Odin Teatret ainda não desenvolveu seu próprio treinamento. Os elementos vêm de várias disciplinas: da acrobacia, do jazz ou da "sequência do gato" – alguns exercícios de ioga, que foram reunidos e reelaborados por Grotowski e Ryszard Cieślak. Mas o treinamento não tem nada a ver com ginástica. Eugenio ressalta que cada ação física deve ser acompanhada de uma motivação interior. Nada pode ser só forma. Parece que ele tem uma ideia muito clara sobre o porquê dos exercícios, aonde vão nos levar.

Ele é o rei do treinamento vocal e acompanha todos os alunos indicando, com suas próprias mãos, as regiões dos vários ressonadores do corpo. Pelo menos no início, ele toca, brinca ou provoca com sua voz para chegar ao ressonador da garganta, que é tão difícil. Tendo paciência e respeito pelas possibilidades latentes em cada um de nós, Eugenio transmite confiança e nos faz acreditar que vamos conseguir.

O FIGURINO

"Pode ser que o chão fique todo coberto de um pão que será pisoteado. Estamos numa sociedade rica. Os cidadãos vestem roupas caras e exuberantes."

Eugenio caminha pra frente e pra trás enquanto fala, como se esse movimento o ajudasse a visualizar as palavras. Fala de Kaspar Hauser e da sociedade que o acolhe. No final, joga uma porção de trapos e tecidos no chão – nesse momento, devem indicar tecidos brocados. Temos que fazer uma improvisação ao redor desse monte de tecidos como se fôssemos cachorros lutando por um osso.

Torgeir trabalha sozinho com Eugenio na sala pequena, faz os exercícios físicos e também algumas improvisações, que acabam sendo fixadas. Logo em seguida, as improvisações de Torgeir passam a se relacionar com o material que preparamos. Grotowski trabalhava dessa mesma maneira com Cieślak. É por isso que Torgeir, usando aquela espécie de tanga branca e com sua inocência seminua, acaba nos lembrando Cieślak. A Polônia ainda é nosso vizinho mais próximo. Mas mesmo assim, não há nenhuma dúvida de que o espetáculo seja realmente do Eugenio. Os farrapos são substituídos por vistosos tecidos brocados de todas as cores do mundo. Só eu fico com um figurino meio sem graça: um tubo de crepe de nylon vermelho, de quatro metros de comprimento. Enquanto fico espionando os tecidos maravilhosos dos outros, o Eugenio me diz: "Pode ser que agora você acabe aprendendo a não mexer tanto com os braços".

PIETÀ

Durante vários dias ficamos trabalhando em cima de um único detalhe. Else Marie está sentada, com Torgeir/Kaspar em seus braços. Está usando um daqueles vestidos que mudam de cor: de um lado, resulta avermelhado, do outro, verde. O vestido deve cobrir os dois de modo bem preciso, para que pareçam ser mãe e filho. Nós é que temos que cobri-los para que nenhum braço ou pé fiquem de fora. Mas nada funciona. Fazemos várias tentativas. Eugenio é incansável, nós estamos exaustos. Ficamos ali, tentando, durante dias e dias. No final a gente consegue. E agora, para concluir a cena, Else Marie tem que cantar uma canção para Kaspar. De repente, ela diz: "Eu não consigo cantar".

Eugenio insiste. A gente se arma de paciência. Até que, finalmente, Else Marie começa a cantar. No início, com uma voz tênue, depois, devagarzinho, ela começa a cantar com uma voz mais plena. Estamos sentados ao redor dos dois e não conseguimos entender como aquela qualidade vocal, estranhamente tão convincente, nasceu. Para ter certeza de que ficou impressa na memória de Else Marie, Eugenio pede que ela cante várias vezes.

Já é madrugada, quando podemos voltar para casa.

Torgeir fez uma improvisação e a fixou com Eugenio. Há algo transparente e esplendoroso no Kaspar de Torgeir. O frágil personagem avança, cambaleando, mas cai no chão diversas vezes. Else Marie deve ensiná-lo a caminhar, enquanto canta um texto e inclina seu corpo para trás. Eugenio pediu que ela usasse o ressonador da região occipital. Ela diz que, naquela posição, é impossível. Eugenio responde que é exatamente por isso que, para o espectador, isso é interessante.

TRANSFORMAÇÕES

Eugenio fica fascinado pelos resultados que podem ser alcançados transformando os figurinos. Em *Kaspariana*, os figurinos são pedaços de tecidos. É muito fácil transformá-los.

"Vocês estão participando" – ele diz – "de um baile que degenera numa orgia vulgar, sob os olhos de Kaspar. Ao transformar seus figurinos, vocês também transformam suas vozes e suas ações físicas. Viram figuras animalescas, sátiros e seres grotescos."

Os pedaços de couro, que antes serviam como sapatos, passam a ser usados para cobrir ou deformar os rostos. Improvisamos com as vozes para obter um timbre especial. Repetimos continuamente as ações e as danças grotescas dos personagens, enquanto os figurinos se transformam em asas, tamancos ou chifres.

Lá para o final do espetáculo, há uma transformação mais radical ainda. As roupas, ricas em dobras e cuidadosamente drapeadas, são transformadas muito rapidamente em calças militares, bandoleiras e até bandeiras. Então o aspecto franzino de Kaspar torna-se marcial. Enquanto Else Marie canta uma canção sobre a benção da guerra, ela amarra ao redor dos braços e das pernas de Kaspar aqueles pedaços de couro que antes foram usados como sapatos e máscaras: agora, são perneiras e couraças.

Durante esses ensaios técnicos, Eugenio tem uma paciência inacreditável. Repetimos, centenas de vezes, a maneira de dobrar um sapato, dar um laço ou um nó num pedaço de pano. Nada funciona. Durante dias e mais dias, antes que ele esteja satisfeito, trabalhamos em cima dos mesmos detalhes.

Na cena final, as plataformas, que até então ficavam no chão com a luz que saía de dentro delas, são posicionadas verticalmente. E os habitantes da cidade, que agora usam roupas militares, marcham em círculo dentro da sala enquanto dão a Kaspar, um por um, um pedaço de armadura.

Eugenio pede que a gente feche a sequência ficando em cima das plataformas, que têm quase dois metros de altura. "Vocês têm que subir nas plataformas de modo fluido, com habilidade, ninguém deve reparar que é uma tarefa difícil" – ele repete. Mas há quem tenha medo de altura, há quem tenha dificuldade de apoiar os pés, de modo orgânico, nas tábuas transversais da plataforma. Então a gente tenta, tenta, tenta.

Quado finalmente chegamos ao topo das plataformas, todos juntos e exatamente no momento em que a canção acaba, Eugenio quer inserir um tema que se encontra em quase todos os espetáculos do Odin Teatret: a destruição. Janne tem um ataque de loucura. Ele ataca as plataformas, arranca com violência as tábuas de madeira que estavam diante de todos e as joga pelo espaço, gritando furiosamente.

Nesse meio-tempo, desenrolei um tecido vermelho. Ele vira uma bandeira e eu começo a cantar uma canção alemã: "Die Heimar ist Weit" [A Casa é Distante]...

Minha hora chegou. Jogo toda a minha alma nessa cena. Tempos depois, quando Grotowski vê *Kaspariana*, ele diz: "Não acredito naquela canção". Fico tão atônita que no dia seguinte não consigo abrir a boca. Na mesma hora, Eugenio tira a canção do espetáculo. Nunca mais será cantada novamente.

Nas turnês de *Kaspariana*, carregamos uma estrutura de ferro que cobrimos com panos pretos. Essa solução permite que a gente recrie, da melhor maneira possível, a sala preta de Holstebro.

QUARENTENA

Eugenio adora se ver como um professor muito rigoroso. Mas nesses primeiros anos, nem sempre eu me dava conta disso, mesmo quando ele era rigoroso. Os exercícios eram pesados, trabalhávamos durante muito tempo e até o limite de nossas capacidades físicas e psíquicas. Mas outra coisa se escondia por detrás desse trabalho todo: uma dimensão espiritual que penetrava a fadiga e nos fazia resistir. No final das contas, era essa qualidade que nos fazia, se não esquecer, pelo menos suportar certas reações absurdas que, para nós, escandinavos, mais pareciam reminiscências de uma educação militar medieval: tínhamos que pagar uma multa se chegássemos atrasados (uma Coroa por minuto); não podia haver casais dentro do grupo (uma regra que, obviamente, não era respeitada); e, às vezes, éramos colocados em prisão domiciliar, uma sanção que levou Torgeir e eu a fazermos as malas, decididos a ir embora no dia seguinte. Mas ficamos. Hoje, muitos anos depois, entendo que essas medidas, que agora podem parecer ridículas, devem ter nascido do medo de que o grupo se desintegrasse.

V

FERAI[1]

Eugenio Barba

Quando você está mergulhado numa situação, precisa mantê-la sob controle. Você está lá, duelando com ela, e não pode sair ferido. Ela não deve te dominar, suas armas não podem cair de suas mãos. Você só pode parar de se defender e de se esquivar dos golpes quando a situação estiver sem forças, aí você pode surpreendê-la: assim que der uma brecha, você vai lá e dá o golpe final. É aí que alguma coisa acontece.

Um tema clássico, rigoroso: era o que eu realmente queria para o nosso próximo espetáculo. O intelectual francês Marc Fumaroli tinha me dado um disco de presente: uma ópera de um compositor barroco intitulada *La Nuit des Tenèbres* [A Noite das Trevas]. Foi minha primeira inspiração.

Naquela mesma época, e antes de saber qualquer coisa sobre *Ferai*, um dos atores de *Kaspariana*, Dankward, havia cantado uma canção alemã: "Gott Befrei uns von der Angst" [Que Deus nos Livre da Angústia]. Fiquei profundamente tocado e achei que deveria inseri-la no próximo espetáculo.

Christian Ludvigsen havia se tornado um amigo querido do Odin após nossa chegada à Dinamarca. Tinha nos ajudado a resolver problemas

---

[1] *Ferai*, 1969-1970. Atores: Ulla Alasjärvi – Marisa Gilberti – Juha Häkkänen – Søren Larsson – Else Marie Laukvik – Iben Nagel Rasmussen – Carita Rindell – Torgeir Wethal. Adaptação e Direção: Eugenio Barba. Espaço Cênico: Odin Teatret. Texto: Peter Seeberg. Figurinos: Jacob Jensen/Iben Nagel Rasmussen. Assistente de Direção: Torgeir Wethal. Consultor Literário: Christian Ludvigsen. Número de apresentações: 220. Estreia: Holstebro, junho de 1969. Última apresentação: Holstebro, julho de 1970. Turnês: Alemanha Ocidental, Bélgica, Dinamarca, Finlândia, França, Holanda, Islândia, Itália, Iugoslávia, Noruega, Suécia, Suíça.

legais e administrativos, além de disponibilizar seu saber para nos socorrer, com competência e afeto. Ele tinha muita experiência, pois além de ser um dos fundadores do Fiol Teatret de Copenhague, também era o consultor literário do grupo. Então nós também o promovemos a consultor literário do Odin. Foi ele que pediu ao famoso escritor dinamarquês Peter Seeberg para escrever seu primeiro texto teatral para nós. Christian tinha pensado em unir dois temas: *Alceste*, o drama de Eurípides, e a lenda de Frode Fredegod. Como eu não conhecia a segunda história, Christian me encheu de livros sobre o tema, incluindo as crônicas dinamarquesas de Saxo Grammaticus. Frode tinha sido um rei tão rigoroso que ninguém ousava infringir a lei: podiam deixar ouro no canto das ruas que ninguém ousava pegá-lo e guardá-lo. Depois que ele morreu, para evitar desordens e discórdias, seus cavaleiros embalsamaram seu corpo e o levaram para todos os cantos do reino como se estivesse vivo. Eu conhecia a história de Alceste, mas o final otimista me deixava bastante cético. Não conseguia engolir a descida de Hércules ao Hades, ao reino das trevas, para salvar Alceste da morte. Mas, ao mesmo tempo, eu ficava totalmente maravilhado por ela ter se sacrificado por seu marido.

Quando Peter Seeberg me entregou o texto, eu me vi diante do mesmo problema de *Ornitofilene*: o escritor não tinha levado em consideração as condições concretas do nosso grupo. Eram oito atores, e o texto de Peter só tinha cinco personagens. Fora isso, o título que ele deu ao texto foi *Moira*, uma das três Parcas, que na mitologia grega são as divindades do destino. A primeira Parca fia, a segunda tece e a terceira corta o fio da vida humana. Elas representam a lei do Universo e os limites do destino humano. No texto de Seeberg, essas três figuras mitológicas comentavam a ação. O texto descrevia a tensão de um casal, Alceste e Admeto. Parecia um melodrama burguês: um homem, uma mulher e seus problemas. O conflito do casal era apresentado sob vestes gregas clássicas. Sou totalmente fascinado pelo desenvolvimento cênico de um ponto de vista histórico, que ali era totalmente inexistente. Para mim, sempre foi importante confrontar minha experiência biográfica com a História (com "H" maiúsculo). Eu me perguntava se poderia existir um teatro que correspondesse às grandes tragédias de Shakespeare ou à dimensão da História. Em *Ornitofilene*, o aspecto pessoal aparecia graças aos atores. O mundo deles, íntimo e impetuoso, se confrontava com a objetiva crueldade dos acontecimentos ligados à Segunda Guerra Mundial. Em *Kaspariana* também há esse encontro entre o indivíduo e a brutalidade da História, que se manifesta por meio de julgamentos e pulsões humanas. Eu sentia falta desse conflito em *Ferai*.

Há duas cenas com as quais preciso me confrontar num espetáculo. Elas possuem aquilo que, na vida, transcende toda compreensão intelectual. Uma delas é o ato de amor, a pequena morte, o orgasmo. A outra é a morte em si. Presenciar a morte de alguém, vivê-la, suportá-la, é uma experiência que compartilhamos com qualquer exemplar da espécie humana. O teatro deveria ser capaz de despertar a ressonância dessas experiências transcendentes que grudam em nossos corpos e em nossos cérebros, em nossas almas e em nossas memórias. O teatro alcança esse objetivo quando enfrenta e transpassa uma situação arquetípica.

Em cada montagem dou de cara com uma dificuldade que devo superar, um núcleo de aço que deve ser despedaçado. Em *Ferai* foi o suicídio, assim como em *Ornitofilene*. Como representar um suicídio em cena? Por que Alceste se suicida? Eu não estava interessado no final da tragédia de Eurípedes. Na nossa versão, Alceste não voltaria à vida com Hércules. Seeberg também tinha escrito um final otimista. Eu o transformei radicalmente.

Durante os primeiros anos, eu me esforçava para encontrar um ponto de partida simples para o espetáculo. Essa simplicidade era ainda mais importante quando o texto não tinha uma ordem de sequências bem precisa, quando o número de atores não correspondia ao número de personagens ou quando eu não queria usar algumas de suas cenas. Com o passar dos anos, descobri que não basta resolver os problemas que aparecem, é preciso inventá-los, é preciso criar obstáculos. Porque é a partir deles que podem surgir soluções imprevistas.

Em *Ferai*, meu ponto de partida foi a morte do inflexível e temido rei Frode Fredegod. Eu tinha a canção "Gott Befrei Uns von der Angst, Wenn Die Not uns Überfällt" [Senhor, Livrai-nos da Angústia Quando a Necessidade nos Vence]. Eu associava esse sentimento à ansiedade que toma conta de nós quando sentimos que as bases de nossa vida estão cedendo. Estávamos em 1968, mas, tenho que confessar, eu não tinha consciência do que estava acontecendo no mundo. Só muitos anos depois é que me dei conta de que se tratava de uma mudança profunda e radical. Lia os jornais e ficava sabendo dos últimos acontecimentos, mas estava tão focado no trabalho que eu mais parecia o ponteiro de uma bússola que indicava uma única direção: a sobrevivência do Odin Teatret. Treinar e estimular os atores, encontrar dinheiro, organizar os pequenos detalhes do dia a dia, cuidar da redação da revista *Teatrets Teori og Teknikk*, projetar e produzir os seminários internacionais. Esse era meu compromisso cotidiano para criar nossa identidade como um teatro laboratório. Naquela época, boa parte dos cidadãos de Holstebro estava contra nós, como se via através das cartas periódicas e polêmicas publicadas pela imprensa local.

Ainda me sentia inseguro no processo criativo do espetáculo, sobretudo quando o texto não me ajudava. O drama de Jens Bjørneboe era duro, carregado de um humor negro que parecia ter nascido comigo. A obra de Seeberg tinha um estilo conciliador e refinado, um ritmo que também caracteriza seus romances, cujos elementos psicológicos me resultam estranhos.

Graças a Peter Seeberg conheci o designer Jakob Jensen, que trabalhava para a Bang & Olufsen. É engraçado pensar que foi esse designer super famoso – criador de vários modelos de rádios, gramofones e outros produtos tecnológicos permanentemente expostos no Museu de Arte Moderna de Nova York – que criou o grande ovo de madeira de *Ferai*, um elemento cênico inquietante que assumiu um papel central no espetáculo. O problema é que ele só fazia o que eu pedia. Não tinha nenhuma experiência com teatro e não podia sequer imaginar que tipo de trabalho era o nosso. Então, não tive um interlocutor que também fosse um parceiro de esgrima mental. Jakob Jensen também tinha que desenhar os figurinos, mas no final nós mesmos pintamos e costuramos os tecidos. No meio de todos esses problemas práticos, que para mim eram de vida ou morte, tanto Paris quanto as revoltas estudantis pareciam realmente muito distantes.

Em *Ferai* tínhamos montado duas fileiras de bancos para os espectadores, uma diante da outra, de formato oval, como o porão de um navio viking. Em todos os espetáculos, eu tentava organizar um espaço que favorecesse as associações. Imaginava que o navio era usado como um caixão no qual enterravam os chefes gloriosos, como os vikings costumavam fazer. No porão dessa nau imaginária vivia o espírito de Frode Fredegod: era seu lugar de descanso.

Na primeira cena, duas ações opostas aconteciam ao mesmo tempo. Uma ação referia-se à dor devido à morte do rei, a outra, referia-se à felicidade do povo que recebeu uma herança de seu monarca: uma chicotada para cada um.

Era importante que meus jovens atores fizessem improvisações profundamente enraizadas em suas próprias experiências. Naquela época, eu praticamente não reelaborava as improvisações. A cena das chicotadas, por exemplo – quando o povo canta aos berros "Gott Befrei Uns von der Angst" –, era o resultado de uma montagem de improvisações que não havia sido cortada ou transformada. Com *Ferai*, comecei a me dar conta das possibilidades de uma montagem "temerária": juntar improvisações diferentes que não têm nenhuma relação entre si. Era um método que oferecia possibilidades inimagináveis para descobrir e calibrar sentidos, associações, ritmos e tensões numa cena específica.

Nessa cena, o rei está morto. O que acontece após o funeral? A princesa, sua filha, precisa se casar. Os candidatos à sua mão e ao trono se apresentam, e tudo termina numa ordália. No texto de Peter Seeberg, surgia um mensageiro que, assim como nas tragédias gregas, descrevia a competição de corrida entre dois concorrentes numa grande arena. Eu havia transformado a longa descrição da competição esportiva numa luta pelo poder: uma luta com uma faca.

A terceira cena descreve o encontro entre Alceste e o novo rei, a primeira noite de amor entre os dois. E assim eu ia construindo uma sucessão lógica de ações, um arcabouço narrativo que, aliás, está presente em todos os nossos espetáculos. Em *Ferai*, o texto era inserido depois das ações e nem sempre em ordem cronológica: um diálogo entre o rei e a rainha que, originalmente, estava no meio do texto de Seeberg, podia ser dividido em duas partes e uma fala podia ser dita no início do espetáculo.

Ainda que estivesse totalmente absorvido pelo meu trabalho, intuí que algo estava desabando dentro de mim. Não se tratava tanto de Paris e de seus estudantes, e sim da Tchecoslováquia. Fiquei profundamente impactado ao saber que os russos tinham invadido Praga, provavelmente porque morei muitos anos na Polônia. Quando o jovem estudante Jan Palach tocou fogo no próprio corpo em sinal de protesto contra a invasão, experimentei uma sensação de muita dor. Os jornais diziam que era um romântico, que deveria ter vivido e lutado. Em Opole, Grotowski e eu falávamos muito de Witkacy, o pintor e dramaturgo de vanguarda. Witacky era pessimista com relação ao desenvolvimento da nossa civilização e, em 1939, quando viu as tropas alemães e russas invadirem a Polônia, entendeu que seus pressentimentos se concretizaram e se suicidou. A ideia do suicídio não nos era estranha, e muito menos romântica. Era um modo de recusar a História, de se opor a ela.

E por trás de todo o trabalho para *Ferai*, ainda se agitava o fantasma de Jan Palach. Sempre tive um forte subtexto pessoal em todos os nossos espetáculos, mas tentava não transmiti-lo aos atores. Às vezes, um fragmento desse meu subtexto vinha à tona, mas só depois que o espetáculo já estava pronto. Em *Ferai*, meu subtexto foi o Maio de 68 em Paris, só que pelo avesso. Enquanto a revolta de Paris queria condições melhores, em *Ferai* o povo queria que as coisas voltassem a ser como antes. Eu pensava nos trabalhadores de Paris que tinham entrado em greve por simpatia aos estudantes, mas depois os sindicatos pararam de apoiá-los porque eles, trabalhadores – e não os estudantes –, é que deveriam liderar a luta. Eu os comparava ao "povo" do nosso espetáculo, que chorava a perda de seu rei cruel e daqueles seus antigos valores que representavam clareza e dividiam a realidade em preto e branco, sem nenhuma gradação. Em nosso espetáculo, Alceste não era uma idealista, apesar de não hesitar diante do suicídio. Jan Palach sim, era um idealista. Mas Alceste era uma cínica. Ela sabe que é preciso segurar o poder com os punhos bem fechados, além de montar a sela com segurança para cavalgar um certo cavalo selvagem: o povo. Seu ato obriga o marido a esquecer os próprios preconceitos ligados a reformas sociais. De um lado, *Ferai* tratava de luta e poder, do outro, de amor e sensualidade. Eu diria ainda que essa busca incessante dos contrários é uma das características do meu fazer teatral.

Não lembro como surgiu a cena do suicídio de Else Marie Laukvik, que era a rainha Alceste. Também não me lembro do tema que dei a Else Marie como ponto de partida. Ela fez uma improvisação que foi mantida em todos os seus detalhes. Delicadamente, tentei dividi-la em várias fases para adaptá-la aos problemas técnicos que a atriz precisava enfrentar durante a cena: tirar o figurino preto, o capuz e a peruca, para depois aparecer com uma túnica branca e comprida, com seus longos cabelos louros soltos. Estranhamente, parecia que essa cena tinha nascido sozinha; não posso dizer que tenha feito algo especial. Muitas vezes me perguntei se sou eu, Eugenio, como pessoa, "a razão" de as coisas serem como são, ou se é um modo de ser dos atores que acaba me conduzindo. Eles podem executar suas ações, suas sequências ou improvisações, e várias vezes eu me emociono, mesmo sem entender o que estão fazendo. Infinitas vezes, mesmo estando longe daquilo que eu queria, o material dos atores alcançou tal incandescência emocional e tal força que meus sentidos levitaram, assim como os sentidos dos espectadores. A cena final da Else Marie era um exemplo. Isso também dependia da sua canção, aquele lamento poético profundo, grave e rouco. Para mim, o canto é o "Everest" expressivo de um ator, é seu ápice. Em *Ornitofilene* foi a mesma coisa. Já em *Kaspariana*, os cantos corais é que tinham essa densidade emocional, ao mesmo tempo que possuíam uma espécie de transparência, sobretudo Torgeir, que não se sobressaía por causa do canto. Foi o canto das mulheres que prevaleceu na expressão emocional, algo fundamental para o Odin Teatret.

Na Dinamarca, tanto *Ornitofilene* quanto *Kaspariana* foram recebidos calorosamente e com simpatia, saíram várias matérias positivas. Até mesmo o competente crítico Jens Kruuse publicou uma crítica longa e favorável no *Jyllands-Posten*.

Mas quando, em 1989, chegamos com *Ferai* ao Théâtre des Nations de Paris e à Bienal de Veneza, nos vimos diante de algo totalmente diferente: um sucesso internacional estrondoso. Fiquei chocado, não conseguia entender por que tanto os críticos quanto os espectadores haviam ficado tão tocados por esse espetáculo.

Os franceses debatiam daquele jeito intelectual e esnobe, os italianos com mais entusiasmo; penso principalmente no Elio Pagliarini e no Mario Raimondo. Eu achava que o texto era extremamente importante, mas no exterior ninguém o compreendia. Quando fomos embora da Noruega, eu tinha lutado como um desesperado para que tanto o público dinamarquês quanto o sueco pudessem nos entender. Os atores do Odin vinham de países nórdicos, eu tinha a ilusão de que na Escandinávia todo mundo se entendia. Além do mais, era lá que tínhamos que fazer nossos espetáculos. Em Paris e em Veneza eu me surpreendi ao ver espectadores tão absorvidos e tocados por um espetáculo que não tinha uma só palavra que pudessem entender.

Essas reações indicavam uma ligação com minha paixão pelos espetáculos de Kathakali da Índia. Quando os assisti, também não havia entendido nenhuma palavra do texto, e não foi a história o que mais me interessou. Mas mesmo assim, alguma coisa naqueles espetáculos havia me tocado profundamente. Então achei que, agora, essa "alguma coisa" poderia estar agindo sobre os nossos espectadores. Foi aí que ficou claro para mim que, no teatro, há um nível da comunicação – sensitiva e emocional – que decide como cada espectador percebe e explica o espetáculo para si mesmo. Como se o espetáculo instaurasse uma relação de memória biológica e biográfica, sensorial e sensual com camadas remotas da própria vida.

Meu outro sentimento foi o terror, porque eu conhecia diretamente Grotowski e a evolução de seus atores. Eles sempre prediam o Odin Teatret: as mudanças e as crises do grupo do Grotowski sempre aconteciam dois ou três anos antes das nossas. Testemunhei o sucesso que tiveram em Paris, mas também o preço daquela fama. As pessoas que eu havia conhecido em Opole eram modestas. Continuavam sendo modestas quando falavam comigo, mas, publicamente, se comportavam com ares de superioridade, e isso me incomodava. Se a repentina – e, para mim, também prematura – fama do Odin Teatret tivesse influenciado os atores, como havia acontecido com o grupo de Grotowski, aí então o preço a pagar teria sido alto demais.

Ao mesmo tempo, meus atores eram muito jovens, imaturos, ainda estavam começando a se desenvolver. Eram vistos como artistas extraordinários e, na minha opinião, isso era um equívoco e um perigo. Ainda tinham muita estrada a percorrer. Eu queria defender a possibilidade de manter o entusiasmo e a simplicidade que tanto admirava neles.

Na época de *Ferai*, eu ainda estava muito ligado aos cânones grotowskianos com relação ao treinamento. As sugestões que Grotowski nos deu durante o seminário de verão valiam como orientação para o desenvolvimento do trabalho com o ator. *Ferai* me deu reconhecimento e segurança. Eu tinha fortes mecanismos de defesa, mas eles começaram a desabar, e um vento desconhecido soprava sobre a minha cabeça. Não sei se a mesma coisa estava acontecendo com as outras pessoas do grupo. Tínhamos uma rigorosa autodisciplina e nenhum de nós revelava seus pensamentos íntimos ou expressava seus movimentos interiores.

Iben Nagel Rasmussen

É difícil entender o que está faltando em meu trabalho. Eugenio diz que preciso seguir um filme interior ou uma motivação, tanto no treinamento quanto na construção de um personagem. Faço o que ele pede, mas aqueles dois mundos – o mundo físico e o das minhas imagens interiores – não conseguem se fundir. Será que um dia isso vai acontecer?

MANUSCRITO

Estamos sentados naquela sala que chamamos de "biblioteca", a que um dia foi um estábulo de porcos e onde todo dia almoçamos. Revistas, livros e jornais ficam organizadamente expostos sobre prateleiras presas nas paredes. Eugenio sonha que a gente também se interesse pela parte teórica do teatro: Stanislávski, Meyerhold, Artaud. Mas parece que até hoje ninguém folheou aqueles livros. No teatro, não temos tempo pra nada.

Recebemos o manuscrito de Peter Seeberg, intitulado *Moira*. Eugenio distribui os papéis. Else Marie fica com o papel principal: Alceste. Torgeir será o Rei Admeto. Nós, que não tivemos nenhum papel, temos que estudar os textos de todos os outros personagens. Tem muito texto. É a primeira e a última vez na história do Odin Teatret que começamos a ensaiar com um texto. Eugenio não quer começar a trabalhar na sala sem que tenhamos decorado todas as falas.

As semanas passam. Ele fica furioso porque somos incapazes de pular de um personagem a outro, mas era a primeira vez que trabalhávamos com um texto, e isso é difícil pra todo mundo. Além do mais, agora há três finlandeses no grupo. Eles têm que aprender uma tradução sueca que mal compreendem. Eugenio decide que a língua dinamarquesa é uma ridícula doença da garganta que não funciona em cena de jeito nenhum. Fico sabendo que tenho que falar em norueguês.

O tempo passa e somos obrigados a começar a ensaiar antes de ter decorado todo o texto. Alceste/Else Marie e Admeto/Torgeir ficam com a maior parte dos diálogos de Seeberg. Durante os ensaios, o coro e os camponeses que representamos vão se expressando cada vez mais por meio do canto.

TRAGÉDIA

Dois atores entraram no novo grupo: um era sueco, o outro, norueguês. Tinham ido à Polônia com uma bolsa de estudos e lá estiveram com

Grotowski. Agora deviam nos ensinar o que aprenderam: o treinamento de Ryszard Cieślak, seu ator principal. Ele havia transformado o próprio ritmo, que era lento e cheio de emoções, num ritmo mais veloz, quase forçado e bastante enérgico. De tanto ficarmos de ponta cabeça, acabamos cheios de feridas abertas e buracos entre os cabelos. Todo o corpo dói, as articulações estalam. Ficamos uma, duas, três horas nos concentrando no treinamento físico.

O salário dos atores poloneses é o dobro do meu. Eles são contratados como atores, eu sou "apenas" uma aluna.

Eugenio começou a abordar o tema do novo espetáculo. Uma mistura de tragédia grega e lenda nórdica, Alceste e Frode Fredegod. Pede para desenharmos alguns esboços que deem a ideia de como poderiam ser os figurinos. Ele gosta das cores que proponho: gradações de marrom, dourado e verde-oliva – algo que tem a ver com a terra. Deve ser por isso que acabei sendo a responsável pela tarefa de tingir e costurar os tecidos.

Após alguns meses, Anna, a atriz norueguesa, não aguenta mais e volta para Oslo. Holstebro não é o centro da Terra e, durante os primeiros anos – antes do início das longas turnês – nossa vida isolada na Jutlândia Ocidental faz com que muitos aspirantes abandonem o teatro.

OVO

O designer Jakob Jensen também acabou ligando-se ao espetáculo. Depois de comprar várias roupas diferentes que usaremos como figurino, ele constrói um grande ovo branco de madeira. Experimentamos tudo e vemos que nada funciona. Foi assim que decidimos comprar metros e metros de panos de chão, que acabei tingindo na cozinha da casa onde eu morava com Torgeir.

Quase todos os atores moram em quartos ou pequenos apartamentos que nos disponibilizaram num condomínio da prefeitura. A mesa acabou ficando toda verde e roxa, seríamos obrigados a comprar outra ao deixarmos o apartamento no ano seguinte.

Jakob desaparece. Só fica o seu ovo.

Tenho que costurar os figurinos. Eugenio diz que precisamos dividir o figurino de Else Marie em vários pedaços: uma manga, um pedaço na frente, outro atrás, e mais quatro pedaços embaixo. Junto todos os pedaços com botões de pressão, mas eles desabotoam facilmente por causa do peso do tecido. Depois de ensaiarmos mais de um mês, o figurino que eu havia feito é descartado e tenho que costurar outro, dessa vez inteiro. É preto e azul, tem um capuz pontudo e mais parece uma túnica. O figurino de Torgeir é cinza claro, enquanto os dos camponeses têm cada um uma cor.

ACESSÓRIOS

Uma foice e quatro foicinhas. Como se manobra um objeto desse tipo? Avançamos numa longa fila, todos se arrastando, inclinados, fazendo de tudo para que pareça uma colheita. Estamos ligados por uma corrente. Continuamos. Continuamos mais um pouco. Estamos com coleiras enormes no pescoço, feitas especialmente para *Ferai*. Tudo procede lentamente.

Eugenio tem uma ideia: Juha, o finlandês, que é o revolucionário e também o antagonista de Torgeir, deve ser um anão. Enquanto ele está agachado sobre os calcanhares, alguém puxa sua túnica curta e roxa pra baixo. Eugenio fica excitado com seu anão. "Pula, Juha!", ele grita, enquanto balança sua foice e Juha deve pular partindo de sua posição de gnomo. Eugenio experimenta outra ideia: coloca Juha a um metro e meio de altura, em cima de um dos grandes cinzeiros de metal do foyer, fixado na ponta de uma barra e com uma forte luz vindo de baixo. Olhamos para ele, admirados. É incrível, mas perigoso. "Me tirem logo daqui", sussurra Juha, com uma raiva retida. Talvez ele estivesse com medo de cair, caso falasse mais alto.

Juha tinha que ser um anão ao longo de todo o espetáculo. Depois de alguns meses, ele renuncia: "Fico com câimbra nas pernas – não consigo pensar em mais nada além das minhas pernas". Eugenio fica claramente irritado e deprimido, já que não pode ver sua ideia realizada.

Muitos anos depois, Torgeir retoma o personagem do anão em nosso espetáculo de rua *Anabasis*, e também em *O Livro das Danças*, mas concordando que poderá alternar a posição do anão com uma posição "normal", de pé, para evitar as câimbras.

Pedimos que fosse construído um grande caixão preto de madeira. Eugenio ficará dois dias fora e vamos ter que desenvolver algumas propostas para várias cenas. Inclusive maneiras diferentes de usar o caixão. Juha está deitado no chão, o caixão se encontra na vertical, perto de seus pés. Ele cabe certinho. Se nós simplesmente deixássemos o caixão cair, ele o cobriria perfeitamente. Por um impulso natural, mas realmente idiota, na última hora Juha toca o fundo do caixão com os pés. O caixão cai e bate com força em sua testa. Corremos até o hospital para que ele levasse os pontos. Eugenio vai ficar furioso.

Tentamos realizar outra tarefa: "a ressurreição do rei". Encontramos uma solução na qual o manto real, tendo o ovo como cabeça, se transforma numa criança nos braços de uma mulher. Outra proposta: o rei, que ainda segura o ovo como se fosse uma cabeça e ainda veste o manto de Admeto, deve ser levado em procissão pelos camponeses. Eugenio fica satisfeito com as propostas da ressurreição e não se enfurece, só está preocupado porque Juha está todo enfaixado.

Depois de vários ensaios, o caixão é deixado de lado, assim como todas as foices e a corrente que ligava os camponeses na cena da colheita.

PROFUNDIDADE

Agora a coisa ficou séria. Else Marie deve demonstrar que realmente consegue sustentar seu grande papel. Eugenio trabalha com ela enquanto nós assistimos. Ele pede que ela faça uma improvisação para a primeira cena, quando Alceste se lamenta pela morte do velho rei. Else Marie diz que não consegue fazer a improvisação. Eugenio insiste, e de repente ela tem uma crise e destrói a sala toda. Ela joga bolsas, livros e cadeiras para todos os lados. A última coisa que cai é ela mesma, Else Marie. Um silêncio sepulcral toma conta da sala.

Depois de um encontro muito sério, resolvemos que vamos continuar a trabalhar. Eugenio diz que não vamos deixar a sala até a cena ficar pronta.

Else Marie retoma sua improvisação. Nós nos sentamos e, como sempre, anotamos todas as ações em nossos cadernos. Ela repete todas as ações, nos mínimos detalhes, sequência após sequência, até que tudo esteja fixado.

Mais uma vez, voltamos pra casa muito tarde.

ESTREIA

Uma semana antes de o espetáculo ser apresentado ao público pela primeira vez, Jakob (o designer) volta para ver um ensaio.

Chocado, ele diz que os únicos figurinos que funcionam são os de Torgeir, Else Marie e Juha.

Naquela mesma tarde, corremos para comprar uns cem panos de chão, daqueles bem comuns, que tingimos imediatamente com cores bastante vivas. Jakob usa alfinetes de segurança para ligar os panos aos jeans coloridos que temos que vestir embaixo do figurino.

É o prenúncio de uma longa noite de costuras.

Depois de dois dias, os novos figurinos ficaram prontos e conseguimos apresentar "na estreia" roupas ondulantes e coloridas feitas com panos de chão.

VENEZA

O barco sai apitando e carregando nossas malas junto das novas caixas em fibra de vibro: uma vermelha, para as luzes e os refletores; uma azul, para os figurinos; e outra amarela, para os poucos acessórios do espetáculo, entre os quais, o ovo.

Nós, Agnete Strøm e atores, descemos o Canal Grande em outra embarcação. Um mundo de água e um esplendor ainda desconhecido ondulam ao nosso redor. Atracamos perto do Teatro La Fenice, onde apresentaríamos o espetáculo no dia seguinte.

O antigo teatro nos recebe com um forte cheiro de cera que vinha do chão. Eugenio nos encontra na sala do espetáculo. De maneira séria e decidida, fala de nossas modestas exigências técnicas aos seus compatriotas italianos. Então nos damos conta de estarmos diante de um espetáculo importante.

O som de um violino chega do ático da casa ao lado. Veneza é simplesmente o centro da cultura e vamos apresentar um espetáculo exatamente aqui. Estou com dor de dente.

Começamos imediatamente a preparar a sala: colocamos as cadeiras e as luzes em seus devidos lugares. O piso não é igual ao que temos na Dinamarca, precisamos ensaiar. Será que vamos escorregar com nossos pés descalços? Como reagirão os tamancos usados por Torgeir e Else Marie? A acústica é diferente e a atmosfera da sala é densa. Temos que falar mais alto? Vão ouvir as canções? Depois de vários ensaios, Eugenio decide que temos que ensaiar o espetáculo do início ao fim. Já é meia-noite.

No dia seguinte, Eugenio dá uma palestra para críticos teatrais e outras pessoas interessadas. Temos que mostrar uma parte do nosso treinamento. Já tomei uma aspirina por causa da minha dor de dente. A mãe do Eugenio está na plateia. Imaginávamos uma pequena viúva do Sul da Itália vestindo um lenço preto. Imagem e realidade são duas coisas bem diferentes. Aquela mulher graciosa, que nos cumprimenta com gentileza, se move com uma elegância aristocrática. Ela virá ao espetáculo naquela mesma noite. Não consigo me concentrar. Tenho a cabeça tão cheia de sensações desconhecidas que fica difícil ver meus companheiros e todos os detalhes que já sei de cor. Eu realmente não sei que impressão o público italiano teve de *Ferai*.

Depois, seguimos em grupo até um café ao ar livre, que está cheio de atores sofisticados vestidos com roupas incríveis. O povo de teatro se junta ao redor dos bares e das mesas, bate papo e ri.

A gente se sente como um bando de camponeses desajeitados por causa das nossas roupas. Lá em casa, em Holstebro, somos elegantes. Aqui, na cidade das gôndolas, não nos sentimos à altura.

Else Marie está cansada. Nós a vemos desaparecer junto de um enorme buquê de flores, sem ter jantado e sozinha no meio da noite, sobre uma ponte ao longo de um canal, voltando para o hotel.

No dia seguinte, levo uma bronca do Eugenio e da Agnete porque não cuidei dos meus dentes antes de partir. Eles achavam que eu estava exausta em cena por causa daquelas duas aspirinas.

O pai de Agnete é dentista.

VI

MIN FARS HUS[1]

Eugenio Barba

Pode ser que um dos poucos segredos do Odin Teatret seja aquela espécie de espasmo epiléptico que toma conta de mim: uma explosão de energias que me leva a provocar algo parecido nos atores, mas de modo disciplinado, tanto do ponto de vista físico quanto mental. Nunca sei se vou conseguir da próxima vez, é sempre uma surpresa quando isso acontece. Por outro lado, há espectadores que não se sentem tocados por nossos espetáculos, que não os consideram nada de especial ou que os consideram incompreensíveis, maneiristas e chatos.

Após o sucesso de Paris e Veneza, dissolvi o grupo que havia criado *Ferai* e decidi que os atores precisavam se fortalecer com novas condições de trabalho. Os únicos que aceitaram foram Else Marie Laukvik, Torgeir Wethal e Iben Nagel Rasmussen.

Foi logo depois de *Ferai* que veio a fase mais dura do treinamento na história do Odin Teatret. Foi nessa época que se formou aquele núcleo de atores que ainda hoje representa a identidade do Odin Teatret. Entre os novos atores estavam Tage Larsen e Ulrik Skeel. Foi uma verdadeira implosão do Odin Teatret.

---

[1] *Min Fars Hus* [A Casa do Pai], 1972-1974. Dedicado a: Fiódor Dostoiévski. Atores: Jens Christensen – Ragnar Christiansen – Malou Illmoni (que deixa o grupo após as primeiras semanas de espetáculos)– Tage Larsen – Else Marie Laukvik – Iben Nagel Rasmussen – Ulrik Skeel – Torgeir Wethal. Adaptação e Direção: Eugenio Barba. Espaço Cênico e Figurinos: Odin Teatret. Consultores Literários: Christian Ludvigsen – Peter Seeberg. Número de apresentações: 322. Estreia: Holstebro, abril de 1972. Última apresentação: Holstebro, janeiro de 1974. Turnês: Alemanha, Dinamarca, Finlândia, França, Itália, Iugoslávia, Noruega, Polônia, Suécia, Suíça.

Quando Iben começou a desenvolver novos exercícios e novas possibilidades para o treinamento, nós nos vimos diante de um bívio: o modelo grotowskiano foi desaparecendo aos poucos e dando lugar a uma visão mais personalizada. Algo parecido acontecia comigo, na maneira com que me relacionava com o texto. Eu me sentia mais livre. E as mudanças iam bem além do campo da técnica.

Como tinha colocado os atores diante de novas condições de trabalho, eu também queria me ver diante de novos desafios. Organizei um seminário sobre a dinâmica de grupo, do qual participaram nossos atores e algumas pessoas de Holstebro. Estabelecemos novas – e tácitas – regras de conduta no Odin. As mudanças eram radicais, não apenas no treinamento e nos ensaios, mas também na maneira de agir, de vestir, de nos comportarmos entre nós e com as pessoas de fora, de pensarmos a respeito de nós mesmos e de nossas atividades.

Chegamos ao ponto de procurar uma fazenda onde viver e cultivar a terra juntos. Naquela época, haviam surgido inúmeras comunidades, e fomos visitar várias para entender qual seria a mais adequada.

No final das contas, deixamos essa ideia de lado, mas todos esses fermentos contribuíram para que nos livrássemos das influências de Grotowski.

O Odin Teatret tinha identificado uma linguagem e uma direção que eram próprias. Estávamos voando com nossas próprias asas.

Min Fars Hus foi, ao mesmo tempo, um momento de ruptura e de apertura. Algo havia amadurecido. Dentro de mim, uma larva se movimentava, arrastava-se sem parar, para frente e para trás, para frente e para trás. Agora ela abria suas asas e voava, como uma borboleta.

Três fatores transformaram radicalmente meu modo de ser diretor. Em primeiro lugar, faltava um texto. Para mim, era uma situação impensável, pois partir da obra de um escritor contemporâneo sempre foi uma premissa obrigatória.

Depois de *Ferai*, Peter Seeberg nos havia proposto uma nova peça, mas se tratava da mesma situação: uma mulher forte e um homem fraco. Então pedi que ele escrevesse um terceiro texto, mas dois anos já haviam se passado desde *Ferai* e eu duvidava que a próxima proposta de Peter pudesse corresponder às minhas expectativas e exigências.

O segundo fator veio das mudanças que aconteceram no grupo, da nova dinâmica que havia surgido. Eu me sentia mais seguro após o sucesso de *Ferai*, e às vezes procurava os atores para compartilhar alguns problemas. Estava menos desconfiado, me sentia mais relaxado e intuía que, se me abrisse, eles teriam respondido com impulsos imprevistos e propostas inesperadas. Os atores tinham se tornado uma parte do meu organismo criativo. Nos primeiros espetáculos, o trabalho tinha sido condicionado por seus limites, pelas dificuldades que encontravam e pela própria falta de experiência. Agora, era como se eles conseguissem encontrar uma ressonância artística ou um eco para as perguntas que eu fazia a mim mesmo. Eles me revelavam nuances, sonoridades e gestos que, ao mesmo tempo que eram desconhecidos, também estavam próximos.

Durante um encontro, expus nossa situação, que tinha se tornado difícil porque Seeberg não entregava um texto. Eu também havia falado de um livro de Alain Besançon, um francês especialista em literatura russa. O texto falava da juventude de Dostoiévski numa propriedade de família no campo, de sua relação com seu pai, um personagem severo e autoritário que maltratava seus criados, abusava de suas filhas e que, um dia, foi encontrado degolado e com os testículos esmagados. Quando um proprietário era assassinado e os culpados não eram descobertos, todos os criados eram deportados para a Sibéria. O jovem Dostoiévski e seu irmão ocultaram o delito para não perder a mão de obra de sua propriedade. Esse silêncio, pleno de cumplicidade, acabou se tornando a secreta fonte de inspiração para a obra de Dostoiévski. Vemos isso desembocar, por exemplo, no livro excepcional *Os Irmãos Karamazov*.

Senti que os atores ficaram tocados com essa história, mostrei que tínhamos material suficiente para um espetáculo inteiro. Eles ficaram todos entusiasmados, e foi assim que decidimos partir de Dostoiévski. Um vento fresco invadiu a sala, tirei um peso das costas, a fumaça da incerteza e da espera começava a se dissipar e, diante de mim, abria-se uma paisagem cheia de luz.

Imediatamente me dei conta das consequências e das vantagens dessa escolha. Estávamos em 1970, numa Europa bastante agitada politicamente. Haviam surgido inúmeros grupos teatrais extremamente politizados. Em toda parte, intelectuais e artistas se apresentavam como críticos da sociedade. Isso tudo também tornava interessante a escolha de Dostoiévski, que tinha começado sua carreira em São Petersburgo exatamente da mesma maneira. Ele havia frequentado um salão literário onde, toda semana, artistas e intelectuais liberais se reuniam para criticar as condições políticas e a censura czarista. A polícia fez uma intervenção. Os conspiradores foram presos e condenados à morte, foi encenada uma falsa execução para que o czar pudesse intervir, beneficiando os "rebeldes" com o indulto e mandando-os para a Sibéria, onde ficariam alguns anos. Quando, oito anos depois, Dostoiévski retornou da "casa dos mortos" ártica, ele havia se transformado num fiel e ortodoxo súdito do czar, conservador e defensor do eslavofilismo.

Por outro lado, suas obras eram tão intensas, representavam um individualismo tão niilista, que acabaram sendo proibidas pelo regime soviético. A vida, as paixões e os romances de Dostoiévski eram um festival de contrastes, uma desenfreada dança de paradoxos.

Como sempre, comecei buscando um fio narrativo. O tema para a primeira improvisação dos atores era: a casa do pai. Como ela é por dentro? É noite? O que está acontecendo? Quem é você, é alguém que deseja matá-lo? Você está ouvindo algum som, o que é? São os toques do relógio de pêndulo? É o ronco de alguém que está dormindo? Um cachorro está latindo? Você está vendo quadros que reconhece, várias pratarias, enormes vasos de cristal, objetos de luxo que você nem sabia que existia?

Em outra improvisação, eu queria evocar novamente o salão da Panajeva, em São Petersburgo, onde os intelectuais liberais se reúnem. Pedi aos atores para que organizassem o espaço. Eles construíram um cantinho para o chá, com almofadões no chão e uma mesinha redonda. "O que está acontecendo?" – eu perguntei – "Que música está sendo tocada? Que bailes estão dançando? O que estão bebendo?"

Os ensaios foram marcados por dois acontecimentos determinantes. Torgeir, que obviamente faria o papel principal, estava faltando muito porque ia direto a Copenhague para montar o filme didático que filmara com Ryszard Cieślak sobre o treinamento de Grotowski. Em sua ausência, sem termos ali a figura do protagonista, as cenas acabavam se concentrando de maneira coletiva. Quando voltou, Torgeir foi inserido em cenas que já estavam delineadas, tornando-se o eixo de uma galeria de personagens já solidificados.

Para mim também foi decisiva, profissionalmente, a consciência de que uma cena podia crescer e viver sem que eu dominasse totalmente seu significado. Ainda que não a compreendesse, *eu tinha certeza* de que ela podia impactar o espectador, deixar rastros em sua sensibilidade. No início do espetáculo, por exemplo, Else Marie entra na ponta dos pés, como se levitasse ou deslizasse sobre as águas, e sussurra: "Para você, Fiódor Dostoiévski!". Ela olha ao seu redor como se tivesse dito uma blasfêmia, pega uma flor que estava entre os dedos de um de seus pés e a entrega a algum ser invisível. Eu observava como ela pegava a flor e como esta caía de mãos diáfanas. Sim, certas cenas faziam com que eu enxergasse outra realidade.

O subtexto – uma ou mais histórias subterrâneas, todas minhas – sempre foi o radar que me permitia descobrir uma rota segura, ainda que desconhecida, durante a preparação do espetáculo. Em *Min Fars Hus* eu tinha o tema da Sibéria na cabeça, dos intelectuais que corriam o risco de serem mandados para lá, uma ameaça que pertencia às lembranças do período em que estive na Polônia socialista. Naquela época, eu tinha visto um filme de Wadja, *Sibirska Ledi Magbet* [Lady Macbeth Siberiana], baseado numa novela de Leskov intitulada *Lady Macbeth do Distrito de Mtzensk*. Uma mulher madura mata o marido com a ajuda do amante. Em algumas imagens de uma beleza avassaladora, Wadja mostra o casal criminoso caminhando rumo à Sibéria, acorrentado a outros prisioneiros. É primavera, a natureza desperta de sua letargia invernal, a paisagem é indescritivelmente bela. Ela vê seu amante trocando olhares com uma jovem prisioneira, sorrindo para ela, cortejando-a. Transtornada, ela o agarra e se joga com ele nas águas de um rio, onde os dois desaparecem. No filme, paixões ardentes transformam-se em gélidos rancores, o amor vira ódio, a necessidade de possuir o amado se torna um homicídio para que eles se unam e ela o tenha para sempre. Esse subtexto nos rodeava durante os ensaios como se fosse um fantasma. Rodeava é a palavra certa, porque minhas histórias secretas se debruçavam sobre as ações dos atores, como se uma sonata de fantasmas surgisse sob a superfície das cenas: eles aparecem, mudam de forma, transformam a expressão do rosto e suas entonações, transfiguram as paisagens.

O terceiro fator dessa minha transformação profissional foi que descobri a existência de uma dimensão do trabalho que não pode ser controlada: um ator ou um espetáculo que não *se desenvolvem*, mas *crescem* como uma planta. Um crescimento que não é racional e não segue uma evolução regular. Uma planta não cresce um milímetro por dia. Um ramo murcha enquanto outro, que está ao lado, pode ter muitas flores a mais do que ele. Uma árvore pode se desenvolver rapidamente, lentamente, talvez quase nada, às vezes parece morta. Mas ela está descansando, se fortalecendo, até que, de repente, se enche de flores. Eu começava a entrever os misteriosos meandros do processo criativo, tanto em mim quanto nos atores, aquela camada de lava incandescente que é a condição necessária para a aventura sensorial e emocional do espectador.

Era a primeira vez que usávamos instrumentos musicais. Ulrik Skeel tocava acordeão e Jens Christensen tocava uma longa flauta tenor cujos tons tinham um timbre evocativo e angustiante.

Até *Ferai*, eu achava que um espetáculo devia corresponder a uma vivissecção de situações humanas. Era a influência de Grotowski, mas também meu modo de interpretá-lo. Enquanto trabalhávamos em *Min Fars Hus*, parei de pensar e aceitei o que já existe para além da tragicidade e das trevas. Em *Ferai*, eu disse a mim mesmo: na vida, tudo é escuridão porque há um eclipse solar permanente. Em *Min Fars Hus* eu achava que estava cego por causa da proximidade do sol, mas era a luz que me cegava.

Às vezes, para um espectador, uma cena pode parecer abstrata. Na verdade, ela é construída passo a passo a partir de imagens e situações bem concretas. Vamos pegar como exemplo uma cena da primeira parte de *Min Fars Hus*. Else Marie acompanha Torgeir até o centro da sala, ela está segurando uma vela, ouvimos uma voz que vem de trás dos espectadores: era a voz da Iben que invocava, em russo, um fluxo ininterrupto de palavras que, algumas vezes, eram cantos, outras vezes, orações, mas também podiam ser advertências. Só havia um nome que era inconfundível: Fiódor Dostoiévski.

Minha história secreta era tão simples quanto uma sequência de imagens num filme: vê-se um rosto, o do pai de Dostoiévski; logo depois se vê um lençol branco no chão sobre o qual está deitada uma menina de doze anos; ela se levanta, fica de pé e, sobre o lençol, se espalha uma mancha de sangue – ela foi violentada. Num filme, é possível obter um efeito desse tipo com a filmadora e a edição. Um primeiro plano do seu rosto: ela foi atingida por um raio.

Mas como fazer isso no teatro? Primeiro preciso construir uma cena inteira para introduzir o lençol branco. Mas como é que eu faço com o sangue? É literal demais. Então deixei tudo um breu. A vela que Else Marie tem em mãos se apaga com um sopro. A luz retorna e vemos uma mulher loura, de cabelos compridos, deitada sobre o lençol. Ele se levanta, vê-se alguma coisa vermelha: é terra. Como posso justificar essa cena? Sim – é como um sonho, imagens que passam pela cabeça do jovem Dostoiévski diante do pelotão de execução. Em sua alma, ou talvez em seus sentidos, ficaram profundamente impressas essas meninas na cama do seu pai. Uma voz o chama. Implora? Condena? Só ele pode entender.

Na mesma cena se entrelaçavam outros aspectos da vida de Dostoiévski. Else Marie se levanta, segue na direção de outra atriz, parece fundir-se com ela. Na verdade, ressalta a existência de dois polos opostos. Tanto na obra quanto na vida de Dostoiévski havia sempre duas mulheres que se contrastavam. Como eu não precisava mais seguir um roteiro, tinha mais liberdade nos ensaios e na montagem. Então me divertia usando meu humor negro para revelar as forças obscuras que, se antes eram dedicação, agora se transformavam em maldade. O ser humano é um animal, cruel como qualquer outro animal. A bondade só existe enquanto ato contra a natureza. Nos primeiros espetáculos do Odin, o texto permitiu que eu o bordasse com esse tema. Mas a partir do momento em que não tinha nenhum texto, eu era obrigado a cogitar um fio narrativo. Deveria ser suficientemente denso e robusto para sustentar todas as camadas e para corresponder, dramaturgicamente, à sábia estrutura criada por um escritor.

O fio condutor de *Min Fars Hus* era a biografia de Dostoiévski. Mas, a uma certa altura dos ensaios, me dei conta de que ela não ficava nada clara no espetáculo. Então eu precisava oferecer outras perspectivas ao espectador. Ocupei meia página do programa para explicar que o espetáculo era *dedicado* a Dostoiévski. Eu usava uma citação dele como mote: "Às vezes, inconscientemente, uma infinidade de coisas estranhas passam pela sua cabeça, inclusive quando você é levado até o patíbulo".

O espetáculo se apresentava como "obra autônoma", inspirada em Dostoiévski, mas sem a intenção de contar sua vida e suas obras ao pé da letra. Um espectador tinha que seguir o espetáculo dizendo a si mesmo: "Ok, o universo dostoievskiano *era* assim". Por isso, o pequeno programa que ele recebia antes do espetáculo era importantíssimo. Poucas frases permitiam que o espectador se reconectasse com seus próprios "fantasmas" e entrasse em contato com os meus, escondidos nos diversos subtextos.

Durante os primeiros anos, eu achava que alguns atores eram a aristocracia do Odin. Eles tinham "atravessado o deserto", o anonimato, as duras regras, os sacrifícios. Haviam arrancado suas raízes da própria pátria. Também tinham aceitado minha incapacidade de decifrar a direção na qual andávamos e o que estávamos fazendo: não havia outros modelos de grupo como o nosso. É óbvio que estou falando de Torgeir Wethal e de Else Marie. Eu os identificava com a visão do teatro que havia me inspirado e guiado. Eles encarnavam essa visão. Com *Min Fars Hus*, alguns dos novos atores se afirmaram de maneira tão indomável e com tal rigor que acabaram embaralhando minhas ideias. Nada segurava Iben Nagel Rasmussen e Tage Larsen com toda aquela força emocional explosiva. A força de Tage era acompanhada por sua capacidade de criar uma distância, uma ironia desconcertante. Mas eu também via nos outros atores – Ulrik Skeel, Ragnar Christiansen e Jens Christensen – esse fenômeno que chamava de "transpiração emocional". Você pode ver um ator executando uma série de ações e suando fisicamente, mas em *Min Fars Hus* o suor expressava outra coisa. Isso me tocava profundamente, parecia uma chuva de tapas na cara. Mas, mesmo assim, eu acabava desarmado. Eu me sentia como uma tartaruga sem sua carapaça. Quando releio os textos que escrevia naquela época, volto a encontrar imagens parecidas: peixes levados para a beira do mar e que ganham novas escamas, caranguejos da costa do México que perdem sua carapaça e expõem sua rosada carne ao sol. Eu percebia que uma sensibilidade desconhecida começava a aflorar tanto em mim quanto nos atores. Desde então, considerei essa sensibilidade uma qualidade central no trabalho: a disponibilidade ou o medo de deixar sua própria vulnerabilidade vir à tona.

Iben Nagel Rasmussen

Inventei alguns exercícios novos. Eles têm uma energia fluida que finalmente torna o treinamento mais vivo. Meu papel no espetáculo também está atravessado por uma doçura e um vigor que antes não existiam.

Hoje à noite sonhei que uma tela de televisão ficava piscando em preto e branco. Logo depois descobri que, num cantinho da parte de cima da tela, umas letras estranhas diziam: você está se tornando o que você é.

DEGELO

Eugenio chega na sala com um pão branco bem grande e uma garrafa de uísque. Organiza tudo no chão, ao lado de sua cadeira. Apresenta o tema da próxima improvisação: "Vocês são um grupo de jovens revolucionários da São Petersburgo do czar e de Dostoiévski. Conspirem, discutam e argumentem, mas em vez de usarem palavras para convencerem um ao outro, usem pão e uísque". Ele pega a garrafa. "Vocês devem oferecer comida, colocá-la um na boca do outro, devem enfiar seus argumentos nos outros goela abaixo ou usá-los como isca (um pedaço de pão ou um gole diretamente da garrafa), com elogios e sedução. Vocês dois, Ulrik e Jens, não participam da conspiração, são mordomos que veem como seus patrões conspiram. Sua tarefa é usar as velas para iluminar as ações da cena."

Fizemos várias improvisações coletivas para o novo espetáculo. Um procedimento que raramente usávamos antes e que não usaremos mais.

Apaga-se a luz da sala. Abre-se a garrafa, parte-se o pão e a improvisação começa.

Depois de mais ou menos uma hora, a luz é acesa novamente. A garrafa está vazia e, no chão, veem-se úmidas migalhas de pão.

A sala foi profanada. Eugenio esfrega as mãos, é um gesto que mostra satisfação.

Repetimos a improvisação inúmeras vezes, sem uísque, mas com água. Precisamos de vários dias para fixar as ações. Eugenio segue cortando até montar uma cena de cinco ou seis minutos. Depois de um bom tempo, a garrafa d'água é substituída por saquinhos de couro marrom cheios de moedas. O pão já nem existe mais.

"A cena da conspiração" continua resistindo. Quando começamos a apresentar o espetáculo, Eugenio a elimina por completo.

Ela cumpriu com sua função de transição para uma nova fase.

"Vocês têm que falar em russo" – diz Eugenio – "ou numa língua que lembre o russo, vocês mesmos têm que inventá-la, mas a dicção deve ser precisa." Vamos treinar em "russo" e, para praticar, escreveremos o texto em nossos diários de trabalho.

"*Aj niema suovo valja... karasjo Jenisej...*". Improvisamos canções em russo, fixamos melodias e lemos tantos romances de Dostoiévski que acabamos ficando parecidos com aqueles ícones.

Eugenio pede para criarmos diferentes espaços teatrais: o salão de Madame Panajeva, uma casa de chá, um grande altar. Arrastamos para a sala de trabalho troncos de madeira que estavam no jardim do teatro e nos campos ao nosso redor: longos ramos com folhas verdes, musgo, pedrinhas e flores. Corremos pra cima e pra baixo pelos corredores para pegar abajures e samovares, xícaras de chá e uma poltrona.

"Como podemos mostrar a morte do pai de Dostoiévski?", Eugenio pergunta. Nós nos dividimos em grupos e tentamos esboçar algumas cenas.

Eugenio fica impressionado com a cena em que Ragmar (que faz o pai) é assassinado por seus criados. O som de algo que se rompe vem de um grande pedaço de pão crocante que está escondido embaixo da camisa de Ragmar. O pão se rompe quando Ragmar se inclina, cheio de dor, devido aos golpes dos outros atores.

Ulrik inventou uma "morte através do som". Ele está atrás de um plástico transparente, tocando saxofone.

Nada daquele dia sobreviveu, mas os espaços que nasceram com tudo isso preencheram a sala branca com perfume do samovar.

A vida de Dostoiévski se confunde com os personagens dos seus romances, que depois se misturam com a gente e com nossos destinos.

IMPROVISAÇÃO

Eles se juntaram num canto da sala. Eugenio sussurra algo para Tage com uma voz tão baixa que não conseguimos escutar nada. Só ouvimos palavras como Raskolnikov e a velha agiota. Tage está vestindo um velho casaco de camurça marrom achado no quartinho onde guardamos roupas usadas.

Ele começa a caminhar, protegendo o rosto com a gola do casaco. De repente ele cai, como se uma força violenta e inesperada tivesse segado suas pernas. Anotamos as ações de Tage em nossos cadernos: ele caminha, corre e cai o tempo todo. Parece que se apoia num vento imaginário que o carrega, que quase o levanta. Quando a improvisação termina, vemos que o Eugenio está contente, mas não está convencido de que Tage seja capaz de se lembrar – mesmo com nossa ajuda – de tudo o que fez. Eugenio duvida que ele irá conseguir manter a motivação e a mesma tonalidade emocional da improvisação.

A improvisação é reconstruída, parte a parte, e Tage consegue repeti-la conservando cada detalhe.

A cena final de *Min Fars Hus* é construída em cima da improvisação de Tage. Suas quedas são justificadas pelos outros atores, que pegam as moedas dos saquinhos de couro (a única coisa que sobrou da cena da conspiração) e as lançam violentamente contra ele: uma enxurrada de granizo? de pedras? ou "apenas" de dinheiro?

Tage reclama que lançamos as moedas com muita força.

"Lancem as moedas com força!", grita Eugenio, quando nos vê lançando-as pra baixo, como menininhas, ao invés de mirar no rosto e no peito do Tage, como foi combinado.

Nos anos seguintes, não será raro ver estranhas marcas escuras no rosto dele.

O LÚPULO

Muito tempo se passou desde que tivemos uísque nos ensaios. Agora Eugenio traz garrafas – fechadas – de cerveja, que temos que segurar com as mãos enquanto executamos as partituras de uma das cenas centrais.

Até que um dia Ulrik abre uma das cervejas com seu anel e a bebe num gole só, enquanto carrega Else Marie, que está deitada sobre seu acordeão. Aquele fedor de lúpulo invade a sala.

O espetáculo está quase pronto. Tem muitas danças. Nossas improvisações individuais foram montadas por Eugenio numa sucessão bem dinâmica de ações. As partituras são vivas e doces, às vezes até violentas. A flauta de Jens e o acordeão de Ulrik ressaltam as partituras com um tom apaixonado que, em alguns momentos, é atenuado por um timbre mais íntimo e devastador. É impossível identificar algo mais preciso e afirmar que *este* é Dostoiévski, nem se pode dizer que são personagens de seus romances ou episódios de sua vida. E, no entanto, ele está presente em cada fio da trama do espetáculo.

Encontramos uma solução para o posicionamento dos espectadores, e a montagem das luzes acabou sendo incrivelmente simples. Lâmpadas normais penduradas ao longo de um fio que contorna todo o espaço cênico. O espetáculo poderia ser apresentado num centro popular ou num salão de baile.

Mas Eugenio não gosta que se veja o piso. Em nossa sala do Odin Teatret isso não é tão grave, mas pode se tornar um problema quando estamos em turnê: muitas vezes, apresentamos o espetáculo num ginásio com linhas de demarcação verdes, vermelhas e brancas, e isso sufoca qualquer tentativa de magia.

"Vamos cobrir todo o piso com um grande tecido", ele propõe. Protestamos veementemente. "Isso nos fará cair, escorregar, vamos nos chocar uns com os outros e seremos totalmente imprecisos nas partituras fixadas que levamos semanas para elaborar." Eugenio resiste. Pedimos que providenciem um grande tecido preto, que será estendido no chão no início do espetáculo. Mas depois de mil discussões e tentativas, o tecido é retirado na cena das danças mais selvagens. Eugenio se diverte ao nos ver cambaleando, desequilibrando, parecemos Bambi caminhando no gelo. "Vocês estavam indo bem demais", ele diz. "Agora sim, a tensão em suas ações está de volta."

Mais de uma vez, durante as turnês, reclamamos dessa maldita "tensão", principalmente nos lugares onde descobrimos que o piso é de madeira e encerado.

A FRATURA

Ulrik foi para a cidade sábado à noite com alguns amigos. Todo eufórico, queria fazer o "salto do cisne" de tamanco. Caiu de mal jeito e quebrou o tornozelo. Preço: foi internado num hospital, usou gesso por dois meses e teve que fazer reabilitação.

Eugenio fica furioso, não quer nem ir ao hospital para ver Ulrik. Interrompemos a turnê de *Min Fars Hus*, o grupo fica meio perdido, num estranho vazio.

Eugenio não quer nem trabalhar com a gente nem pensar em outros projetos. Diz que não vale a pena fazermos o treinamento. Em todo caso, *ele* não quer ir para a sala de trabalho.

Não é justo. Por que nós é que temos que pagar pela queda de Ulrik? Fico super irritada, passo o fim de semana todo costurando calças de treinamento tingidas a mão: marrons para Torgeir, verdes para Jens, azuis para Tage e bordô para mim. O modelo foi inspirado nos desenhos de Bakts, o pintor e figurinista russo que, entre outras coisas, desenhou os figurinos para os balés russos de Diaghilev. Até agora, no treinamento, as mulheres usaram malhas pretas aderentes, e os homens, sungas ou shorts.

Teimosos e com nossas novas roupas de treinamento, continuamos a repetir e a desenvolver, todo dia, os exercícios baseados em quedas, piruetas e diferentes maneiras de sentar. Depois de uma semana, o próprio Eugenio não aguenta mais e acaba vindo ver o que está acontecendo atrás da porta da sala branca.

Sorte a nossa. Sua criatividade e sua capacidade de se entusiasmar permaneceram intactas.

"As novas cores e o desenvolvimento do treinamento funcionam bem" – ele diz – "vamos fazer um filme. Torgeir, já que você que lida com isso, poderia fazer a direção e coordenar toda a parte prática. Podíamos pedir a Roald Pay (que já trabalhou para o Odin) para filmar. Mario Raimondo, que trabalha na televisão italiana e financiou as filmagens de *Ferai*, está interessado em nosso trabalho e também deve querer produzir um filme didático sobre o treinamento. Se começarmos agora, conseguiremos terminar o filme quando Ulrik estiver pronto para voltar a trabalhar. E, é claro, vou escrever o texto que introduz e explica nossos exercícios. Fora isso, por que não fazemos *dois* filmes: um sobre o treinamento físico e outro sobre o treinamento vocal? Parece uma boa ideia. Vou telefonar agora para a Itália."

Eugenio sai da sala fervilhando, estava frenético. Ficamos ali, sentados, com nossas cores novas, sorrindo e sentindo a barriga formigar.

Raimondo financia; Roald Pay filma junto de uma pequena equipe formada por Morten Bruss, pelo operador de som, Per Meinertsen, e por Åsel; a mulher de Roald se torna a *script-girl*.

Os filmes são rodados antes que Ulrik esteja novamente de pé. E durante todo o ano seguinte, Torgeir levará para as turnês um banco de montagens imenso, que toma muito espaço.

OS ENTEADOS

Enquanto estamos em turnê na Suécia com *Min Fars Hus*, Eugenio trabalha em Holstebro com cinco novos alunos, os sobreviventes de um seminário que teve uns vinte participantes.

Eles trabalham à noite e inventaram vários objetos para o treinamento; nunca tínhamos visto nada daquilo. Inclusive os *bushmen*: longos bastões de madeira que pintaram com desenhos criativos e que manipulam como se fossem malabaristas. Fizeram roupas de treinamento inspiradas em trajes africanos, com cabelos de ráfia e longas faixas ondulantes de tecido.

Eugenio permite que a gente veja o treinamento deles, mas com uma condição: temos que mostrar o nosso. Jens e eu, que continuamos desenvolvendo nossos exercícios todos os dias durante as turnês, mesmo naquele frio da natureza sueca, desafiamos o cansaço e usamos nosso dia livre para ir até Holstebro. Queremos ver o que essa gente nova está fazendo com nosso diretor.

Nós também tínhamos trabalhado com objetos: pequenos tambores de terracota presos à cintura com cintos costurados à mão, acompanhados por baquetas bem finas para lançar no ar; bastões curtos ou mais compridos, pintados de amarelo. Não podíamos sequer imaginar que o encontro daquela noite, na sala preta do Odin Teatret, revelaria maneiras de fazer e de usar o teatro que, nem mesmo em nossas fantasias mais selvagens, ousaríamos sonhar.

VII

CARPIGNANO

Eugenio Barba

A floresta amazônica não diz: "Existo porque acredito no comunismo e na vitória do proletariado". Também não diz: "Temos que viver de uma certa maneira se quisermos chegar ao Paraíso". A floresta usa todas as suas energias para se manter viva. O espetáculo também deve acolher essa existência desprovida de objetivos, que engloba uma força irresistível: a necessidade de se manter em vida.

Tínhamos decidido viajar até o Sul da Itália para começar a ensaiar um novo espetáculo. Ficamos em Carpignano, um vilarejo de dois mil habitantes que não era muito longe de Gallipoli, cidade onde eu tinha crescido. Eu pensava em usar a história dos conquistadores espanhóis no Novo Mundo como ponto de partida. Eu era fascinado por aqueles espanhóis. Enfrentaram uma natureza selvagem e desconhecida ao atravessar todo o continente da América do Sul a pé, levados por sua força de vontade, sua ferocidade e sua fome de ouro. Sim, o espetáculo tinha a ver com o ouro. Também falaria do encontro dos conquistadores com as populações indígenas, dos mal-entendidos, dos enganos e dos massacres. O nível espiritual dos espanhóis, na maioria analfabetos, era quase sempre inferior ao das culturas com as quais se confrontaram.

Eu tinha acabado de voltar de uma viagem de dois meses pela América Latina – Peru, Bolívia, Colômbia, Guatemala e México –, onde comprei ponchos maravilhosos feitos à mão e chapéus peruanos que deveriam inspirar nossos figurinos.

Ao mesmo tempo que a viagem para a América Latina tinha me encantado, havia mexido comigo. Eu tinha ficado chocado com a aparente apatia e com aquele torpor dos indígenas. E agora, eu via a mesma coisa em Carpignano. Em ambos os lugares, a população estava exposta a uma condição de esmagamento cultural, era incapaz de produzir antídotos contra as influências externas.

Nossa viagem para Carpignano, em maio de 1974, tinha suas origens na turnê que *Min Fars Hus* havia feito em Pontedera um ano antes, quando Ferruccio Marotti, professor da Universidade de Roma, decidiu rever o espetáculo junto de um grupo de jovens colaboradores. Entre eles, estava Nando Taviani. Voltamos todos juntos no mesmo trem. Falamos sem parar. E Marotti, que organizava uma coleção de livros de teatro, propôs a publicação de um volume sobre o Odin. Graças à sua insistência, Nando Taviani aceitou vir até Holstebro para visitar e conhecer nosso teatro. E aceitou escrever o texto.

Na mesma época, Nando começou a dar aula na Universidade de Lecce e, em Holstebro, falamos da possibilidade de organizar um encontro por lá.

Havia muito tempo que eu queria voltar ao Sul da Itália com o Odin. Vinte anos já haviam se passado desde que eu tinha ido para lá pela última vez. Participamos do Festival de BITEF, em Belgrado, e Nando sugeriu que fôssemos direto para Lecce com *Min Fars Hus*, além de conduzir um seminário aos seus alunos. O dinheiro era pouco, mas não podíamos perder essa oportunidade.

Foi aí que começamos com essa prática que nos acompanha até os dias de hoje: viajar para lugares anônimos porque isso tem um sentido para nós, mesmo esquecendo o lado econômico. Até então só tínhamos viajado para participar de festivais ou fazendo turnês nas quais recebíamos o cachê que pedíamos.

O Odin Teatret chegou a Lecce em setembro de 1973. Fiquei mexido ao visitar os lugares onde havia crescido. Viajando para o Salento, fiquei chocado ao constatar seus aspectos arcaicos. Era um silêncio incrível, parecia um mito. Aquele lugar não tinha nem a sombra de todo o desenvolvimento que vi na Escandinávia.

Teve um dia em que fomos até outra cidadezinha ali perto, onde estava acontecendo uma "Festa dell'Unità". Era a festa anual do Partido Comunista. Uma pequena banda de música estava tocando. Não havia nenhuma mulher, só homens, todos imóveis como estátuas. De repente, a Iben começou a dançar e, de uma hora pra outra, todos os homens "se acenderam". Era como se a energia deles tivesse caído em letargo. Eu tinha a sensação de que bastaria muito pouco para fazer tudo explodir.

Naquele exato momento tive um pensamento secreto com relação à nossa temporada em Carpignano.

Eu desejava criar o novo espetáculo em condições totalmente diferentes das habituais. Sem querer, a Iben me deu a seguinte pista: contou que Kaj Matthiesen tinha ido trabalhar com suas marionetes na Argélia, voltando com cabeças super coloridas, objetos e figurinos para seus bonecos que não lembravam nada do que fizera antes em Copenhague. Era como se imagens, fragrâncias e sabores do Norte da África tivessem impregnado seus novos personagens.

Eu queria tentar fazer algo parecido. Sentia a necessidade de dar um choque no grupo, queria que nossos esquemas de comportamento e de trabalho – que corriam o risco de cair na rotina ou na inércia, com a repetição do que já se conhece – pudessem se revitalizar ou desaparecer.

Quando estava em Lecce, falei com Nando sobre o meu projeto e a respeito da possibilidade de encontrar um lugar que tivesse um mínimo de estrutura como ponto de apoio. Eu não queria só uma casa ou uma sala de trabalho. Queria, principalmente, justificar a transferência do Odin Teatret para o Sul da Itália durante um período de cinco meses.

Decidimos que essa "temporada" deveria ser apresentada como um projeto de pesquisa. O que acontece quando um grupo teatral estrangeiro se estabelece num lugar onde não há teatro? Nando, e acho que Ferruccio Marotti também, entraram com um pedido no Conselho Nacional de Pesquisas, na Itália, e fomos premiados com uma quantia simbólica. Era a justificativa que eu estava procurando para dar às autoridades dinamarquesas e de Holstebro. Isso também permitiria a colaboração com o Oistros, um grupo teatral formado pelos alunos do Nando. No final das contas, todo esse projeto pareceu lógico e equilibrado.

Depois de chegar a Carpignano, me dei conta do impacto que teríamos sobre os seus habitantes: um grupo de estrangeiros, gente de teatro e, além disso, mulheres da Escandinávia – os jovens italianos certamente tinham suas ideias a esse respeito. Imediatamente tomei minhas precauções. Durante as primeiras duas semanas, ninguém podia sair da casa onde morávamos.

Qualquer tipo de contato tinha que acontecer através da Judy, minha mulher, e dos nossos dois filhos, que tinham cinco e sete anos. Os habitantes teriam recebido uma imagem pacífica e familiar, sem nenhuma extravagância por parte de um grupo de dez pessoas que vinha de fora.

Os habitantes de Carpignano ficaram espantados e confusos, e as reações não diminuíram depois que começamos o trabalho. Às cinco horas da manhã, qualquer um podia nos ver no quintal da casa e nos campos; estávamos em plena atividade, treinando e ensaiando.

Despertamos uma curiosidade tremenda. Surgiram perguntas: Quem são vocês? O que vocês querem? O que fazem? Quando apresentarão seu espetáculo?

Essas perguntas me faziam pensar mil coisas diferentes. Éramos um grupo teatral sem espetáculo. Como poderíamos nos definir? A pergunta me deixava sem jeito. Tínhamos ido a Carpignano para preparar um novo espetáculo num ambiente calmo e tranquilo, mas a situação na qual nos encontrávamos exigia algo totalmente diferente.

Jan Torp, que dirigia nossas turnês e tinha visto os Irmãos Colombaioni se apresentando na Dinamarca, sugeriu que preparássemos um espetáculo com números de clown que ele havia aprendido. E foi assim que nasceu *Johann Sebastian Bach*, de Jan Torp, com a participação dele, de Odd Ström e de Iben Nagel Rasmussen, que interpretavam três clowns.

Não havíamos interrompido os ensaios do novo espetáculo, aquele sobre o ouro e os conquistadores. O grupo de Lecce, Oistros, era responsável pela atividade com as crianças de Carpignano; eles faziam aquilo que, na época, era chamado de "animação". Agora, o Odin tinha preparado um espetáculo de clown e se via diante de um dilema. Carpignano era uma cidadezinha pobre. Praticamente metade da população tinha emigrado. Faltavam até os serviços fundamentais, como uma ambulância. Se alguém tivesse que "oferecer alguma coisa", não seria teatro. Seria trabalho. Eu não queria receber dinheiro pelo espetáculo.

Foi assim que tive a ideia de pedir para as crianças trazerem jornais velhos como pagamento para *Johann Sebastian Bach*. Era muito difícil conseguir jornais velhos em Carpignano, quase não havia leitores.

Após o espetáculo e carregando os jornais, as crianças formaram uma fila e nos seguiram até um campo vazio da cidadezinha. Dissemos que poderiam voltar no dia seguinte para fazermos máscaras e bonecos de papel machê.

Estávamos atravessando o Rubicone. Eu nunca tinha me sentido atraído por esse tipo de atividade. Mas, na manhã seguinte, depois das 10 h, estávamos sentados do outro lado do rio no meio de uma montanha de jornais.

Assim que terminamos nosso treinamento matinal, as crianças apareceram usando suas melhores roupas, coletes brancos e sapatos engraxados. Alguns dias depois, as mães proibiram que elas voltassem. Não havia nada de estranho nisso, basta pensar no estado da molecada logo depois: cheias de cola e de terra.

O Odin Teatret continuou indo para lá todos os dias, mesmo sem as crianças, trabalhando das 10 às 12 h e das 17 às 19 h. Fazíamos "animação" para nós mesmos, modelávamos o papel machê e esculpíamos blocos de tufo. Fiz minha primeira escultura: um peixe de pedra ridículo. A situação era grotesca, achavam que éramos loucos.

Algumas pessoas passavam por lá de motocicleta, outras chegavam com um Fiat 500. Também havia quem nos alcançasse a pé ou de bicicleta. Éramos observados como se fôssemos macacos num zoológico. Às vezes perguntavam: "Vocês pertencem a alguma seita, a algum partido político? São comunistas? Socialistas? Católicos?". Para eles, era impossível entender a lógica do nosso comportamento. Tenho que admitir que, na verdade, não havia lógica nenhuma.

Tentávamos dar respostas imediatas a perguntas concretas. As pessoas precisam de pão ou de teatro? Se quiserem o teatro, deverão mostrar algum tipo de motivação, como o esforço para achar um jornal. Os jornais devem se transformar em papel machê e servir às crianças. Mas a partir do momento em que elas não apareceram mais, a única coisa que sobrou foi minha teimosa convicção: "se você começou, agora tem que ir até o fim".

No final da tarde, quando ficava mais fresco, alguns meninos sempre vinham nos ver. Eram muito espertos. Chegavam ao nosso "campo de animação" e tentavam nos fazer falar. Alguns vinham de cidades vizinhas porque tinham ouvido falar do espetáculo de clown e pediam que fôssemos apresentá-lo em suas cidades. Só que não queríamos continuar pedindo jornais em troca, não queríamos mais saber disso, assim como não tínhamos a menor intenção de criar outros espaços para trabalhar com máscaras e papel machê.

Foi assim que acabei me lembrando de uma noite lá na Sardenha, em Orgosolo, quando as pessoas tinham espontaneamente cantado suas próprias canções logo depois de *Min Fars Hus*. Algo parecido já havia acontecido em Carpignano, quando fomos visitar nossos amigos do Oisgros para cantar e tocar em suas casas. Eles não estavam em casa e, rapidamente, diante da porta fechada, um pequeno grupo de crianças e adultos tinham se reunido ao nosso redor. Ao ver nossos instrumentos musicais, eles nos incentivaram a usá-los e começaram a cantar.

Então poderíamos usar esse princípio da reciprocidade: em troca do espetáculo de clown, eles deveriam nos oferecer cantos, danças e músicas dos habitantes do lugar. E foi assim que nasceu a "Troca".

Nos meses seguintes, esse foi o grande achado – a troca do próprio patrimônio cultural – que eu começaria a perseguir e que me fez interromper os ensaios para o novo espetáculo.

Foi um período intenso. Descobríamos possibilidades inimagináveis na maneira de usar o teatro.

Há uma cultura que se manifesta por meio de canções, danças, conhecimento dos clássicos ou recitação de poesias. Mas também existe uma outra cultura ou "identidade profissional". Qual era a cultura do nosso grupo?

Em Carpignano tive consciência de que o Odin Teatret representava uma microcultura. Era óbvio que não poderíamos mostrar os ensaios do espetáculo, ainda embrionários, à população de Carpignano. Mas como o nosso treinamento estava se desenvolvendo de uma maneira que, cada vez mais, lembrava um espetáculo, podíamos estruturá-lo e usá-lo numa Troca. Para mim, era muito estranho pensar que um espetáculo pudesse se basear nos exercícios do treinamento. Esse era um tabu que eu tinha que superar. Foi uma reviravolta radical: o processo se transforma no próprio resultado.

Criamos *O Livro das Danças*[1] com os exercícios do treinamento. Ele não contava nenhuma história, mas, graças ao ritmo, à força e à presença dinâmica

---

[1] *O Livro das Danças*, 1974-1980. Atores: Roberta Carreri – Tom Fjordefalk – Tage Larsen – Else Marie Laukvik – Iben Nagel Rasmussen – Torgeir Wethal (Elsa Kvamme e Odd Strøm participaram dos espetáculos nos primeiros meses). Direção: Eugenio Barba. Figurino: Odin Teatret. Número de apresentações: 350. Estreia: Carpignano, julho de 1974. Última apresentação: Holstebro, janeiro de 1980. Turnês: Alemanha Ocidental, Bélgica, Dinamarca, Espanha, França, Holanda, Itália, Iugoslávia, Japão, Noruega, País de Gales, Peru, Polônia, Suécia e Venezuela.

dos atores, encantava até quem nunca tinham visto teatro. Me lembrava as experiências com o círculo búlgaro na Polônia.

Inventei o título *O Livro das Danças* porque, normalmente, ligamos a cultura aos livros. Mas na verdade, a cultura popular não tem nada a ver com os livros. Em vez de ser colocada no papel, ela está presente na dança, nos cantos, na oralidade e nos corpos das pessoas que a expressam.

Iben Nagel Rasmussen

Peguei o maior xilofone de madeira que tínhamos e, sobre um fundo amarelo, pintei umas figuras que dançam com bandeirinhas e tambores.

Antes de entrar para o Odin Teatret eu tinha uma "visão" que me despertava uma nostalgia incompreensível e devastadora: pessoas dançando à beira mar, sob uma luz amarela e quente. Era exatamente a mesma imagem.

Parece que, agora, esse antigo cenário se fundiu com a gente, com os nossos personagens, com o nosso trabalho e com a nossa vida cotidiana.

REVIRAVOLTAS

Eugenio voltou da América Latina. Ele entra na sala carregando uma trouxa imensa e com a barba toda preta, o que deixa seu rosto ainda mais redondo.

Ele abre essa trouxa e descobrimos que ela contém um caixão branco de criança, alguns chapéus indígenas, ponchos feitos à mão e saias bordadas. O próximo espetáculo falará do encontro entre os índios e os conquistadores europeus: o espanhol Cortés e sua amante indígena Malintzin, Montezuma, as ilhas flutuantes, as tribos indígenas, as guerras intestinas, divindades que bebem sangue, ouro, massacres e um punhado de invasores que aparecem trotando sobre animais monstruosos que nunca tinham sido vistos – os cavalos. Eugenio fala durante horas e horas.

Decidimos ir para o Sul da Itália e criar nosso espetáculo lá. Vamos ficar morando numa cidadezinha de dois mil habitantes. Fica na mesma região onde Eugenio nasceu e cresceu.

Quem não aprender italiano não poderá vir!

Lemos sobre os espanhóis, estudamos italiano, começamos a pensar nos figurinos e a distribuir chapéus e ponchos. Ao mesmo tempo que nos preparamos para o espetáculo e para a temporada em Carpignano, o treinamento evolui de maneira explosiva. Usamos bandeiras e galhardetes, grandes tambores e instrumentos musicais. Além de aprendermos a construir máscaras, também estudamos algumas canções e danças populares escandinavas. Assim, poderíamos encontrar nossos futuros vizinhos tendo algum tipo de identidade.

OS VIZINHOS

Começamos o trabalho para o novo espetáculo no Sul da Itália. Moramos numa casa bem grande, com sala e quintal. A sala tem uma acústica horrível e um piso de azulejos que nos obriga a fazer a maior parte do treinamento ao ar livre: no quintal, nos campos que existem ali ao redor ou na praia, que é um pouco mais longe. Na sala, montamos uma filmadora e uma tela para gravar as improvisações; método que tínhamos começado a experimentar com *Min Fars Hus*. Assim podíamos verificar e preservar cada detalhe de uma improvisação, evitando que os atores, empenhados em anotar as ações, acabassem discutindo: a mão de quem está improvisando está apontando pra esquerda ou pra direita? pra cima ou pra baixo? isso foi um segundo antes ou depois?

Começamos com as improvisações, fixamos tudo e esboçamos pequenas cenas. Mas fica logo evidente a pressão de outras forças, totalmente diferentes e impostas por outras necessidades.

Um idoso aparece por lá numa daquelas manhãs. Ele senta e fica observando o treinamento que estamos fazendo no quintal. Volta no dia seguinte, no outro também, trazendo com ele mais duas pessoas da cidade. Nossa presença em Carpignano vai ficando cada vez mais problemática. Quem somos nós? O que estamos fazendo? Atores – como aqueles que vemos na televisão? Um dia saímos para visitar uns amigos. Estamos vestidos com nossas roupas de treinamento e levamos alguns instrumentos musicais, queremos cantar uma canção para eles. Já que ninguém abre a porta, começamos a tocar no meio da rua. Na mesma hora, um grupo de curiosos se reúne ao nosso redor.

Depois de voltarmos pra casa (para o teatro), decidimos fazer um espetáculo de danças inspirado no treinamento. "Nada de danças folclóricas" – diz

Eugenio – "Não, vamos usar o que já temos: bandeiras, tambores, galhardetes, nossos longos bastões – os *bushmen* – e as máscaras. E o que vocês acham de fazermos um espetáculo de clown? Assim também teremos algo para as crianças, talvez possamos apresentá-lo na escola." Jan Torp tinha trabalhado muito tempo como *ajudante de cena* de um dos irmãos Colombaioni, uma família de clowns italianos que participou de um seminário do Odin em Holstebro. Ele lembra de quase todos os números. Então o Eugenio começa a montar um espetáculo de clown com Jan, com Odd e comigo. Enquanto isso, na sala de treinamento, a filmadora fica toda coberta de poeira.

NOSSA SENHORA

Carpignano é a cidade mais próxima da casa onde o Eugenio nasceu. Ele adora aquele calor quase africano, enquanto nós ficamos com a língua pra fora naquele forno do meio-dia. Ele toma muito cuidado com a nossa reputação. Nada de escandinavos emancipados por aqui. Nada que faça as pessoas pensarem que vocês são turistas superficiais. Nada de *short* ou minissaia.

No começo, isso nos pareceu uma limitação da nossa liberdade pessoal, mas depois a gente entendeu tudo: durante a festa do padroeiro da cidade, as jovens do Odin Teatret são convidadas a carregar a Nossa Senhora numa procissão que parte da igreja. Difícil imaginar honra maior. É a primeira vez que a estátua religiosa é carregada por mulheres, e também por pessoas que não são de Carpignano.

Tanto o espetáculo de clown como o dos números de dança são preparados rapidamente. Os elementos já existem. Costuramos e tingimos os figurinos, cobrimos os tambores com curiosos pedaços de tecido e pintamos nossos dois xilofones de madeira com cores bastante vivas. Quando não estamos dançando, ficamos sentados em cima de um pedaço de tecido bem comprido. Carpignano muda radicalmente a nossa visão sobre o teatro. Participamos de festas locais e ouvimos os cantos penetrantes do Sul da Itália, aqueles que acompanham certos trabalhos, como amarrar as folhas de tabaco numa corda ou colher as azeitonas. Os velhos nos mostram suas danças e nós inventamos o princípio da "Troca": dançamos e tocamos para vocês se, "em troca", vocês pagarem com a mesma moeda, ou seja, com suas danças e seus cantos. Essa temporada na Itália deveria ser dedicada à preparação de um espetáculo sobre índios e conquistadores. No entanto, acabamos tendo experiências que vão nos marcar profundamente e que serão úteis nos anos que virão.

Sem querer, a máscara do Torgeir acaba se deformando e, com a pressão, o olho dela quase fecha. Torna-se a característica do personagem. Outra característica é sua baixa estatura – sim, na verdade ele é um anão, uma reminiscência do Juha de *Ferai*, que ficou lá na Finlândia.

Vários personagens do Odin Teatret nascem aqui em Carpignano. Outros ganham vida nos anos seguintes, e nos acompanham de cidade em cidade, de país em país, atravessando prisões, favelas, regimes ditatoriais e modernas ruas para pedestres: escalam os tetos das casas e agarram-se nas cornijas; das varandas, cumprimentam a multidão; fazem compras em vários mercados diferentes; arrastam-se com dificuldade para subir as doces colinas do País de Gales; estão presentes em praias distantes, batidas pelo vento, como se nunca mais quisessem nos deixar durante essa (aparentemente) infinita viagem que atravessa a "terra de ninguém" do teatro.

VIII

COME! AND THE DAY WILL BE OURS[1]

Eugenio Barba

Às vezes você encontra uma pessoa que deve saber reconhecer. Não só porque será seu guia, mas porque ele vai te seduzir. Quando digo "seduzir", falo daquele impulso que faz você desviar do caminho que já conhece, que está acostumado a seguir. Você precisa ter confiança e sair em busca desse tipo de encontro, deixando-se seduzir. De repente você encontra um Grotowski, ou um jovem diretor anônimo, como Pierfranco.

O cavalo cego que me habita é que vai reconhecer a pessoa que me ajudará a me afastar do caminho já traçado, que me empurrará para um inimaginável e desconhecido território.

Durante nossa turnê na Itália com *Min Fars Hus*, presenciamos reações muito contrastantes. Alguns espectadores ficavam indignados, irritados; outros, saiam do espetáculo confusos ou em lágrimas. As pessoas ficavam extremamente interessadas pelo nosso trabalho, perguntavam tudo sobre os métodos e as condições.

Essa curiosidade tinha me impactado profundamente.

---

[1] *Come! And the Day Will Be Ours* [Vem! E o Dia Será Nosso], 1976-1980. Atores: Roberta Carreri – Else Marie Laukvik – Iben Nagel Rasmussen – Tom Fjordefalk – Tage Larsen – Torgeir Wethal. Dramaturgia e Direção: Eugenio Barba. Espaço Cênico e Figurino: Odin Teatret. Conselheiro Literário: Nando Taviani. Número de apresentações: 180. Estreia: Caracas, maio de 1976. Última apresentação: Holstebro, junho de 1980. Turnês: Alemanha Ocidental, Bélgica, Dinamarca, Espanha, França, Holanda, Itália, Iugoslávia, Noruega, Peru, Suécia, Venezuela.

Mais uma vez, quem bagunçou todas as minhas ideias sobre o papel do nosso teatro – que papel ele podia e deveria ter – foi um diretor muito jovem que vinha da Sardenha: Pierfranco Zapparedu.

Um dia ele apareceu em Holstebro dizendo: "Não vim incomodar, só quero me certificar de que vocês existem. Aí vou poder voltar e dizer aos meus atores que vi vocês". Ele tinha ficado tão apaixonado por *Min Fars Hus* que chegou a batizar seu filho com o nome de Dostoiévski: Fiódor.

Assim como Pierfranco, várias outras pessoas que encontrei durante as turnês de *Min Fars Hus* sentiram esse desejo, essa necessidade interior, que as levou a agir de modo totalmente insensato com o Odin. Algumas vinham nos encontrar em Holstebro, outras nos seguiam quando deixávamos suas cidades após a turnê.

Chegou uma hora em que fiquei rodeado por umas doze pessoas que sentiam fortemente essa necessidade. Então entendi que a única coisa a ser feita era deixar as coisas fluírem: a necessidade precisava encontrar seu caminho.

Foi assim que tive a ideia de criar a Brigada Internacional: um seminário de nove meses que aconteceria em Holstebro, no Odin Teatret, com participantes que chegariam de diversos países do mundo.

Peguei esse nome emprestado da Guerra Civil Espanhola, um fato histórico que pertence à minha mitologia pessoal. Eu me lembrava das Brigadas Internacionais formadas por jovens que haviam deixado suas famílias e seus países para lutar por algo que, para eles, era essencial.

Tivemos oito inscritos: atores e diretores, europeus e latino-americanos. Durante todo o seminário, eles dormiram num mezanino que ficava no sótão, um quartinho escuro de dez metros quadrados. A presença deles coincidiu com os ensaios do nosso espetáculo *Come! And the Day Will Be Ours*.

Eu já tinha decidido que ia mudar o tema escolhido no ano anterior. O espetáculo não deveria mais falar dos conquistadores e de sua busca pelo Eldorado e por ouro, e sim dos imigrantes europeus e do *seu* encontro com as populações indígenas da América do Norte e da América do Sul.

Mas quem eram esses imigrantes? Os primeiros foram os puritanos, religiosos e austeros. Eu pensava em *As Bruxas de Salém*, cuja vida emocional e cujos instintos sexuais haviam sido reprimidos de tal maneira que, quando elas não eram mutiladas, expressavam esses mesmos instintos de forma absolutamente explosiva.

Eu tinha poucas imagens claras quando começamos a ensaiar. Uma delas era uma *Bíblia* sendo crucificada. Boa parte do espetáculo dependia das propostas dos atores. Não tínhamos texto. Os índios falariam uma de suas línguas indígenas, enquanto os pioneiros falariam um inglês colorido pelos sotaques da Escandinávia.

O subtexto – o fio interior ou o fluxo subterrâneo – que eu seguia em *Come! And the Day Will Be Ours* tinha a ver com a certeza de estarmos no caminho certo. Vivemos e agimos com a certeza de ter sempre razão, sem sombra de dúvida. E no entanto, forças obscuras queimam dentro de nós.

Muitas cenas desmascaravam as forças "selvagens" que habitavam os pioneiros. Else Marie [Laukvik], por exemplo, era uma puritana inglesa que se libertava das roupas pretas que a sufocavam, arrancando vestido e chapéu e dando início a uma dança assustadora e descontrolada, sem nenhum freio moral e infringindo qualquer tabu. Era o transbordar de sua reprimida sensualidade.

Torgeir [Wethal] interpretava um pioneiro devoto e intransigente, mas tinha minha simpatia. No final das contas, os imigrantes não possuíam nada, tinham deixado casa, família e a própria língua. Haviam atravessado o oceano em busca de um pedaço de terra a ser cultivada, de uma dignidade a ser conquistada. Mas diante de tudo isso, o que sobressaía era a indelével imagem das populações indígenas, massacradas e despojadas de tudo.

Mais uma vez a história era simples e concreta: um encontro entre seres humanos em condições específicas. Meu problema era como tornar teatralmente presente, *aqui e agora*, uma infinidade de situações, imagens, particulares ou primeiros planos, que conseguissem penetrar os sentidos dos espectadores, fazendo com que experimentassem a humilhação e a lenta degradação de um ser humano. Como se uma parte do seu rosto ou do seu corpo fosse substituída por uma prótese. Tornei essa transformação visível despindo os índios de suas vestes coloridas, feitas à mão ou preciosamente ornamentadas, vestindo-os com camisas, saias e calças compridas pretas e de material sintético. Até o xamã foi humilhado e saqueado, ficando sem suas vestes rituais, sem seu tambor mágico e seu colar de continhas vermelhas, que acabavam sendo pisoteadas pelas botas dos pioneiros que dançavam a própria vitória, deixando o chão todo "manchado de sangue". Só que, mesmo assim, o xamã defende o essencial: a própria identidade, a própria voz, que ainda pode cantar as invocações sagradas de sua tribo.

O espetáculo tornava visível tanto a expropriação quanto a desmoralização das vítimas e, ao mesmo tempo, apresentava aos espectadores a ambiguidade do comportamento dos pioneiros. De um lado, sua perseverança e força de vontade para enfrentar viagens, fadigas, sacrifícios, perigos e esforços sobre-humanos; do outro, sua insensibilidade, arrogância e tirania, que na cena final explodiam numa desenfreada dança macabra na qual eram pisoteados seus valores sagrados e os valores das outras culturas.

Tanto em *Come! And the Day Will Be Ours* como em *Min Fars Hus*, os atores tocavam instrumentos musicais. O uso da música nos ajudava a desenvolver um novo nível de possibilidades dramatúrgicas eficazes.

Para mim, era cada vez mais importante criar vários tipos de obstáculos que dificultassem o fluir dos ensaios, obrigando-me a encontrar soluções inesperadas. Então incluí um elemento cenográfico que tinha essa função: no centro do espaço, plantei um bastão com uma coroa de lâmpadas na ponta, lá no alto. Tivemos que trabalhar bastante, os atores e eu, até que nos acostumássemos com um centro "ocupado" e fôssemos capazes de dominá-lo e aproveitá-lo. Toda a dinâmica da ação teve que ser mudada, mas, no final, conseguimos ter um espaço que vivia e respirava de uma forma especial só sua. Um parceiro digno do corpo-em-vida dos atores. A resistência que normalmente eu mesmo crio para mim, como diretor, não é constituída apenas de um elemento cenográfico ou de alguma particularidade técnica. Pode até ser um ator que está funcionando tão mal num determinado papel que quase dói olhar para ele. Então sei que o obstáculo está ali, à espreita, como uma enorme mancha cinza no espetáculo, um aviso que me faz voltar lá atrás o tempo todo para escavar, cada vez mais fundo, até encontrar uma solução.

Eu tinha certeza de que a história de *Come! And the Day Will Be Ours* era simples, lógica e (ao contrário de *Min Fars Hus*) fácil de ser contada. Mas não era essa história que guiava o meu trabalho, eram as improvisações dos atores, as cenas ou os detalhes que tinham vitalidade explosiva e força emocional. As erupções de suas ações costumavam ir contra a história do espetáculo, mas eram essas explosões que me fascinavam, como diretor. A história não evocava personagens ou situações míticas, mas muitas cenas mexiam profundamente comigo.

Concentrei-me muito no ritmo e nas associações emocionais. Deixava que os atores me apontassem o caminho e me surpreendessem, como cães de caça que voltavam com uma presa impensável entre os dentes. Tudo bem, eu é que tinha indicado onde e como caçar, mas eles voltavam quase sempre com alguma coisa totalmente inesperada: uma lebre escura quando eu havia pensado numa raposa prateada, ou um urso no lugar de uma gazela.

Àquela altura, depois de *Min Fars Hus*, eu já sabia que existe um nível do espetáculo sobre o qual se pode trabalhar conscientemente em cima dos sentidos do espectador. Desde então, esse é o nível no qual mais me concentro quando começo a ensaiar: a consistência e as cores dos figurinos; as sonoridades da música; o efeito emocional das vozes e, principalmente, do canto; as características dinâmicas das ações; a "energia dançante" dos atores, com suas expressões controladas ou impetuosas; as entonações como cores ou pinceladas, como aquelas dos quadros de Van Gogh; a vertiginosa gangorra dos *sats* – dos impulsos. Inclusive os textos, mesmo aqueles bem curtinhos, precisavam conter a mesma prontidão e a mesma profundidade de uma poesia zen: "*Dark Is a Way – and Light Is a Place*", era o texto de Vincent Gaeta, cantado pelo xamã. Os raros textos em *Come! And the Day Will Be Ours* vinham de fontes diferentes: da gênese ameríndia do *Popol Vuh*, de algumas poesias em sioux e cheyenne, de Walt Whitman e da cena de amor entre Romeu e Julieta.

Existe um núcleo de experiências compartilhado por todos os seres humanos, independentemente de sua cultura ou condição social: ser aceito ou rejeitado, amar e ser amado, sentir-se protegido, sentir-se atraído por outra pessoa, a dor e o lancinante senso de perda quando uma pessoa próxima te abandona, te trai ou morre. Essas são as experiências que eu quero evocar no mais profundo do ator e do espectador, essas são as experiências que os aproxima, independentemente dos valores, das crenças e das convicções que os separam.

E a técnica – o que é? Se o jeito de um ator se mover ou falar me incomoda, então é um problema técnico que preciso enfrentar e resolver. Outro ator consegue ser convincente mesmo se expressando com ações que podem parecer cruas e óbvias. E também pode haver um terceiro ator cujo trabalho técnico é perfeito, mas ele não consegue me emocionar. Este é o meu maior desafio como diretor: como fazer um ator chegar lá no fundo, naquele estrato que mexe comigo?

Desde o início de *Come! And the Day Will Be Ours*, Else Marie [Laukvik] e Iben [Nagel Rasmussen] alcançaram essa natureza incandescente. Tage [Larsen] também possuía essa temperatura que, em alguns momentos, se misturava com um comportamento distante, entre o irônico e o surpreso. Como sempre, ele encontrou seu personagem passo a passo, seguindo seu próprio ritmo. No final, ele também se tornava luminoso. Encontrei mais dificuldade com os novos atores. Em seu ardor e vitalidade, Tom [Fjordefalk] e Roberta [Carreri] estavam constantemente em movimento, tivemos que trabalhar juntos por muito tempo para ultrapassarmos a superfície, para que nem tudo parecesse "exterior".

Em 1976, o Odin Teatret foi convidado para apresentar *Come! And the Day Will Be Ours* no Festival de Caracas, na Venezuela. Era nosso primeiro encontro com grupos latino-americanos, e teve uma enorme influência em minha maneira de enxergar o teatro de grupo e sua posição na história do teatro contemporâneo.

Era um Festival de imenso prestígio. A organização era eficaz, caracterizada por uma riqueza de meios que me surpreendeu e me incomodou. Todos os grupos estavam hospedados num grande hotel de luxo. O Odin se recusou a ficar lá, e esse foi nosso primeiro embate com Carlos Gimenez, famoso diretor argentino e diretor do Festival. Após intermináveis discussões, nos deram uma casa na periferia de Caracas, onde poderíamos morar e fazer nosso treinamento. O prédio e o jardim ao lado eram a sede de uma escola de teatro.

E foi assim que nasceu a Casa do Odin, com seu pequeno programa independente e paralelo àquele do Festival. Várias pessoas e grupos teatrais vinham nos encontrar durante o dia, e à noite organizávamos "Festas-Trocas" com quem ficava por lá com a gente. Realmente estreitamos muitas relações naquele espaço. Acho até que as pessoas ficavam meio sem entender por que havíamos escolhido um lugar tão humilde para morar e desenvolver nossas atividades. Na verdade, não teríamos nos sentido bem no Hotel Hilton, onde queriam que ficássemos hospedados.

Grande parte dos grupos latino-americanos vivia em condições difíceis. Acho que ficaram surpresos quando viram um grupo europeu que – ao contrário do que poderiam esperar – não se deixava seduzir pelo luxo.

Tivemos outro problema com o Festival, e esse foi ainda mais sério. A música da discoteca que ficava ao lado do espaço de *Come! And the Day Will Be Ours* tocava num volume altíssimo. Os organizadores haviam prometido que a música seria desligada duas horas antes do espetáculo e enquanto ele durasse. Mas isso não aconteceu. Na noite da estreia, obriguei o público a esperar do lado de fora. Eu não deixaria as pessoas entrarem se a promessa não fosse mantida. Era uma baita encrenca, estávamos abandonados, mergulhados num barulho musical dos infernos, sozinhos para encarar um mundo de espectadores irritados, alguns enfurecidos e sem uma única pessoa do Festival para nos ajudar. Eu estava possesso. O Carlos Gimenez, diretor do Festival, chegou mais de uma hora depois e ainda começou a instigar os espectadores contra o Odin: "Vocês estão vendo, esses europeus chegam aqui e ainda colocam em discussão a hospitalidade do nosso país. Mas eles também vão ter que aceitar as condições que o nosso continente oferece". Ele ainda disse que, se não apresentássemos o espetáculo, teria sido uma inadimplência contratual.

Como resposta, o Odin ocupou a sala. Por sorte, vários grupos do Festival ficaram do nosso lado e nos seguiram nessa ação: La Candelaria, da Colômbia; Cuatro Tablas, do Peru; Libre Teatro Libre, da Argentina; e alguns outros. Esse conflito, assim como a solidariedade que ele suscitou, estabeleceu entre nós uma amizade e relação de colaboração contínua que duram até hoje.

A atmosfera entre a direção do Festival e os grupos teatrais locais e de outros países latino-americanos era tensa. Alguns grupos, tanto aqueles que haviam sido oficialmente convidados pelo Festival quanto outros que não foram convidados, polemizavam contra o desperdício, as escolhas e a mentalidade esnobe. Tinham preenchido uma espécie de manifesto, que eu também assinei, que criticava essas tendências. Isso acabou provocando mais problemas e acusações contra mim e contra o Odin Teatret por parte da direção do Festival. O que aconteceu em Caracas foi, na verdade, um conflito entre dois mundos teatrais que viviam de acordo com concepções e condições diametralmente opostas.

Víamos a mesma contradição na realidade que nos circundava. O centro urbano de Caracas era um núcleo de ferro, cristal, aço, vidro e amplas avenidas. O país estava vivendo o ápice do seu *boom* petrolífero. Mas ao redor desse núcleo estavam os *ranchitos* e os barracos dos pobres, construídos sobre aquela terra vermelha de argila que cobria as encostas das montanhas que circundavam Caracas. Eram casebres feitos com chapas de ferro, madeira molhada e papelão. Quando vinha a estação das chuvas, muitos desses casebres eram varridos pela água.

Tentamos organizar uma Troca em alguns desses bairros, usando aquela ideia que tinha nascido durante nossa estadia no sul da Itália, trocando canções e danças com a população local. Enquanto passeávamos no meio dos barracos e da poeira, disse a mim mesmo: vamos supor que meu amor more aqui e eu queira lhe mandar um buquê de flores. É impensável, é impossível! As ruas não têm nome e as casas não têm número. Essas pessoas não têm endereço.

Outra coisa que me chocou foi descobrir a enorme quantidade de grupos teatrais que existiam ali. Eu achava que a América Latina fosse um continente pobre de teatro e me via diante de uma infinidade de grupos.

Na Europa também havia inúmeros grupos de teatro, só que aquela tradição era feita, principalmente, de edifícios e textos autorais. Ainda havia espaço para uma vanguarda, mas ela era totalmente diferente do que tinha surgido ali nos últimos tempos: aqueles grupos que, graças a essa experiência latino-americana, eu chamaria de Terceiro Teatro.

Na minha cabeça, os jovens que se recusavam a pegar em armas para lutar por uma sociedade melhor serviam-se de outro tipo de revolta: um combate simbólico, o teatro. Para mim, os grupos latino-americanos eram a prova concreta do teatro como prática de uma rebelião pessoal e social.

Logo após nossa viagem à Venezuela, fui convidado a participar de um encontro em Belgrado, organizado pelo Festival BITEF, sob a direção de Jovan Cirilov e de Mira Trailovic. Também haviam sido convidados: Grotowski; Yuri Ljubimov, o diretor russo que dirigia o Taganka Teatro; e a atriz espanhola Nuria Espert. Tratava-se de uma típica reunião internacional que pretendia ser importante através dos nomes conhecidos dos participantes.

Um ano antes, em 1975, Grotowski tinha organizado uma Université du Théâtre em Wroclaw, durante o Festival do Teatro das Nações que acontecia em Varsóvia. Os organizadores de Belgrado – que naquele ano também eram responsáveis pelo Festival do Teatro das Nações – estavam interessados num projeto parecido, e pediram a Grotowski que repetisse sua iniciativa. Grotowski não quis fazer nada disso, então pediram que eu tomasse a frente.

A essa altura surgiu a UNESCO, ou melhor, o ITI (International Theatre Institute), com seu secretário geral Jean Darcante, que também estava presente na reunião. Ele propôs um congresso internacional sobre o teatro experimental. Tinha apenas dez mil dólares para financiá-lo. Aceitei dirigi-lo, mesmo sabendo que dez mil dólares não era muita coisa, mas bastaria para convidar alguns grupos teatrais dos nossos amigos, como os que eu havia conhecido após o sucesso de *Min Fars Hus*. Em sua maioria, eram os grupos latino-americanos que encontrei em Caracas.

Decidi que o encontro não deveria focar apenas nos resultados – os espetáculos –, mas, também, nos processos de trabalho. Pedi aos grupos que ficassem morando juntos numa casa de estudante. Nosso programa começava de manhã bem cedo e continuava madrugada adentro. Apresentávamos, uns aos outros, nossos métodos de trabalho e exercícios de treinamento, nossos espetáculos e procedimentos de improvisação, identificávamos possibilidades concretas de colaboração futura e, para terminar, criamos um "espetáculo maratona" de doze horas na principal rua de Belgrado. Tudo isso acontecia paralelamente ao festival oficial. No final, pediram que eu fizesse um relatório para a UNESCO sobre esse encontro. Acabou se tornando um manifesto de duas páginas no qual descrevi aquele nicho particular ocupado por grupos teatrais que, não sendo nem teatro tradicional nem teatro de vanguarda, habitam a cultura teatral contemporânea. Chamei esse fenômeno de Terceiro Teatro.

Iben Nagel Rasmussen

Tenho poucas imagens visuais nas improvisações para o meu novo personagem. Parece que estou me jogando num redemoinho que poderá me engolir. Mas acredito que, através de sinais compreensíveis, vou poder indicar alguma coisa que ainda não consigo entender, ou melhor, que não entendo racionalmente.

Enquanto elaborava as improvisações, dei um significado mais preciso a certas partes e a certas ações. Talvez esse processo de civilização não seja necessário. O importante, o essencial, é o material bruto que vem lá do redemoinho.

O XAMÃ

Eugenio me deu um papel para o novo espetáculo. Meu personagem será um xamã indiano.

Um xamã? Um bruxo?

No Museu Nacional de Copenhague, trajes típicos de xamãs da Sibéria, da Groelândia e da América do Sul ficam pendurados dentro de grandes vitrines de vidro.

Visito o *Musée de l'Homme* em Paris, onde há uma exposição de tecidos, vasos, imagens e baixos-relevos.

Um pouco antes do natal, Eugenio me dá férias para que eu possa conhecer o México sozinha. Ele fala com entusiasmo dos lugares que visitou quando viajou para lá um ano atrás: Puerto Angel, Oaxaca, San Cristóbal de las Casas. E provavelmente ele espera que eu volte pra casa com o segredo do xamã.

Ao contrário do Eugenio, não falo nem entendo espanhol. Tenho o maior cuidado ao visitar igrejas, museus, ruínas e aldeias. Deixo-me arrastar pelas brisas sem entender de onde vem tamanho cansaço.

A cara dos índios, suas festas de natal e aquela confusão do réveillon: olho para aquilo tudo e parece que estou diante de paisagens fechadas.

Eugenio contava suas histórias com paixão, mas aqui não sou nada mais que uma estranha, uma pequena turista com uma mochila velha e um casaquinho fininho demais.

Às quatro da manhã, vou a pé até as ruínas de Monte Albán, na periferia de Oaxaca.

Onde está o xamã?

Pego uma carona para chegar ao mar. Um caminhoneiro meio nervoso resolve me apalpar e acaba levando uma bronca num "gromelô" cheio de sibilantes que pronuncio como se estivesse chegando diretamente da Rússia. Mais surpreso do que assustado, ele para o caminhão e eu desço numa estrada toda empoeirada.

Se não me engano, quando Grotowski rodou pela Índia, ele caminhou durante dias inteiros – sim, durante vários meses – atravessando florestas selvagens e montanhas. Não comia quase nada e, quando voltou, ele tinha se transformado completamente.

Então eu, exatamente como Grotowski, também vou alcançar esse conhecimento interior, *me tornarei* o xamã que estou procurando enquanto continuo a caminhar.

O Oceano Pacífico!

Passo por uma lojinha e compro uma penca de bananas e um refrigerante, coloco na mochila e sigo caminhando pela orla.

Apesar do barulho da enorme ressaca, tenho a impressão de que tudo é silêncio. Parece que as poucas cabanas cobertas com folha de palmeira e os raros habitantes do lugar não fazem nada além de ressaltar o ímpeto da natureza.

Depois de caminhar por algumas horas, chego a uma lagoa deserta. Será meu refúgio durante a noite. Há rochas nos dois lados, uma pequena praia de areia e uma espécie de selva atrás de mim.

Perfeito! Talvez eu devesse acender uma fogueira. Mas não é desse lado que o sol se põe rapidamente? Começo a juntar um monte de gravetos. Só que antes mesmo de conseguir acender o fogo, já escureceu. Não vai demorar muito para a areia esfriar. Nunca vou conseguir acender a fogueira. As bananas e a bebida vão embora em segundos, antes que eu mate a minha fome.

A noite parece durar uma eternidade. O frio atravessa minha jaquetinha de veludo (que não é nem forrada), enquanto continuo deitada com as mãos entre os joelhos, toda enrolada, que nem um bicho.

Parece que o som das ondas está chegando cada vez mais perto. "Não é verdade!", sussurro para mim mesma enquanto a maré sobe rápido e fecha a lagoa, me ameaçando, me obrigando a entrar na mata, que começa a farfalhar. Começo a ouvir grunhidos, sabe-se lá de que animais – provavelmente selvagens. Mas no final, até os deuses ficam com pena de mim e deixam, por pura compaixão, um pedacinho de praia onde posso me aninhar.

As estrelas parecem mais longe do que nunca. Mas são as mesmas, elas repetem "algo" dentro de mim. São as mesmas estrelas que se veem lá na Dinamarca. Aí eu penso nas pessoas que estão sempre perto de mim.

A morte no México! Eu sabia.

Com os barulhos da mata atrás de mim, e presa na lagoa por causa do mar, tenho a sensação de que nunca mais as verei. Rezo, em silêncio, para que amanheça logo. Doze horas. Acho que doze horas se passaram antes que eu finalmente visse uma faixa rosada lá no fundo do horizonte. O primeiro pássaro – um grande pelicano – bate suas majestosas asas enquanto voa por cima da praia.

Como se eu estivesse louca, gritando incontrolavelmente de felicidade, pulo pra frente e pra trás dentro da água que acabou de se retirar.

De dentro das rochas, eis que surge um cara de cabelo comprido, louro platinado. Ele pergunta, em inglês, se não quero ir até sua toca para fumar um cachimbo e curtir o nascer do sol. Eu agradeço, mas digo que não posso e explico por que, enquanto enfio os braços nas alças da minha mochila: "Eu tenho que ir, tenho um encontro marcado com um xamã".

O xamã deve ter mandado seu espírito brincalhão, porque a próxima cidade ficava poucos quilômetros mais à frente ao longo da costa, a uns quinze minutos indo com o ônibus local: um paraíso turístico dominado pelo cheiro de bronzeador solar, onde seres rosas passeiam com radinhos de pilha e animais infláveis embaixo do braço, vestidos com shortinhos coloridos e com cabelos penteados de forma bizarra.

A BATALHA

Estamos de volta a Holstebro para recomeçar de onde paramos.

O pequeno caixão está ali, esperando sua história junto do poncho e dos chapéus. Nesse meio-tempo, Eugenio deixou de lado a ideia dos conquistadores, o espetáculo falará do confronto entre a população indígena e os pobres – embora beatos – imigrantes europeus.

Ensaiamos por horas e horas até decorar as falas nas línguas indígenas. É cansativo quando as palavras que pronunciamos não provocam a menor ressonância associativa, mesmo sabendo o que elas significam. São apenas sons. Está sendo mais difícil do que com o russo que inventamos para *Min Fars Hus*.

Usamos o vídeo para gravar nossas improvisações, assim podemos ver cada detalhe. Mas precisamos de semanas inteiras para recriar aquelas partituras complicadas. Chegou a hora de reconhecermos o efeito negativo da máquina. Os jovens – que não ficaram lá tanto tempo como a gente, repetindo as improvisações com a ajuda da memória e das anotações dos outros – esquecem facilmente a lógica interna que faz com que as ações sejam vivas. Fica tudo muito limpo, correto e estético.

Já para os mais antigos – como nós – o vídeo dá a possibilidade de nos lançarmos em improvisações rápidas, fortes e fisicamente complicadas, improvisações que antes teríamos evitado porque sabíamos que seria impossível fixá-las. Agora é possível, mas é um trabalho absurdamente lento, nos sentimos muito sozinhos. A gente se fecha na sala, só podendo sair horas mais tarde, todo mundo destruído de tanto ensaiar e com a cara quadrada de tanto olhar para a tela.

Depois das experiências que vivemos em Carpignano e no Sul da Itália, o trabalho na sala parece duro. Mas o Eugenio se tornou um especialista em quebrar a forma. Às vezes ele faz isso usando soluções técnicas que, raramente, são aquelas que estão ali logo à mão. Um exemplo disso é a cena da batalha entre índios e pioneiros lá para o fim do espetáculo. Do ponto de vista estilístico, é parecida com uma cena central de *Min Fars Hus*. Inclusive, boa parte dos atores é a mesma. Nossas partituras, ainda que tenhamos outro ponto de partida (aqui se trata de uma luta, e não de amor), foram montadas praticamente da mesma maneira. Mas mesmo assim, a sequência inteira surge como a essência do que se deseja contar: um massacre de índios.

A cena está quase pronta quando o Eugenio tem uma ideia: ele abaixa tanto a luz que só distinguimos as sombras das silhuetas. Protestamos: "Mas a gente não consegue nem se ver. Então por que trabalhamos naquela cena durante várias semanas se agora não conseguimos nem entender o que estamos fazendo?". Mas, devagarzinho, vamos percebendo que a cena ganha vida e que não poderia ser diferente. Assim escondemos todas as dificuldades técnicas do xamã, quando ele é despido de suas vestes indígenas. Agora parece que tudo ficou sem carne, que foi tudo despedaçado e anulado durante a luta. Na penumbra, a fantasia do espectador é movida pelos sons. O campo de batalha se alarga, se transforma numa pradaria onde os cavalos galopam, onde gritos atravessam o ar e onde os índios são exterminados numa única noite, onde poucas estrelas parecem brilhar ao longe (as pequenas luzes da coroa que está em cima do bastão central). Ou será que a cena descreve outro tipo de destruição, com aquele fundo musical composto de canções *western* ou de entretenimento tocadas pelos outros atores? Estamos numa discoteca moderna? Será que as estrelas não são estrelas, e sim luzes mecânicas que não param de piscar numa pista de dança? Será que somos testemunhas de uma prepotência cultural que se manifesta por meio de outro – não menos eficaz – tipo de violência?

Não, não lembra nenhuma cena de *Min Fars Hus* ou da vida de Dostoiévski. O espetáculo fala de algo totalmente diferente, e o Eugenio está fazendo suas montagens em cima dessa outra coisa, desse tema que banha e justifica as ações que nós, atores, construímos. A força do Eugenio está aqui: na capacidade de destilar o material vivo através do rigoroso objetivo do tema, sem deixar a vida sucumbir.

AMAZÔNIA

É a primeira vez que levaremos um espetáculo para a América do Sul. Fomos convidados a participar de um grande festival em Caracas, na Venezuela.

Stig Krabbe Barfoed e Thomas Bredsdorff partem da Dinamarca com a gente. Stig nos segue como um correspondente que trabalha para uma rádio, enquanto Thomas escreverá artigos para o jornal *Politiken*, mas voltará antes de nós para dar aulas na Universidade de Copenhague.

Também vieram o nosso fotógrafo italiano Tony D'Urso e três atores que estudam na Brigada Internacional do Odin. Ficamos alojados na periferia da cidade, numa grande casa com jardim.

As condições para apresentarmos os espetáculos são caóticas. Entre outras coisas, o Eugenio tem que entrar numa batalha heroica para que fechem um dos bares do Festival, que fica exatamente embaixo das janelas da sala do espetáculo. É impossível fazer com que entendam que o espetáculo não pode ser apresentado com o acompanhamento daquela música ensurdecedora.

Come! And the Day Will Be Ours é recebido com entusiasmo pelos grupos que participam do festival.

Eugenio se move nesse novo ambiente como um peixe dentro d'água. Vê um espetáculo depois do outro. A cidade está fervilhando com todos esses grupos latino-americanos dos quais praticamente nunca ouvimos falar.

Mas apesar do entusiasmo com que fomos recebidos, não estávamos preparados para tantas perguntas e dúvidas: "Vocês não representam simplesmente uma nova forma de colonialismo?". Outra pessoa diz: "O tipo de teatro que vocês fazem não pode ser aplicado aos grupos daqui, considerando a situação na qual eles vivem. O teatro de vocês é seletivo, só uma sociedade rica como a escandinava pode se dar ao luxo de fazer isso". As pessoas ficam ainda mais confusas e excitadas quando veem nossa parada ao ar livre: apresentamos *O Livro das Danças* numa praça e organizamos uma Troca num bairro onde vivem, sobretudo, negros e mestiços.

Uma pequena cooperativa cinematográfica que nos acompanhou durante nossa temporada por lá, chamada Kurare, lança uma ideia surpreendente: "Por que vocês não fazem uma Troca com índios que vivem numa reserva florestal?", perguntam.

Claro – por que não?

Eles explicam que precisamos de uma autorização especial, que temos que viajar primeiro de avião para depois subir o Orinoco de canoa, que lá tem muita umidade e está cheio de mosquito-prego, que não podemos deixar de procurar o Jacques Lizot – um antropólogo francês que viveu durante anos e, de certa maneira, ainda vive junto de uma tribo Ianomâmi – e, enfim, que eles obviamente vêm com a gente para filmar tudo.

Eugenio reage como se fosse uma criança realizando seu maior sonho no dia de natal: o encontro entre teatro e ritual, a Troca com índios de verdade! Mas Thomas Bredsdorff fica triste: é obrigado a voltar a Copenhague. A universidade está chamando, os estudantes estão esperando.

Em poucos dias e após várias negociações, conseguimos a autorização para visitar a reserva. Fazemos contato com Jacques Lizot e procuramos pequenos, quer dizer, minúsculos aviões a hélice que possam aterrissar em pistas de terra batida numa das missões que ficam no coração da Amazônia.

Num voo que se alterna entre árvores e nuvens, vemos a selva como um infinito tapete verde. De repente surge um buraco quadrado entre os ramos das árvores, reparamos que tem uns índios correndo pra frente e pra trás, tentando espantar umas vacas que estão pastando e ocupam um campo que, ao que parece, servirá como pista de aterrissagem.

Aos trancos e barrancos, conseguimos pousar.

Uma freira desponta de uma trilha enlameada, montada numa moto e com um vestido esvoaçante. Ela deve ser da missão.

Somos recebidos numa grande cabana redonda de madeira, vamos dormir em redes. Choveu muito. A água do chão da cabana, que é todo de barro, toca o tornozelo.

Durante a noite somos acordados por um grito, seguido de um baque. Tony D'Urso, o fotógrafo italiano, caiu da rede e começa a resmungar. Está dentro de uma poça d'água.

Na manhã seguinte, fazemos uma reunião.
Parece que a tribo Ianomâmi com qual vamos "trocar" nossas danças está em guerra com uma tribo vizinha.
Rezamos para não nos confundirem com o inimigo.
Descemos o Orinoco debaixo de chuva forte, em canoas bem longas e fininhas. Vamos encontrar nossa tribo. Stig Krabbe e a equipe cinematográfica chegam primeiro e se plantam com a filmadora e o gravador dentro do *shabono* – o acampamento cercado dos índios. É uma casa circular muito ampla com um espaço central ao ar livre.
A gente chega logo depois com o Eugenio. Temos que fazer uma trilha a pé no meio da floresta. Por sorte, a chuva para. Vestimos as máscaras e os figurinos da parada. Else Marie e Tage sobem nas pernas de pau. Eugenio dirige sua pequena equipe com nervoso fervor. Ele diz "Daquele lado!", e aponta para um lugar entre bananeiras, plantas e líquidos verdes e vaporosos.
Rufando os tambores e com alguns chamamentos, nos aproximamos do *shabono*. A entrada é baixa e bem pequena. Else Marie e Tage precisam ser levados até lá em posição horizontal.
Somos acolhidos com um zumbido de excitação. Os índios estão todos enfileirados, com arco e flecha na mão, corpos nus e rostos pintados, plumas nos cabelos e nas orelhas. Emitem sons enquanto os corpos tremem e vibram em movimentos rítmicos. Stig e sua equipe parecem assustados e pálidos; ali atrás estava a filmadora em cima de um tripé bem fininho.
Desfilamos em círculo com os personagens da parada para que os habitantes nos observem.
Apresentamos *O Livro das Danças* e somos recompensados com gritos e danças. Os homens correm com seus arcos e flechas, um depois do outro, diante da "tribo" do Odin, executando incompreensíveis sequências de passos e sons. Acho que representam animais.
Eugenio propõe a Else Marie e Jan que mostrem um número de seu espetáculo de clown. Depois, *dulcis in fundo*, apresentamos *Come! And*

the Day Will Be Ours. No final das contas, o espetáculo fala do que eles vivem: da cultura dos índios que sucumbe ao encontro com a missão e com a civilização.

O sol bate forte e o ar é úmido. A gente se apresenta no meio daquele espaço ao ar livre. Vão achar que somos imbecis.

Maravilhados e sérios, eles olham para Else Marie que, ao comer espaguete, acaba engolindo o laço do próprio sapato. Talvez não saibam o que seja um espaguete e nenhum deles usa sapato. Pode ser que vejam essas cenas como pura insensatez. Mas ficam assustados cada vez que a equipe cinematográfica venezuelana cai na gargalhada. Onde está a comicidade?

Sim, eles a encontram em *Come! And the Day Will Be Ours*.

Risadinhas irônicas e de chacota acompanham as notas do violino, a luta dos pioneiros e os desesperados gritos do xamã.

Para agradecer, o xamã *deles* também quer contar uma história. Fazendo estranhas vocalizações, tipo gargarejos e estertores, ele faz a mímica de uma esperta tartaruga que agarra a garganta de uma onça. Será que a onça somos nós?

As mulheres ficaram separadas, não cantaram nem dançaram. No final da nossa visita, trocamos presentes e todo mundo se reúne.

O princípio de trocar dança com dança e canto com canto também é válido por aqui. Mas somos uma tribo desconhecida, e eles esperam que a gente demonstre nossa índole gentil de uma maneira excessivamente concreta: panelas, frigideiras, algum filhote vivo e bem alimentado que, em pouco tempo, se acomodará na barriga do xamã – que fica lá, todo largado em sua rede – e também alguns metros de tecido vermelho, o único pano usado pelos Ianomâmis. Em troca, eles nos dão colares feitos com dente de anta, brincos de plumas de tucano e uma ferramenta parecida com uma faca, feita com ossos de onça e que serve para afiar as flechas.

Enquanto voltamos, Roberta se senta orgulhosa no barco, mostrando seu presente – um novo penteado. Uma das mulheres cortou seu cabelo reproduzindo o estilo da tribo: curto, com franja e cortado retinho sobre as orelhas.

Choveu tanto que somos obrigados a esperar vários dias lá na missão, antes que o avião que nos levará de volta a Caracas possa pousar.

A aventura acabou.

De volta à Dinamarca, Eugenio recebe um telefonema de Thomas Bredsdorff, extremamente irritado: "Sabe o que eu vi no caminho de casa, voltando do aeroporto de Kastrup?".

"Não."

"Passei na frente da universidade. Estava toda coberta por bandeiras e faixas. Os estudantes tinham entrado em greve. A universidade estava fechada."

IX

O MILHÃO[1]

Eugenio Barba

Quando um espetáculo começa a crescer, você não deve mais levá-lo pela mão. Deve deixar que ele te leve. É o espetáculo que vem antes de você, que dá seus passos diante dos seus olhos. É óbvio que é uma situação cheia de riscos e incertezas, porque, enquanto você o persegue, deve tomar cuidado para que ele não solte as rédeas e te conduza diretamente ao abismo. O espetáculo pode até chegar à beira do precipício e conseguir se salvar. Mas nós, que o seguimos, temos que reagir na mesma hora. Caso contrário, a inércia vai nos jogar lá dentro da voragem.

Estávamos passando por um momento de tensão. Os atores que faziam parte do Odin Teatret me bastavam. Mas Tage e Iben tinham "adotado" alguns alunos e davam aulas para eles de manhã bem cedo ou no final do dia, antes e depois da nossa jornada de trabalho. Eles tinham ficado profissionalmente e pessoalmente ligados a alguns jovens atores que haviam encontrado durante as turnês ou que tinham participado da Brigada Internacional. Eram quatro alunos, e eu achava que inseri-los no grupo era uma responsabilidade grande demais. Isso traria um trabalho extra para mim, além de um ônus econômico excessivo para o teatro.

---
[1] *O Milhão*, 1978-1984. Dedicado a: Marco Polo. Atores: Roberta Carreri – Torben Bjelke – Toni Cots – Tage Larsen – Else Marie Laukvik – Francis Pardeilhan – Iben Nagel Rasmussen – Silvia Ricciardelli – Gustavo Riondet – Ulrik Skeel – Julia Varley – Torgeir Wethal (Alguns atores participaram apenas de uma das várias versões). Direção: Eugenio Barba. Espaço Cênico e Figurinos: Odin Teatret. Conselheiro Literário: Nando Taviani. Número de apresentações: 223. Estreia: Århus, setembro de 1978. Última apresentação: Holstebro, outubro de 1984. Turnês: Alemanha Ocidental, Antilhas Francesas, Bélgica, Colômbia, Dinamarca, Espanha, Estados Unidos, França, Israel, Itália, Japão, México, Noruega, País de Gales, Polônia, Suécia.

A situação já se arrastava por dois anos quando me dei conta de que as coisas não podiam continuar assim.

Nossas frequentes turnês e temporadas no exterior, como aconteceu em Carpignano, eram experiências com as quais já estávamos acostumados. Então pensei que, mais uma vez, precisávamos nos expor a uma situação que não dominávamos. Comuniquei aos atores que deveriam ficar três meses sem vir ao teatro. Eles receberiam seu salário e, se quisessem, poderiam viajar sozinhos, em duplas ou em pequenos grupos. Os novos alunos participaram do projeto.

Mais tarde, nos demos conta de que o grupo só sobreviveu porque os atores formaram casais, tornaram-se companheiros de vida. Foram raríssimos os casos em que, no Odin Teatret, um ator formou família fora do grupo.

O retorno dos atores foi bonito e surpreendente. Eles queriam, por meio de um espetáculo, falar de suas aventuras e do tempo que passaram longe do Odin. Tinham aprendido danças balinesas, indianas ou brasileiras, além de terem trazido uma boa quantidade de objetos, tecidos e instrumentos musicais exóticos. Fiquei chocado, não acreditava no que meus olhos viam. Se eu tivesse estado com eles, nunca teria permitido tudo isso. Se alguém tivesse me perguntado, eu teria respondido: "Não, você não deve aprender o Kathakali ou uma dança balinesa". Mas agora estava tudo lá. Era intrigante, impressionante e bastante grotesco. O que fazer com todas aquelas maravilhas?

Com o passar do tempo, foi ficando claro para mim que o trabalho em cima de um espetáculo nascia das improvisações dos atores. Podiam ser materiais ligados a um tema ou partituras físicas e vocais ligadas a um texto ou a uma canção. Numa fase seguinte, eu montava esses materiais relacionando-os à história ou ao texto escolhidos anteriormente. Por isso não era assim tão estranho que eu ficasse tentado a usar o "furto" dos atores num próximo trabalho.

Eu havia escolhido a vida de Bertolt Brecht como ponto de partida para um novo espetáculo: um artista que, sendo leal às suas ideias, é obrigado a abandonar sua pátria e partir para o exílio. Eu via alguns paralelos com o Odin Teatret: tínhamos perdido nossa língua porque vivíamos num país estrangeiro; fazíamos espetáculos para poucas pessoas, assim como Brecht também escreveu para poucas pessoas no período em que o nazismo não permitiu que imprimisse seus livros em boa parte da Europa. Nós também nos perguntávamos como fazer oposição à violência desse mundo com o protesto simbólico do teatro. Eu me sentia um parente de Brecht.

Queria começar o espetáculo descrevendo o retorno de Brecht a Berlim Oriental, depois da guerra e da queda do nazismo: falaria da opressão do regime socialista, da sua silenciosa oposição e da sua necessidade de criar, com o teatro, um oásis de liberdade. Eu poderia inserir alguns *flashbacks*, mostrando os lugares onde ele ficou um tempo, as pessoas que havia encontrado, um espetáculo de cabaré em Paris ou a famosa demonstração de Mei Lanfang em Moscou. Achava que as danças balinesas e indianas que meus atores tinham acabado de aprender poderiam ilustrar o interesse de Brecht pelo teatro asiático. Também pensava que a moldura do espetáculo poderia ser Brecht dirigindo *O Círculo de Giz Caucasiano*.

Avançávamos com os ensaios, o trabalho estava vivo e ia ganhando feições indecifráveis. O embrião do espetáculo se movia em ziguezague e tomava direções inesperadas. A cada semana o trabalho evoluía, mas eu não conseguia me orientar.

De repente chegou um convite para participarmos do Festival de Århus. Faltavam só três meses. Eu precisava decidir. Foi então que ficou claro que não estrearíamos o espetáculo sobre Brecht em Århus.

Hoje sei que trabalho melhor sob pressão, com a faca no pescoço. Se tenho todo o tempo do mundo à disposição, não termino nunca.

As cenas que tínhamos elaborado com a intenção de representar a vida de Brecht se desenrolavam numa sucessão de quadros extraordinários, com uma grande quantidade de músicas e danças. Era uma visão parecida com aquelas que resultam da euforia do ópio (mesmo que eu nunca tenha tido essa experiência), em que aparições e paisagens oníricas se misturam e se sobrepõem. Agora que essas mesmas cenas tinham que se transformar num espetáculo e contar uma história que não fosse a biografia de Brecht, comecei a procurar um fio condutor que ajudasse o espectador a acompanhar a ação cênica. Pensei em Marco Polo. Depois de abandonar sua pátria e atravessar, por anos e anos, terras impérvias e desconhecidas, Marco Polo ditou suas memórias. Suas aventuras pareciam tão incríveis e exageradas que o viajante veneziano acabou sendo chamado de "o Milhão": tudo o que ele contava dos países que havia visitado era um milhão de vezes maior, mais bonito, mais profundo, mais alto ou mais largo que aquilo que existia e se conhecia na Europa.

A temporada em Carpignano tinha me revelado explicitamente aquela força fecunda que habita a serendipidade, o método de se usar coerentemente o acaso para se chegar a novas descobertas. O perfeito exemplo da serendipidade é Colombo, que, velejando até a Índia, acaba desembarcando na América.

O Milhão – foi assim que intitulei o novo espetáculo, definindo-o como "Musical".

Iben Nagel Rasmussen

Para os atores, o treinamento se tornou uma oportunidade de independência, a chave que pode abrir as portas de espaços sempre novos.

Temos que surpreender o Eugenio. Adoro quando ele fica de boca aberta, confuso. Depois é ele que, de repente, surpreende todo mundo, dando ao trabalho um rumo que ninguém teria imaginado: perspectivas ou significados que não poderíamos idealizar ou calcular.

O PESCADOR

Nós o chamamos de "o viveiro de peixes".

Todo dia, de manhã, fazemos o treinamento durante algumas horas para desenvolver o que queremos.

Foi o Eugenio que teve essa ideia. Ele observa tudo sentado em sua cadeira, com a paciência de um pescador, esperando que aqueles peixinhos que ele colocou na água se transformem em grandes salmões.

Tage dá voltas ziguezagueando com um monociclo. Torgeir caminha com o peito todo estufado, vestido de xeique, com seu capuz e de óculos escuros. O que será que aquele homem está pensando? Roberta passa segurando um guarda-chuva e com um vestido preto que faz fru-fru. Eu estou usando uma peruca verde e faço o maior estardalhaço com um novo trompete. Alguém canta segurando um microfone enquanto os outros ampliam a banda musical do grupo pegando mais uma trompa.

Tudo bem, ideias não faltam. Mas, na verdade, o que estamos pescando?

O novo espetáculo está sendo chocado no ninho dos nossos pensamentos. E tratará de Bertolt Brecht.

Vou interpretar a muda Kattrin. Else Marie será Mãe Coragem. É o que surgiu de mais estimulante nos últimos tempos. Ouvimos as canções de Brecht cantadas por Lotte Lenya, Gisela May, Sonja Kehler e por várias outras pessoas; lemos suas obras teatrais e os livros sobre a vida dele.

No "viveiro de peixes", começo a trabalhar em cima do meu personagem. Como será que Kattrin se senta, como ela caminha, pula ou dança? Como usa seus braços e suas mãos? Se ela é mesmo muda como no texto de Brecht, talvez possa falar com as mãos. Eugenio apoia a minha ideia de aprender, num curso noturno, a linguagem gestual dos surdos-mudos.

No texto de Brecht, Mãe Coragem tem uma carroça. Else Marie pede para construírem uma estranha carcaça quadrada, uma caixa que fica na vertical, ou, com um pouco de boa vontade, uma tenda, e ela sai carregando essa carroça-tenda sem rodas.

Torgeir, que interpreta Bertolt Brecht, substitui sua roupa de xeique por um terno preto e uma cartola bem alta. Eugenio diz que ele tem que carregar uma mochila: durante todo o espetáculo, Brecht – que está exilado e é perseguido – tenta fugir.

Na sala de trabalho há uma geração inteira de "filhos adotivos". Eugenio não queria novos alunos, mas permitiu que seus atores os adotassem se assumissem todas as responsabilidades: pedagógicas e econômicas.

São eles: Toni [Cots], Silvia [Ricciardelli], Francis [Pardeillan] e Julia [Varley]. Os dois primeiros participaram da Brigada Internacional.

A ILHA DAS PALMEIRAS

Aqui faz muito calor e é úmido demais. Chegamos a Ubud, Silvia, Toni e eu, com poucas malas num taxi-caminhonete lotado. Eugenio nos mandou embora do teatro por três meses, então achamos que Bali seria o lugar mais interessante para estudarmos. Ele concordou, achou que nossa temporada lá seria muito inspiradora para o novo espetáculo sobre Brecht.

Alguns amigos nos disseram que o pintor dinamarquês Ejler Bille deveria estar em Ubud. Talvez possa nos ajudar a estabelecer contatos com professores de dança locais. Deve ter informações sobre os templos e os rituais.

É verdade, Ejler Bille mora no meio de uma Ubud ainda incontaminada, passeia como se estivesse em sua casa, discute sobre pintura com seu amigo javanês, Anton, e fala com uma lagartixa que há tempos mora em cima da porta de entrada do palacete que alugou lá no alto da cidade: a casa do príncipe. Ele e sua mulher Agnethe nos dão as boas-vindas e, graças à família real de Ubud e ao Anton, rapidamente encontram uma casa, que fica no vale da periferia da cidade, onde podemos morar e trabalhar sem sermos incomodados.

Levamos os instrumentos musicais e nossas roupas de treinamento pra lá, nos organizamos nos dois cômodos da casa. Ali ao lado tem um terraço que podemos usar como espaço de trabalho. O lugar idílico é circundado por coqueiros e pés de hibisco.

A música do gamelão – a orquestra de metalofones – ecoa pela cidade toda. As pessoas passeiam com sarongues muito vistosos, equilibrando os mais inacreditáveis objetos em cima da cabeça.

Não é difícil encontrar um professor de dança. Dois dias depois, em nosso terraço, os três já estão fazendo aulas de *Baris*, uma vigorosa dança masculina. Nosso professor se chama Tutur. Ele não pode se apresentar com essa dança, pois quando era criança perdeu um olho ao escalar um coqueiro. Não entendemos muito bem se foi um coco ou um ramo do coqueiro que atingiu o olho dele. Mas desde então ele ficou cego e seu olho não abriu mais.

Em compensação, ele fica entusiasmado com nossa maneira de movimentar os olhos, os pés, os braços e as mãos. Em Bali, é normal ajudar os alunos, principalmente com a difícil posição dos braços. O professor se move atrás do aluno e conduz seus movimentos corpo a corpo. Por alguma razão, o Tutur sempre escolhe a Silvia. Eles têm a mesma altura, ela é loura e exuberante em toda a sua feminilidade. Toni e eu olhamos pra eles com o rabo do olho, incomodados.

Todo dia o Ejler Bille passa por lá para acompanhar o desenvolvimento da nossa dança. Às vezes aparece de bermuda e segurando uma daquelas grandes redes de pegar borboleta. "Sei que não é legal fazer isso" – ele diz, enquanto caminha na ponta dos pés até a beira do rio com a rede lá no alto – "mas olhem só as cores, não são maravilhosas?" Temos que dar razão a ele.

Às vezes sentamos os três juntos, ao redor de um copo de vinho de arroz, e ficamos ouvindo uma exótica sinfonia de lagartixas e rãs coaxantes.

Dividimos nossas jornadas de trabalho em blocos distintos: 1) o habitual treinamento do Odin Teatret; 2) a composição de novas cenas e novos números; 3) o desenvolvimento dos nossos clowns musicais, usando saxofone, castanholas e acordeão; 4) a dança *Baris* comandada por Tutur. O chão do terraço fica encharcado de suor, assim como nossas roupas de treinamento. Por alguma razão, os balineses não suam, e um bando de mosquitos fica atacando nossa carne rosada, enquanto a população local é deixada em paz. Às vezes um pequeno grupo de pessoas, quase sempre crianças, fica acampado na frente do nosso terraço para assistir às nossas aulas com Tutur. "Fortes, muito fortes", eles gritam. Vemos nossos músculos espelhados em seus olhos sorridentes e quase desistimos. Como ousamos acreditar que podemos nos aproximar, ainda que de leve, de uma dança que nasceu dessas criaturas tão esbeltas e graciosas?

Apesar da dúvida, ampliamos nosso repertório: Silvia e eu recebemos aulas de *Legong* – uma dança feminina – da princesa Rai, cujo filho é o proprietário da casa onde estamos morando. Nesse meio-tempo, Toni aluga uma moto e viaja pela pista esquerda da estrada até a capital Denpasar, onde encontrou um professor de *Pencak*, uma arte marcial simiesca que, nos dias de hoje, também é considerada dança.

Ejler Bille nos diz onde podemos comprar tecidos maravilhosos. Tutur conhece um homem que confecciona instrumentos musicais. Ele mesmo vai nos ensinar a tocá-los. Resolvemos levar pra casa um grande *gong* e alguns *rejongs*, que são pequenos xilofones indonésios. Nosso vizinho sabe fazer *ombrellones* cerimoniais com franjas magníficas. Segundo Tutur, será impossível mostrar o *Baris* na Dinamarca sem ter um figurino de verdade, com coroa e tudo. "E como voltar sem máscaras?", nos pergunta Anton. Elas são a essência da dança balinesa.

Sem sombra de dúvida, o Eugenio vai arregalar os olhos. Isso se conseguirmos levar tudo pra casa. Pesamos as malas, elas superam de muitos quilos o limite permitido. Começamos a inventar uma bagagem de mão bastante extravagante. Silvia chega a colocar um *rejong* de metal na cabeça como se fosse um chapéu.

A viagem de volta para Holstebro é desconfortável. Estamos sentados, mas espremidos entre *ombrellones* e cestas de folhas de palmeiras. Pensamos nas últimas palavras do Bille: "Se todo mundo fizesse como vocês, o avião cairia".

VOLTANDO PRA CASA

Estamos todos amontoados do lado de fora da sala branca. Quando entramos, somos atropelados por um cheiro de incenso super forte.

Tom [Fjordefalk] está irreconhecível dentro de um figurino feminino de Kathakali, cheio de detalhes dourados e com uma peruca preta bem comprida. Seus olhos azuis-claros brilham em nossa direção no meio daquele rosto tão maquiado que mais parece uma máscara. Só que a máscara vive: ela levanta a sobrancelha como se estivesse maravilhada, sorri deliciosamente e vibra com o canto da boca meio dobrado pra baixo para expressar aflição. Tudo isso enquanto um gravador está tocando música indiana e o Tom nos mostra, com passos de dança e usando os *mudras*, o drama que aprendeu de seu mestre indiano. Quando o espetáculo está quase acabando e a mulher se transforma num terrível demônio dentudo que grita como se estivesse prestes a morrer, ficamos todos de boca aberta e chegamos a esquecer o desconforto dos bancos do teatro.

O grupo de Bali preparou a sala preta. Perambulamos entre os longos pedaços de tecido que penduramos no teto da sala. Daquele jeito pareciam bonecos, porque tínhamos colocado máscaras grotescas e divinas lá em cima. As cores brilham, alguns tecidos são perpassados por fios de prata. O grande *ombrellone* branco de franjas vermelhas, usado em cerimônias e procissões religiosas, foi colocado num canto. O *gong* e os seis pequenos *rejongs* estão arrumados junto de algumas cestas das quais transbordam cintos de seda coloridos, coroas douradas e algumas asas de Garuda, o pássaro sagrado.

Assim como Tom, nós também temos uma fita cassete com a música original. Dançamos o *Baris*, Silvia mostra o *Legong* e Toni apresenta o *Pencak*. Encerramos com o número grotesco dos clowns musicais.

Eugenio parece surpreso e confuso. A confusão não diminui quando Else Marie, depois que voltamos para a sala branca, apresenta seu número inspirado no vodu: um personagem cruel que está sobre pernas de pau estrangula uma criança-fetiche que ela chamou de *dajak*. Ou então quando Julia e Tage seguem o ritmo do tango, da valsa e do chá-chá-chá, com ousadas combinações acrobáticas que eles aprenderam numa escola de dança de Struer, uma cidadezinha que fica a uns dez quilômetros de Holstebro. Isso para não falar de Roberta e Francis, que, com roupas de samba bastante coloridas, começam apresentando as danças do candomblé e a capoeira, e terminam nos convidando para comer uma típica sopa brasileira de peixe.

"Mas o que vamos fazer com Brecht?", pergunta Eugenio enquanto se apoia em Torgeir, o único que não aprendeu nenhum tipo de dança exótica. Brecht esperou pacientemente. De mochila, óculos redondos e charuto.

O FILHO BASTARDO

Torgeir é Bertolt Brecht, que assiste a um número exótico após o outro. Ele está fugindo com sua mochila. Fuma charuto e usa óculos redondos.

Nossa orquestra ficou bastante grande, com instrumentos balineses, trompete, corneta, saxofone, trombone e uma bateria tocada pela Roberta. Else Marie apresenta seu número de perna de pau ao som de "Mack the Knife", da Ópera dos Três Vinténs, e o número de candomblé da Roberta e do Francis é acompanhado pela canção "Jenny dos Piratas". As coisas não mudam, e, tomando cuidado, fazemos uma tentativa: "Eugenio, você tem certeza de que o espetáculo que estamos preparando vai falar de Brecht?".

"Sim, tenho certeza", ele responde, mas já não parece tão certo quanto antes. Agora Eugenio só pensa, sonha e fala de Brecht. Talvez por isso ele seja o último a se dar conta de que estamos preparando nosso segundo espetáculo de dança (o primeiro foi *O Livro das Danças*). Após quatro meses de ensaio, esse espetáculo estreará na Praça Clemens, durante o Festival de Århus, chamando-se *O Milhão*.

X

CINZAS DE BRECHT[1]

Eugenio Barba

Mesmo hoje, não tenho a sensação de ter recebido algum dom especial. Nem de possuir uma técnica, um saber ou determinadas qualidades. Cada vez que me comprometo a trabalhar num espetáculo, eu hesito, pensando em como será difícil e cansativo. Tenho consciência de que "isso" só acontecerá se eu conseguir ir além das minhas próprias capacidades.

Em *Cinzas de Brecht*, a dificuldade estava no próprio tema.
Comecei a me aproximar de Brecht graças a um encontro casual, em Berlim, com uma senhora da Alemanha Oriental. Eu tinha sido convidado para ir até a cinza e socialista Alemanha Oriental em ocasião do aniversário dos oitenta anos de Brecht. Foi lá, durante uma pausa das comemorações, que essa senhora começou a me confessar o quanto Brecht foi importante durante seus anos de estudo. Ela falou dos espetáculos do Berliner Ensemble e de quanto estar naquele teatro representava "tomar um pouco de ar": era um oásis onde se tornava possível respirar oxigênio numa época em que o regime ameaçava sufocá-la. No final, ela sussurrou uma exclamação que

---

[1] *Cinzas de Brecht*. Primeira versão: 1980-1982. Segunda versão: 1982-1984. Dedicado a: Jens Bjørneboe. Atores: Torben Bjelke (apenas na primeira versão)– Roberta Carreri – Toni Cots – Tage Larsen – Francis Pardeilhan – Iben Nagel Rasmussen – Silvia Ricciardelli – Ulrik Skeel – Julia Varley – Torgeir Wethal. Montagem dos textos e Direção: Eugenio Barba. Espaço Cênico e Figurinos: Odin Teatret. Conselheiro Literário: Nando Taviani. Número de Apresentações: 166. Estreia: Holstebro, março de 1980. Última apresentação: Holstebro, outubro de 1984. Turnês: Alemanha Ocidental, Colômbia, Dinamarca, Espanha, Estados Unidos, França, Israel, Itália, México, Noruega, Polônia, Suécia.

me surpreendeu: "E também não podemos nos esquecer de que Brecht é o maior poeta do nosso século!".

De volta a Holstebro, lancei-me sobre as poesias de Brecht e tive que admitir que ela tinha razão. Elas envolviam sensibilidade e ironia, paixão, raiva e vulnerabilidade, uma variedade de requinte subjetivo antes desconhecida por mim. O contraste disso tudo com a produção de seus textos teatrais me deixou impressionado. Reconheci nossa situação. Desde *Min Fars Hus* e *Come! And the Day Will Be Ours*, eu me dava conta de que nossos espetáculos – sem que fosse nossa intenção – giravam em torno de alguns acontecimentos da História com H maiúsculo, sacudidos por reações irracionais e forças emocionais extremamente pessoais aninhadas em cada indivíduo do grupo.

Em *Cinzas de Brecht* retomei o tema da viagem já presente em *Come! And the Day Will Be Ours*. Neste último, o tema era aquele da luta e da inflexibilidade dos emigrantes que abandonam seu próprio país em busca de melhores condições de vida. Já em *Cinzas de Brecht*, o eixo era o destino do refugiado que precisa enfrentar um exílio involuntário. Observando a vida do escritor alemão desse ponto de vista, evitei um problema no qual tinha medo de ficar preso: as teorias que ele elaborou, mas que, na verdade, pouco praticou.

O tema me deu a possibilidade de focar na condição do intelectual numa época de violência. Eu estava ficando cada vez mais irritado com o desaparecimento do mito de Brecht. Todas as pessoas que antes nutriam grande entusiasmo por ele, agora se afastavam de suas teorias e de sua obra. Era chegada a hora de defender Bertolt Brecht. Estávamos no final dos anos 1970, a reflexão sobre o regime comunista e sobre uma sociedade mais justa estava cada vez mais presente na minha mente. Havíamos apresentado alguns dos nossos espetáculos em países socialistas, como a Polônia e a Iugoslávia, e ainda tínhamos muitos contatos por ali, num período em que o entusiasmo político estava diminuindo. Eu sentia a necessidade de fazer um espetáculo que se relacionasse "politicamente" com a sua época, mas sem cair numa espécie de *agitprop*.

Eu tinha algumas ideias que me pareciam bem interessantes: como tornar vivo o encontro entre Brecht e Mei Lanfang – o extraordinário ator chinês que demonstrou sua arte num quarto de hotel em Moscou? Como tornar visível o "efeito de estranhamento" de Brecht? Talvez eu fizesse o personagem principal falar em alemão durante todo o espetáculo. Brecht tinha feito isso durante todo o seu exílio para não perder a incisividade e as nuances de sua língua.

Mackie Messer traduziria para o dinamarquês, o inglês ou o italiano – dependendo do país onde estivéssemos – tudo o que Brecht diria em alemão. Assim Mackie Messer poderia comentar, com irônica distância, tudo o que Brecht afirmava. Poderia desdramatizar ou ridicularizar uma frase, ou então pronunciar uma asserção, dando-lhe um sentido completamente diferente. Esse seria um dos possíveis efeitos de estranhamento. Foi assim que consegui acabar com tudo o que poderia resultar patético ou enfático no personagem de Brecht.

No período anterior a *Cinzas de Brecht*, alguns atores tinham começado a criar sequências de ações e de cenas mais ou menos dramáticas em cima de seu personagem, independentemente do espetáculo. Foi uma experiência deliciosa. Os atores, por iniciativa própria, chegavam com propostas de figurinos, textos e canções. O mundo de Brecht – fosse ele literário, biográfico ou histórico – era uma mina de ouro de informações, estimulante para todos nós.

Não é complicado explicar quais são as bases do trabalho. O que significa técnica de direção, processo criativo ou composição? Na verdade, é simples: um espermatozoide encontra um óvulo. O óvulo começa a se dividir, a se tornar várias células que se multiplicam, agregando-se em órgãos e sistemas, para se transformar, enfim, num organismo complexo. A única coisa que o diretor deve fazer é estimular, proteger e conduzir esse crescimento maravilhoso, para que o processo de vida – que é selvagem e disciplinado ao mesmo tempo – não freie nem saia do trilho.
Mas o processo parte sempre do simples para chegar ao complexo.
Em *Cinzas de Brecht*, o que constitui os diferentes níveis do futuro organismo são os materiais criados pelos atores, as preexistentes poesias de Brecht, as canções, os personagens e os temas de seus textos teatrais. Depois havia os amigos e os adversários, as amantes e a mulher, os sonhos e as ilusões, os conflitos e os compromissos que precisavam ser extraídos do abundante apanhado biográfico. E ainda tinha o contexto político e histórico. No final dos anos 1970, havia a presença dos regimes socialistas nos países do Leste Europeu, e a invasão dos russos na Hungria e na Tchecoslováquia ainda era um fantasma rondando na memória. Eu podia criar conexões entre todos esses fatos.

A longa e paciente tarefa do diretor consiste em estabelecer ou identificar linhas de ação simultâneas e contrastantes, bem como frequentes interações, dentro de uma selva de dados, extraindo daí um conjunto de significados que atuem sobre ele mesmo e sobre cada um dos espectadores.

Depois de apresentarmos *Cinzas de Brecht* durante um ano, os herdeiros nos proibiram de usar os textos originais. Foi uma catástrofe. Para não perder o espetáculo, fizemos uma nova versão substituindo as poesias de Brecht por obras de poetas que o haviam inspirado ou que ele tinha copiado diretamente: Villon, Rimbaud, os chineses Li Po e Tu Fu ou outros escritores expressionistas alemães com os quais ele compartilhava o mesmo espírito. O texto da nova versão não era tão emocionante assim, mesmo que eu tenha ficado impressionado com o imenso trabalho que fizemos para chegar a essas fontes literárias. Mas, para mim, o espetáculo não era mais o mesmo. Eu ficava com saudade do som originário das palavras de Brecht.

Mas conseguimos terminar a segunda versão. Ninguém seria capaz de nos castrar ou de arrancar nossa independência. Nesse sentido, o espetáculo do Odin era uma homenagem seja à capacidade de sobrevivência seja ao individualismo de Brecht. Mas era também uma homenagem ao seu conselho de "dizer a própria verdade sem se deixar destruir".

Saindo em turnê com *Cinzas de Brecht*, constatamos que as reações dos espectadores mudavam completamente de acordo com o país aonde íamos. Havíamos sido convidados para o Festival Internacional de Jerusalém, em Israel. Queria aproveitar nossa temporada lá para estabelecer contatos e fazer Trocas com grupos e com o pessoal de teatro de origem judaica e árabe. Eu tinha conseguido encontrar possíveis colaboradores árabes e judeus fora da moldura da organização oficial. A experiência de Caracas havia mostrado como a presença do Odin podia se transformar numa iniciativa bem mais ampla, capaz de envolver ambientes e níveis sociais diferentes, podendo ser muito mais do que – apenas – a apresentação de um espetáculo. Mas, em Jerusalém, ficou claro que a direção do festival tinha conseguido sabotar, de modo elegante, esse nosso projeto. Não conseguimos organizar nenhuma Troca. A única coisa que fizemos foi apresentar *Cinzas de Brecht*.

Muitas cenas do espetáculo eram inspiradas na ferocidade da história. Entre outras coisas, havia um comunista judeu que se opunha aos nazistas, era derrotado e enviado para um campo de concentração. No final ele era visto como um *kapó*,[2] que transporta e dá cabo dos outros prisioneiros. Outra cena mostrava a *Kristallnacht*, a "Noite dos Cristais", quando quebraram as vitrines das lojas dos judeus. Tínhamos montado uma lâmina de vidro ao lado de uma das caixas que os espectadores da primeira fila usavam como mesa. Todas as mesas eram cobertas com toalhas brancas. Durante a cena, um ator que usava botas nazistas chutava e quebrava essa lâmina de vidro. Cenas desse tipo deixavam os espectadores de Jerusalém paralisados. Muitos tinham perdido um conhecido ou um parente, e, provavelmente, alguns tinham presenciado a Noite dos Cristais. No final do espetáculo, a reação dos espectadores era um longo e profundo silêncio.

Quando viajamos para Nova York com o mesmo espetáculo, fiquei impressionado com uma coisa: para os norte-americanos, a Segunda Guerra Mundial nada mais era do que aquilo que tinham lido nos livros ou visto nos filmes. Boa parte dos críticos norte-americanos elogiaram a dramaturgia, a competência e o envolvimento dos atores, ou seja, basearam-se em critérios estéticos. Mas só os intelectuais de origem europeia – Jacques Chwat, o judeu que pedira asilo político nos Estados Unidos e que agora era professor universitário, e Johannes Birringer, o refugiado da Alemanha Oriental – é que perceberam a crueldade do jogo linguístico de Mackie Messer: o fora da lei que, ao traduzir as palavras alemãs de Brecht para o inglês e ao usá-las na terceira pessoa, se distancia das ações de maior carga emocional.

A percepção de um espetáculo está intimamente ligada à História. Não apenas à pequena história de cada um dos espectadores, mas à situação geral de um povo ou de uma nação, como também à sua memória.

Iben Nagel Rasmussen

Na verdade, não gosto muito de ser direta, assim como não gosto que me digam o que devo fazer. Preciso encontrar meu material sozinha e desenvolver minha própria linguagem. Isso significa que, para mim, o trabalho com o diretor é um encontro.

---

[2] Em *Lagersprach* – a gíria utilizada nos campos de concentração nazistas – indicava o prisioneiro cuja principal função era vigiar e comandar os deportados. (N. T.)

O FILHO PREFERIDO

Finalmente temos um espetáculo "de verdade", *Cinzas de Brecht*. Nada de mochila, óculos ou charuto. Já usamos tudo isso em *O Milhão*. Agora, Brecht só tem uma velha mala de couro que contém uma máquina de escrever e seus próprios livros, que haviam sido proibidos na Alemanha nazista.

É como se *O Milhão* e a longa viagem dos atores tivessem sido uma barragem que desapareceu, de uma hora pra outra, para deixar as ideias jorrarem com uma força irresistível.

Eugenio nunca tinha criado uma moldura histórica tão rica. Os acontecimentos e os personagens são abundantes: o próprio Brecht, Helene Weigel, vários personagens das obras de Brecht, o suicídio de Walter Benjamin, a morte de Margarete Steffin, o incêndio do parlamento em Berlim e a Noite dos Cristais, quando milhares de lojas dos judeus foram quebradas e saqueadas. Eugenio pinta esse gigantesco afresco sobre a vida e o destino de Brecht com pinceladas tão densas e com tal simplicidade e sinceridade nas imagens e nos meios expressivos que até nós, atores, que assistimos a tudo de dentro, percebemos esse espetáculo como algo único.

No final, são introduzidos mais objetos do que estamos acostumados. O leito de Brecht moribundo, ao ser colocado de lado, pode se transformar na penteadeira do camarim de Helene Weigel ou numa barricada de onde as pessoas cantam e incitam o povo. Se Arturo Ui aparece segurando, de forma ameaçadora, uma daquelas pedras de pavimentação conhecidas como "carvão gigante", ela se torna imediatamente um símbolo de violência ao derrubar um judeu. E logo depois vemos um judeu, com as mãos enfaixadas por trapos, despedaçando essa mesma pedra a golpes de martelo num campo de concentração. Ou então ela reaparece para mostrar a história da água que, com o passar do tempo, escava a pedra. Um barril é um barril, mas depois forma uma barricada, vira uma cadeira ou se torna símbolo daquela terra, instável e precária, sobre a qual Brecht apoia os pés: agarrado à sua mala e à sua máquina de escrever, ele luta para se manter em equilíbrio enquanto o barril fica rolando, perigosamente, pra frente e pra trás.

Pinceladas densas, sim, mas com aquela precisão nos mínimos detalhes que sempre alcançamos após intermináveis ensaios. Como, numa única imagem, representar o prédio do Parlamento queimando sem atearmos fogo – de verdade – na bandeira vermelha, para não corrermos o risco de sermos perseguidos pelo Corpo de Bombeiros? Arturo Ui pega um isqueiro e parece atear fogo na bandeira. Na verdade, ele *simplesmente* puxa um fio que faz a bandeira cair no chão, e, enquanto isso, uma nova bandeira – toda queimada e rasgada – surge no meio de uma chuva feita de pedacinhos de tecido carbonizado.

Alcançar a qualidade desses efeitos implicou nada menos que dias e dias de ensaio. Ficamos quase malucos com isso, bem como com a tarefa "numa chuva de pedacinhos de tecido carbonizado". Tom interpreta Walter Benjamin, que se suicida. Mas ele fecha o espetáculo como uma alma aristocrática que flutua no espaço com um longo vestido azul claro, e, ao som de uma canção alemã de taberna, ele dança – rodando, rodando e rodando – junto de Mackie Messer.

Vaga-lumes brilham na escuridão da sala enquanto os atores, em coro, cantam "Am Grunde der Moldau", de Brecht, com vozes fúnebres e profundas. Quando a porta fica escancarada, entra uma luz forte e branca, daquelas que cegam. E junto das risadas barulhentas de Brecht e das marteladas das teclas no rolo de sua incansável máquina de escrever, ouve-se o eco de sua voz, que diz: "Não se deixem seduzir". Os vaga-lumes são feitos com aquelas lampadinhas minúsculas na ponta de um bastãozinho. Eugenio quer obter o efeito do voo, do deslocamento contínuo no vazio. Podemos fazer as luzes piscarem pressionando uma parte do fio contra uma pequena bateria que está presa na base do bastãozinho. No início, alguns acabam fazendo longos rastros de luzes ao invés de um único ponto luminoso. Algumas lâmpadas eram grandes demais e precisavam ser cobertas com fitas adesivas pretas. Só que depois eram pequenas demais, ou não se moviam segundo o ritmo desejado. Os ensaios não terminavam nunca....

As caixas que usamos para embalar nossas coisas durante as turnês são transformadas em mesinhas de bar. Na parte de baixo fixamos as pernas das mesas, que são cobertas com toalhas brancas muito bem passadas. Eugenio avisa que não teremos mais do que 36 espectadores, ou seja, esse é o número de lugares ao redor das mesas. Toda essa organização deverá evocar um cabaré de acesso limitado.

Continuamos apresentando *Come! And the Day Will Be Ours*. Para não nos esquecermos da montagem provisória e das cenas já esboçadas, levamos todos os objetos nas nossas turnês e fazemos ensaios frequentes. Para cada ensaio, Eugenio convida 36 espectadores escolhidos a dedo. Mas a limitação já começa a se tornar um problema nessa fase inicial. Jovens estudantes e amigos ficam do lado de fora com a cara triste, reclamando porque querem entrar. Então o número de espectadores acaba sendo aumentado. As mesinhas exclusivas com suas toalhas brancas ficam onde estão. Mas atrás delas montamos uma arquibancada e, no final, *Cinzas de Brecht* acaba sendo nosso espetáculo com o maior número de público.

TERREMOTO

Outono de 1982. Eugenio convoca todo mundo para uma reunião na sala branca. "Vocês têm que usar suas melhores roupas" – ele avisa –, "procurem suas melhores roupas de festa."

Ele está sério quando chegamos de salto alto, saias farfalhantes e vaporosas ou camisas que acabaram de ser passadas. Temos o pressentimento de que algo irá acontecer e que, provavelmente, aquela não será uma festa qualquer.

Ele começa dizendo: "A turnê do ano que vem já está marcada. Toni organizou a viagem para a Espanha". Toni é de Barcelona. "Ele trabalhou durante muito tempo para colocar esse projeto de pé, e eu tenho total confiança em sua capacidade para enfrentar qualquer tipo de problema técnico, prático e de organização que possam vir a encontrar. Vocês vão apresentar *Cinzas de Brecht* e *O Milhão*. As atividades ao ar livre girarão em torno de *Anabasis* e *Johann Sebastian Bach*. Com a ajuda de Toni" – ele continua – "planejei uma Casa do Odin em Brunete, que fica perto de Barcelona, em Valência e em Madri. Lá vocês também vão apresentar o treinamento e os filmes. Além disso, cinco dos nossos amigos e estudiosos italianos seguirão vocês aos lugares onde será fixada a Casa do Odin. Eles vão dar palestras nas universidades. Nando [Taviani], Franco [Ruffini], Fabrizio [Cruciani], Nicola [Savarese] e Piero [Giacché]. Não vou viajar com vocês dessa vez. Decidi ficar um ano fora do teatro. Boa viagem!"

Eu já esperava por isso. Estava no ar que o Eugenio ia tirar um ano sabático.

Voltamos em silêncio para nossos camarins. Eu divido meu camarim com o Toni. Por mais de um ano ele escreveu cartas e preencheu formulários, trabalhou como um louco o dia inteiro para levar o Odin Teatret e o Eugenio para a Espanha.

Agora ele chora, soluça, seu peito parece arrebentar.

SEPARAÇÃO

Estamos sentados na grande sala de reunião do teatro. Eugenio já voltou do seu ano sabático e temos que programar nosso futuro.

As coisas já foram decididas há muito tempo. Mas ainda há algo fatal no ar, até que tudo é explicitado.

Silvia vai deixar o teatro junto de seu filho Rune, que tem apenas três anos.

Toni vai deixar o teatro.

Eu não quero participar do próximo espetáculo.

Eugenio expõe as condições para quem vai ficar e trabalhar na nova produção. Parecem rígidas e nada inspiradoras.

Torgeir me segue com os olhos quando a reunião termina, e cada um vai embora por conta própria. Pela expressão dos seus olhos, ele acha que eu não vou voltar.

XI

O EVANGELHO DE OXYRHINCUS[1]

Eugenio Barba

No início, criar um espetáculo era como escalar uma montanha. Talvez haja neblina e não se consiga ver ao longe. Mas o cume está lá. Estou ligado a outras pessoas. Um passo em falso e o grupo todo cai, não serei o único a cair. É preciso buscar desvios. Às vezes você acha que está descendo, depois descobre que era apenas uma passagem que levava lá pra cima. Com O Evangelho de Oxyrhincus *teve início uma forma de trabalho totalmente diferente. Era como se eu estivesse caminhando na beira de um vulcão e, de repente, me jogasse lá dentro, sendo seguido por meus atores. Caíamos numa escuridão vazia, não sabíamos onde estávamos, se chegaríamos ao fundo ou onde íamos terminar.*

Muitas vezes trabalhamos em cima de um projeto sem termos um objetivo preciso: estávamos lá, simplesmente, trabalhando. Não tínhamos a intenção de alcançar um resultado final ou que pudesse ser mostrado. No entanto, em certas situações, vimos que trabalhar "casualmente" ao redor de um tema nos fez identificar um núcleo que, mais tarde, tornou-se um dos pontos de partida para o espetáculo em si. Uma sementinha que deu impulso a alguma

---

[1] *O Evangelho de Oxyrhincus*, 1985-1987. Atores: Roberta Carreri – Else Marie Laukvik – Tage Larsen – Francis Pardeilhan – Julia Varley – Torgeir Wethal. Texto e Direção: Eugenio Barba. Assistente de Direção: Christoph Falke. Espaço Cênico: Luca Ruzza/Odin Teatret. Figurinos: Lena Bjerregaard/Odin Teatret. Conselheiro Literário: Nando Taviani. Número de apresentações: 214. Estreia: Holstebro, março de 1985. Última apresentação: Holstebro, junho de 1987. Turnês: Alemanha Ocidental, Argentina, Áustria, Dinamarca, França, Hungria, Itália, Iugoslávia, México, Noruega, Suécia, Uruguai.

coisa que depois cresceu dentro de mim e dos atores. Com *O Evangelho de Oxyrhincus* também foi assim.

Tínhamos trabalhado muito tempo em cima de um conto de Borges: "O Morto". É a história de um jovem que se une a um grupo de fora da lei no Uruguai. Um ano depois, quando começamos os ensaios para o novo espetáculo, parecia que as experiências daquele projeto voltavam à tona.

Deixei-me levar por várias perguntas. Do ponto de vista dramatúrgico, teria sido possível criar um espetáculo composto por diferentes fios narrativos, por eventos e histórias que não tivessem uma conexão recíproca, tudo isso entrelaçado de tal maneira a ponto de formar um "texto" orgânico que funcionasse em cena?

Será que eu conseguiria criar uma narrativa dramática com ações concretas e precisas que, ao mesmo tempo, fossem suficientemente ambíguas ao ponto de serem interpretadas como histórias diferentes, dependendo dos títulos que eu tivesse dado?

O núcleo emocional de *O Evangelho de Oxyrhincus* nasceu de uma experiência concreta.

Visitei Grotowski quando ele estava exilado na Califórnia, esse lugar tão angustiante e insípido do planeta. Em seu minúsculo e modesto apartamento, falávamos da Polônia e das condições de vida após o golpe de Estado do general Jaruzelski, em 1983. O exílio de Grotowski havia suscitado, em mim, uma aversão emocional, aquele senso de impotência – sim, de ódio – que o stalinismo e os ditadores costumam provocar. Outro evento desse tipo que já tinha mexido profundamente comigo foi o golpe de Estado do Chile, em 1973. No magma da minha imaginação, era como se o general Pinochet e Jaruzelski se fundissem numa figura única, provavelmente porque os dois costumavam usar óculos dc sol.

Meus pensamentos começaram a navegar num cenário mais ou menos assim: alguns fora da lei se juntam, acham que são grandes personagens míticos e históricos e passam a se comportar como eles. Pedem para serem chamados de: Sabbatai Zevi, o falso Messias do século XVI; o Grande Inquisidor; Antígona e seu irmão Polinice; Joana D'Arc. Eu imaginava que, mudando o título do espetáculo todas as noites e fazendo valer a teoria das associações do espectador, a peça seria recebida de forma radicalmente diferente.

Outro mundo que eu nunca tinha visitado, mas sobre o qual havia lido bastante, começava também a aflorar: o Brasil. Eu era fascinado pelas histórias dos cangaceiros, os fora da lei do sertão, uma região árida do nordeste brasileiro. Em alguns casos, eles e seus feitos heroicos eram associados a Robin Hood; em outros, testemunhos revelavam que eram capazes de atos desumanos e cruéis, dificilmente compreensíveis.

Outra pergunta que eu me fazia era de ordem técnica: será que os atores seriam capazes de criar partituras físicas que partissem de algo "frio" para, só depois, dar a elas uma "alma"? Usei a imagem do mármore. As sequências das ações fixadas pelos atores eram o *mármore*. Durante os ensaios, essas ações precisavam ser elaboradas, assim como um escultor dá forma e anima seu bloco de mármore.

Fui até as últimas consequências. Pedi aos atores para formarem duplas e fazerem uma sucessão de ações e reações. Juntos, eles usavam e movimentavam uma cadeira, um bastão ou uma escada de maneiras completamente diferentes, uma ação após a outra: puxavam, empurravam, um levantava enquanto o outro abaixava, um se afastava enquanto o outro ficava no lugar, estendendo a coluna ou o braço, e por aí vai. As posturas e o desenho dinâmico que resultavam de tudo isso eram repetidos e fixados. Em seguida, retirávamos os objetos e as duplas eram separadas. Os atores repetiam a sequência sozinhos. Depois começavam a reelaborar as ações para relacioná-las ao texto ou às inúmeras ações cênicas.

Mais uma vez precisávamos resolver o problema da língua. Os atores do Odin vêm de vários países e falam línguas diferentes. Sendo assim, cada espetáculo é também a tentativa de alcançar uma coerência sonora e uma lógica linguística.

Eu sentia a necessidade de buscar uma musicalidade parecida com a do estilo recitativo de uma Ópera Lírica ou próxima ao gênero do Oratório. Procurava textos muito densos que possuíssem o ritmo e a força sugestiva de uma poesia, como já havia acontecido em muitos dos nossos espetáculos.

Eu já tinha lido sobre Oxirrinco, a antiga cidade grega do Egito onde haviam sido descobertas e trazidas à luz importantes coletâneas de textos gnósticos e de Evangelhos apócrifos. Parti desses textos para encontrar o arcabouço verbal do espetáculo. Estavam escritos em copto, a língua falada pelos primeiros cristãos e na qual foram escritos os primeiros Evangelhos. Uma língua que hoje está extinta. Naturalmente, tínhamos uma tradução, mas, durante o espetáculo, os atores se expressavam em copto. E foi assim que alcançamos uma qualidade sonora homogênea na linguagem.

À medida que o trabalho sobre o espetáculo avançava, eu me dava conta de que o personagem de Sabbatai Zevi, o falso Messias, na verdade era Stálin. E o que poderia ser mais sedutor do que expressar os pensamentos e as palavras de Stálin usando uma língua morta?

Um judeu hassídico, nômade e devoto aparecia no espetáculo procurando o Messias. Quando ele se deparava com outros personagens fora da lei que já tinham encontrado seu próprio Messias, abria-se um leque infinito de potencialidades de vida e de encontros, o que representava um crescimento incontrolável do ponto de vista dramatúrgico.

Com o passar dos anos, fui me dando conta do quanto é importante, no início, criar situações de trabalho que se revelem incoerentes e distantes entre si, e a força evocativa desses "pontos de partida" deve liberar uma série de estímulos tanto para mim quanto para os atores. Essa situação determina imediatamente muros e barreiras, exigindo esforços, desvios, limitações, percursos longos e aparentemente inúteis para que se encontrem soluções que tenham sentido e que possam se reconectar com o tema tratado. A vantagem de avançar dessa maneira, à la Sísifo, é evidente: em nosso colo caem resultados impensáveis e inesperados; assim, os atores e eu voltamos a trabalhar sem ficar automaticamente repetindo as mesmas maneiras de pensar e agir.

O primeiro obstáculo que criei dessa vez foi reduzir o espaço cênico a um corredor com menos de um metro de largura. Na mesma hora os atores começaram a se atrapalhar, saiam do limite dessa faixa quando se encontravam ou precisavam se ultrapassar. Para que não fossem imprecisos, tirei esse corredor do chão, deixando-o a um metro de altura. E foi assim que o corredor se tornou uma verdadeira passarela.

No que diz respeito às luzes, posso dizer que fiquei obcecado com Tiziano e Rembrandt. Achei que os próprios atores poderiam manipular fontes de luz para se iluminarem e para iluminar partes de seus corpos. Começamos usando velas, que podiam ser aproximadas de uma parte do rosto, da mão ou de um objeto qualquer. E assim, tanto o objeto quanto a mão se destacavam com clareza, enquanto o resto ficava na penumbra. Mas o que podíamos fazer para deixar as mãos dos atores livres, para que as velas flutuassem no ar ou estivessem prontas para serem apanhadas e usadas? Luca Ruzza – um arquiteto italiano que estudava no Odin Teatret e era capaz de acompanhar minha maneira excêntrica de pensar e de encontrar soluções originais – instalou trilhos no teto. E foi assim que as velas, fixadas em pequenos pratos pendurados nos trilhos através de correntes, podiam deslizar pra frente e pra trás, pra cima e pra baixo. Em seguida, resolvemos dividir o corredor/passarela ao meio, no sentido longitudinal, de modo que a intensa luz que vinha debaixo da estrutura atravessasse a minúscula fresta criada, que tinha aproximadamente um centímetro. Se um ator permanecesse no meio da passarela, parte do seu corpo ficava iluminada. Mas se ele ou ela se afastassem alguns centímetros daquela fresta, o espaço que voltava a dominar era aquele sombrio e cinzento.

Outro elemento que impedia os atores de se movimentarem como estavam acostumados eram os figurinos, volumosos e relativamente desconfortáveis. Na Colômbia, eu tinha comprado calças de couro para os *gauchos*, os caubóis latino-americanos. Mas os atores precisavam vesti-las não como calças, e sim como camisas ou mantos que parecessem asas, manuseadas de um jeito particular.

Em um espaço teatral – eu pensei – o ator é Deus onipotente. Mas o que é Deus? Deus é uma força que está presente em todo lugar, só que é invisível. Os espectadores tinham que perceber a presença dos atores em todos os lugares, mesmo quando não podiam vê-los. Então os atores também se movimentavam atrás dos espectadores, embaixo de onde estavam sentados, sobre suas cabeças e sob a passarela. De todos os lados chegavam vários tipos de som. Chamei isso de "carimbo da presença". Os espectadores ouviam toda aquela estrutura se mexendo, estalando: a presença dos atores – dos deuses.

Muitas vezes, no meu trabalho, depois de um espetáculo com uma evidente pegada histórica – como *Cinzas de Brecht* – vinha outro que tinha origem num mundo interior que eu não conseguia reconduzir, imediatamente, a acontecimentos históricos ou à vida real. Somente durante os ensaios, e às vezes só na reta final, consigo construir histórias, eventos e tramas de relações que ajudam a conduzir a atenção e a compreensão do espectador.

Estávamos nos anos 1980. A essa altura, o espírito de revolta e o movimento de subversão – que vieram à luz no início dos anos 1960, explodiram nos anos 1970 e alcançaram suas extremas consequências num período de terrorismo – já haviam desaparecido. Em 1985, olhando ao meu redor, eu tinha a sensação de que a revolta fora sepultada viva.

Sepultada viva. A imagem evocava a figura de Antígona. Certamente encarna outro tipo de revolta, mas ela é uma rebelde que, com um ato simbólico – um punhado de terra –, cumpre o rito de sepultamento do seu irmão. E é por isso que paga com a própria vida. Em nosso espetáculo, o falso Messias e seus compadres enterravam Antígona viva.

Juntos, Luca Ruzza e eu encontramos algumas soluções arquitetônicas e espaciais, como a entrada do público. Os espectadores entravam num espaço que havia sido pensado como uma tenda vermelha, dividida em duas com um pano vermelho. O espetáculo começava quando esse pano caía e o espectador tinha a sensação de ficar sentado diante de um grande espelho. Na verdade, ele via os outros espectadores, que tinham entrado pelo outro lado do pano.

Do ponto de vista dramatúrgico, eu não queria que o espectador ficasse muito tempo nessa ilusão cênica, ligando-se a um determinado personagem. As cenas podiam ser atraentes, ter ritmos acertados, cantos, cores e perfume de incenso. Tudo isso é um apelo às emoções e aos sentidos. Mas nos momentos de maior participação, surgia uma ação que detonava a ilusão cênica e interrompia o processo de identificação do espectador, que acabava sendo excluído.

Foi o espetáculo mais desagradável em cima do qual trabalhei. O tema era doloroso, ardia. Os espetáculos anteriores também despertavam reações desagradáveis em mim, mas não a esse ponto. É possível que isso acontecesse porque a trama do espetáculo tocava em alguns eventos da minha vida. Eu pensava em Grotowski, exilado nos Estados Unidos. Lembrava do Teatr-Laboratorium de Opole, onde tinha começado meu percurso de diretor e que agora está definitivamente fechado, com seus atores espalhados pelo mundo.

O Evangelho de Oxyrhincus se nutria de ódio. Foi o único espetáculo que não consegui ver mais de duas ou três vezes seguidas. Eu não aguentava. Foi por isso que nem sempre acompanhava as turnês daqueles anos.

Muitos espectadores não engoliam o espetáculo, enquanto outros achavam que era um dos espetáculos mais interessantes do Odin.

Para mim, sem sombra de dúvida, era o mais doloroso de todos.

XII

TALABOT[1]

Eugenio Barba

Poderíamos imaginar um ator criando materiais parecidos com o mar e outro ator apresentando algo que nos remete à lua. Existe a maré alta e existe a maré baixa, e isso vai além da nossa compreensão. Qual será a relação entre a lua e o temperamento do mar, independentemente daquele brilhante esplendor que ela deixa sobre as ondas? Muitos irão dizer: "Ah, olha esse lindo luar sobre a maré alta". Ou então: "Olha essa lua cheia brilhando sobre a maré baixa". Tudo bem. Mas é exatamente aqui que precisamos começar a nos perguntar, a investigar, a fazer conexões e a resistir, até nos darmos conta de que – caramba! – são as fases lunares que influenciam as águas. Não estamos falando apenas de uma paisagem estética ou poética. Você tem que captar essas forças ocultas e torná-las visíveis para o espectador.

Eu queria que *Talabot*, nosso novo espetáculo, falasse de uma realidade que pudesse ser reconhecida. Queria me deparar com a seguinte pergunta: quais são os motivos que levam um indivíduo a deixar seu país de origem e se aventurar numa realidade que ele não conhece e que não está esperando por ele?

---

[1] *Talabot*, 1988-1991. Dedicado a: Hans Martin Berg e Christian Ludvigsen. Atores: Cesar Brie (que depois foi substituído por Falk Heinrich)– Jan Ferslev – Richard Fowler – Naira Gonzalez (que depois foi substituída por Isabel Ubeda)– Iben Nagel Rasmussen – Julia Varley – Torgeir Wethal. Texto e Direção: Eugenio Barba. Assistente de Direção: Cesar Brie. Material autobiográfico e antropológico: Kirsten Hastrup. Espaço Cênico: Odin Teatret. Figurinos: Lena Bjerregaard/Odin Teatret. Máscaras: Klaus Tams/Odin Teatret. Conselheiro Literário: Nando Taviani. Número de apresentações: 279. Estreia: Holstebro, agosto de 1988. Última apresentação: Holstebro, outubro de 1991. Turnês: Áustria, Chile, Dinamarca, França, País de Gales, Alemanha Ocidental, Itália, Iugoslávia, Noruega, Peru, Polônia, Suécia, Suíça, Hungria.

Em *Come! And the Day Will Be Ours* já havíamos tratado do tema da imigração, ou seja, de pessoas que, por necessidade, tinham atravessado o mar rumo a um continente desconhecido. *Cinzas de Brecht* tratava de um exílio involuntário e do destino de um refugiado.

Mas ainda há um terceiro modo de viajar. Pessoas que sentem a necessidade de pôr o pé na estrada. Há quem chame isso de vocação. Atores que saem pelo mundo, missionários ou até um médico como Albert Schweitzer, que decidiu morar em Lambaréné, no coração da África. Por que será que não fundou um hospital na periferia de Bruxelas, onde havia tantos pobres e pessoas que precisavam da ajuda que ele podia oferecer? Por que os antropólogos viajam? Por que Ernesto Guevara não deu início à revolução em seu próprio país, na Argentina, em vez de ir para Cuba e para a Bolívia antes de morrer como "Che"?

Lendo suas biografias, fica-se com a sensação de que muitos partiam para resolver seus próprios problemas. Viajar, sentir-se estrangeiro em todo lugar: isso mascarava o mal-estar que sentiam quando viviam em seu país de origem.

Dois antropólogos tinham me inspirado: um era o francês Jacques Lizot, que eu e o Odin havíamos encontrado na Amazônia venezuelana, junto de uma tribo de Ianomâmis com a qual ele viveu por vários anos; o outro era o judeu alemão Franz Boas, o verdadeiro fundador da antropologia cultural, surgida no início do século XX. Ele havia emigrado para os Estados Unidos e foi o primeiro a desenvolver o que passou a ser chamado de "pesquisa de campo". Ele, que era estrangeiro duas vezes (nasceu judeu na Alemanha e, mais tarde, foi alemão nos Estados Unidos), legitimou sua condição de estrangeiro estudando outros estrangeiros. Eu queria fazer um espetáculo sobre Franz Boas.

Nesse meio-tempo, fiquei fascinado por uma ideia que tornaria esse espetáculo algo totalmente diferente dos anteriores. Seria uma reviravolta, uma dimensão totalmente nova: eu queria que a história girasse em torno de uma pessoa viva. Todos os dias os jornais falam de mães que matam os filhos. Será que eu poderia usar uma história equivalente, só que trazendo aquela misteriosa simplicidade que transforma a *Medeia* de Eurípedes num arquétipo?

Após várias iniciativas sem sucesso, quem casualmente encontrou a solução foi Peter Elsass, um querido amigo do teatro. Ele estava saindo com Kirsten Hastrup, uma antropóloga que tinha feito pesquisas de campo na Islândia. Querendo compartilhar comigo a alegria que ele sentia com a inteligência e o extremo profissionalismo de Kirsten, acabou me mandando alguns textos dela.

Tenho que confessar que fiquei bastante surpreso. Um dos ensaios dela, em particular, me impactou fortemente.

Nele, Kirsten fala de um episódio ocorrido numa fazenda islandesa durante uma de suas pesquisas de campo. Junto de alguns camponeses, ela tinha saído em busca de ovelhas espalhadas pelas montanhas. De repente surgiu uma neblina, que tomou conta do lugar como se fosse um véu impenetrável e leitoso. Eles a deixaram lá sozinha, em cima de um esporão rochoso, para tomar conta de uma ovelha que fora encontrada, esperando que as outras também fossem localizadas. E ali, enquanto ela estava agachada com o animal, lá no alto do esporão, eis que surge em sua frente um homem do *Huldrefolk*, uma criatura do "povo escondido" que, segundo as crenças nórdicas, aproxima-se silenciosamente das moças para seduzi-las. Quem sabe – escreve Kirsten em seu artigo –, de repente fui mesmo seduzida!

Após voltar à fazenda, à vida cotidiana e à sua escrivaninha, ela sabia que aquela experiência perturbadora não tinha nada a ver com os critérios típicos do mundo acadêmico. No entanto, para Kirsten, as percepções e as consequências psíquicas do encontro com aquela figura mítica eram *reais*, tanto que ela acabou se fazendo uma pergunta particularmente herética: o que é "realidade" para um antropólogo?

Eu ficava impressionado com a audácia de Kirsten ao se opor à tendência que domina o âmbito das matérias humanísticas: ela insinuava que o que é "vendido" como conhecimento objetivo é, na verdade, percepção subjetiva.

Comecei a me dar conta das várias vantagens da história de Kirsten Hastrup como tema para o nosso espetáculo. Ela era mulher, mãe de quatro filhos, divorciada, não tinha nem quarenta anos, tinha acabado de ser nomeada "professora contratada" e vivia com um dos nossos melhores amigos.

Marquei um encontro com ela e perguntei se aceitaria ser a protagonista do nosso espetáculo. Para minha grande surpresa, ela aceitou na hora, mesmo sabendo bem pouco sobre o Odin Teatret. Durante esse primeiro encontro, a Kirsten me contou alguns episódios de sua vida e, antes de nos despedirmos, pedi que ela colocasse uns cem deles no papel. Funcionariam como *insights*, concisos como histórias zen, cada episódio não ultrapassaria uma folha datilografada.

Quando os recebi e os li, vi que precisaria encarar alguns obstáculos.

A história de Kirsten era relativamente simples: uma jovem estuda e se forma em Antropologia, casa e tem quatro filhos. Ela se depara com os preconceitos acadêmicos e precisa enfrentar várias dificuldades. Luta contra as convenções, consegue o que deseja e parte para fazer pesquisa de campo junto de seus quatro filhos. Ela se divorcia, conhece a solidão e a ansiedade, até que outro homem entra na sua vida.

Como transformar essa sucessão de eventos biográficos extremamente comuns em uma história exemplar e mítica?

Antes de mais nada, eu precisava criar uma moldura. A primeira coisa que me veio à cabeça foi o *Huldrefolk*, o "povo escondido" que, na verdade, guia os homens. "Quem são eles?", eu me perguntei. "Os mortos", foi minha resposta. São os mortos que guiam os vivos.

Como será que os mortos poderiam cruzar com Kirsten durante a sua vida?

Ela tinha nascido em 1948, mesmo ano em que Antonin Artaud morreu. Será que eu poderia inserir Artaud no espetáculo? Ou trazer Che Guevara para a cena, já que ele era contemporâneo de Kirsten e havia inspirado a revolta estudantil que também fez parte de sua vida? E Knud Rasmussen, o aventureiro explorador do Ártico, ídolo de sua infância? Sim, os destinos dessas pessoas já mortas, representadas pelo *Huldrefolk*, deveriam se entrelaçar com a história demasiado humana de Kirsten Hastrup.

Depois surgiu outro problema: como mostrar visualmente os mortos através do "povo escondido"?

Resolvi usar alguns personagens da *Commedia dell'Arte*, já que detesto o modo como essa tradição é representada hoje em dia: um comportamento convencional e padronizado que, ao invés de tocar a profundidade, representa os seres humanos como se fossem "tipos". Para mim, é fundamental que um ator seja capaz de demonstrar sua individualidade – única e intransferível – como sendo, ao mesmo tempo, intensidade e vulnerabilidade.

Para introduzir os atores na tradição originária da *Commedia dell'Arte*, convidamos Nando Taviani, que há muitos anos é Conselheiro Literário do Odin Teatret e um dos maiores especialistas do tema. Queríamos que ele compartilhasse seu saber conosco.

Alguns anos antes, tínhamos ido até o Salento para preparar *Come! And the Day Will Be Ours* e ficar expostos a cores, perfumes, sons e impressões fora do comum. As consequências tinham sido totalmente diferentes do que havíamos imaginado. Então, o que aconteceria se a biografia de Kirsten, incrustada no contexto mítico do *Huldrefolk* nórdico e no meio daqueles exploradores polares, emergisse teatralmente numa outra cultura, por exemplo, sob um céu tropical?

Decidi que iríamos ao México e lá ensaiaríamos durante dois meses.

Alugamos duas casas próximas ao mar, na península de Yucatán, onde os atores e eu vivíamos e trabalhávamos. Ensaiávamos numa sala de uns vinte metros quadrados, uma limitação que gerou soluções imprevisíveis que deixariam sua marca no espetáculo.

Por causa da falta de espaço, tínhamos amarrado uma corda ao longo de todas as paredes para perdurarmos nossos objetos e figurinos. Durante o espetáculo, Iben – como Trickster – usou essa mesma organização espacial: ela prendeu um fio vermelho na ponta de quatro bastões compridos, formando uma espécie de quadrado, ou ringue, delimitando o campo de ação como se fosse um espaço mágico. É o exemplo de uma solução totalmente inesperada que nasceu de algo que, no início, parecia uma limitação – nesse caso, o espaço cênico extremamente reduzido. As consequências de situações desse tipo são sempre particulares, algo que não pode ser planejado, que aflora como a superação de uma dificuldade concreta, numa situação concreta.

Usei um novo procedimento quando estava trabalhando em *Talabot*. Pedi para cada ator escolher três dos cem episódios escritos por Kirsten. Depois deveriam encená-los. Eles tinham total liberdade e podiam dirigir as cenas uns dos outros sem que eu estivesse presente. E assim nasceram sequências, esboços de cenas e vários materiais já montados, que rapidamente juntei numa sucessão.

Eu via que algo estava mudando em mim, como diretor. Antes achava que a criação das partituras dos atores era a parte mais interessante do processo. Agora era mais importante escavar materiais em estado bruto para descobrir seus segredos e correspondências dissimuladas: como atravessar a densa evidência da artificialidade para, em seguida, alcançar aquela zona obscura que oculta um coração que bate num abraço de opostos? O ponto de partida pode ser banal, modesto, linear e ilustrativo, mas o desafio está exatamente aí. Eu me sentia atraído por esse paciente percurso de reelaboração, de destilação de uma infinidade de materiais. Precisava liberar o sistema nervoso de uma vida sufocada ou esquecida.

Todo dia repetíamos a montagem provisória das cenas. Havia muitas cenas, fragmentos e detalhes que eu não sabia como usar. Mas tinha aprendido a esperar, a suportar a insegurança.

Os atores já tinham me apresentado boa parte das soluções, ou seja, esboços de cenas. Mas ainda faltava uma conexão entre elas. Eu as observava do ponto de vista da contiguidade. Esses segmentos independentes eram: as partituras físicas dos atores ou as cenas que eles esboçavam; as canções que tinham composto ou improvisado; os textos de Kirsten Hastrup ou os livros que estávamos lendo sobre Artaud, Che Guevara e Knud Rasmussen. Sim, podia ser qualquer coisa que se relacionasse com o universo do espetáculo. Meu trabalho consistia em desencavar associações, assonâncias e afinidades entre esses elementos tão diferentes e divergentes. Logo depois que identificava ligações e conseguia estabelecer conexões sensatas, rítmicas ou que pudessem ser associadas, esse emaranhado de ações começava a se desenrolar seguindo diferentes justificativas, lógicas e significados. Descobrir essas ligações não significava inventar algo original, e sim encontrar relações que fossem novas ou que ainda não tivessem sido levadas em consideração, relações que criavam contextos inesperados para o espectador. Essa descoberta podia funcionar em diferentes níveis: narrativo, associativo, visual, dinâmico, auditivo, cinestésico ou de "dança". Como é que eu poderia explicar? Era como se, durante a passagem cotidiana das cenas, de repente eu visse surgir alguma coisa. "É isso!", eu pensava, e sabia que esse ou outro detalhe do espetáculo precisava ser protegido. Se cuidasse desses detalhes, o tecido conectivo do espetáculo teria se fortalecido e se desenvolvido. Era preciso salvaguardar essa pequena semente ainda sem voz, ficar perto dela, cuidar dela, para que pudesse se transformar na planta que deveria ser. Essa é a essência da minha técnica de diretor.

Em *Talabot* havia três novos atores: Richard [Fowler], César [Brie] e Naira [Gonzalez]. Naira tinha apenas dezesseis anos quando chegou ao teatro, trazia qualidades naturais que funcionavam muito bem: possuía frescor, luz e uma voz muito bonita. Chegou com aquilo que Zeami chamava de "a flor da juventude". No entanto, faltava-lhe a inteligência física que só aparece após muitos anos de treinamento e exercício.

Em compensação, César era muito bom no treinamento e tinha uma capacidade incomum para ser diretor de si mesmo. Mesmo vindo de uma experiência teatral distante da nossa, era capaz de criar materiais interessantes seguindo uma lógica pessoal. E não menos importante que isso: era capaz de dar vida cênica a esses materiais.

Talvez o caso mais particular seja Richard, que só começou a fazer um treinamento regular depois que chegou no Odin Teatret, tendo mais de 30 anos de idade. Era como se o treinamento se tornasse uma crosta em cima de outra cultura física. Ele achava que qualquer material proposto por um ator poderia ser utilizado. Mas nem sempre os materiais são ou podem se tornar orgânicos, e isso acabou virando um problema para nós dois, porque eu cortava ou eliminava a maioria de suas propostas. Era uma situação realmente delicada.

Por outro lado, era extremamente interessante observar esses três atores e compará-los aos veteranos do Odin e ao "conhecimento tácito" que já carregavam consigo: um conhecimento prático que já tinha sido incorporado pelo sistema nervoso. Normalmente, é um conhecimento ativo que não pode ser expresso por palavras, mas somente por meio de uma linguagem profundamente pessoal, com metáforas particulares e imagens simples e poéticas.

Quando César e Naira deixaram o grupo, entraram dois jovens atores alunos da Roberta [Carreri]: Isabel [Ubeda] e Falk [Heinrich]. Eles tinham que aprender as partituras exatamente como se fossem coreografias. Vimos que não era um processo fácil. Muitas das ações não puderam ser personalizadas, continuaram sendo "exteriores". A justificação interior e a lógica íntima não eram fortes o bastante para torná-las vivas.

Essa experiência só reforçou minha falta de interesse em trabalhar com novos atores.

Iben Nagel Rasmussen

Às vezes acho que é o personagem que decide. Trickster me expõe a todo tipo de problema e às invenções mais estapafúrdias do mundo: ele equilibra uma cabaça ou uma bandeja cheia de xicrinhas de café na cabeça; escorrega ao tentar se equilibrar enquanto desce uma rampa de madeira bem estreita – e ainda cantarolando; se exibe com um machado em números super perigosos; guarda sua caixa de biscoitos nos lugares mais absurdos; fuma cachimbo com uma chama que atinge a altura de dez metros; vira uma mulher, que dá à luz a uma criança de areia, e me deixa tremendo de angústia quando preciso segui-lo na cena em que um longo fio vermelho vai se desenrolando do seu chapéu da maneira mais complicada possível, correndo o risco de se emaranhar todo e não se desenrolar nunca mais, para, só depois, emoldurar milagrosamente todo o espaço da ação.

OS SACOS

O Teatro Potlach fica no alto de uma colina, em Fara Sabina, uma cidade ao norte de Roma. Podemos usar a sala deles por duas semanas.

O trabalho para o novo espetáculo só vai começar daqui a seis meses, mas Eugenio propôs que todo o grupo se reunisse agora. Estão com a gente Nando Taviani e Lena Bjerregaard, que vai nos ajudar com os figurinos e com a cenografia.

Todos os atores estão reunidos na sala e recebem um saco de plástico preto. Menos eu. Eugenio pede que eles o abram e que se vistam com o que está ali dentro. Descobrimos que são figurinos teatrais "de verdade". Chapéus com plumas, mantos compridos, calças curtas e largas como aquelas dos zuavos, sapatos com fivelas, uma roupa de bailarina e camisas rendadas.

Eugenio pede para todo mundo se movimentar de acordo com o perfil do personagem e do figurino. A sala fica cheia de figuras medievais. Por que ele não me deu nenhum saco?

Eugenio me dá o último saco preto e pede que eu saia para mudar de roupa. Tenho que entrar com meu novo personagem.

É uma rã ou é Peter Pan? Pego uma roupa de tricô verde que foi feita à mão sobre um tecido elástico cheio de remendos coloridos. É o figurino mais ridículo que já vi em toda a minha vida no teatro (fora o tubo vermelho de *Kaspariana*). Mas é enérgico, é vivaz. Entro pulando, saltando, dançando e, mesmo ofegante, preencho a sala toda. Eugenio pede para a gente olhar bem para os figurinos e depois pergunta quem somos.

Nossas caras mais parecem pontos de interrogação. *Quem* somos?

Bom – uma bailarina, um barão, um cavaleiro e Peter Pan?

Não – diz Eugenio – vocês são personagens da *Commedia dell'Arte*.

Ah, *Commedia dell'Arte*, ok: Colombina, Pantaleão, Capitão e Arlequim.

O que está faltando para esses personagens?, ele pergunta novamente.
Está faltando alguma coisa? Olhamos uns pros outros, boquiabertos.
Está – o que os personagens da *Commedia dell'Arte* têm que vocês não têm?
O burburinho continua. Eugenio desiste e diz:
Máscaras! Estão faltando as máscaras!
Nos sentimos uns idiotas e ficamos com a cara toda vermelha.

Eugenio sai para pegar outro saco cheio de caixas. Cada caixa contém uma máscara, e ele as distribui para cada um de nós, de acordo com os figurinos.

As máscaras, inspiradas naquelas da *Commedia dell'Arte*, foram entalhadas por um escultor balinês.

A máscara do Torgeir quebrou durante a expedição. Eugenio acha que nada acontece por acaso. A tradição da *Commedia dell'Arte* é antiga, praticamente já foi enterrada, as máscaras são como restos de uma cultura morta, como cacos de antigos vasos de barro ou fragmentos de machados de pedra redescobertos durante uma escavação. Vamos quebrar todas as máscaras, ele propõe. A gente treme quando vê o Eugenio quebrando tudo usando tenazes, alicates e martelo. Agora temos que juntar tudo de novo, mas todo mundo tem que ver que elas estavam quebradas. Usamos fios de ferro e pregos para que isso fique evidente.

Um dia, em Holstebro – só que agora uns meses depois –, Eugenio interrompe os ensaios e nos leva ao Museu de Arte para estudar a coleção das máscaras africanas. Saímos de lá cheios de ideias e encontramos soluções realmente criativas para nossas máscaras. Fazemos incisões, arredondamos, colorimos e colamos uns ornamentos feitos com algas e urze.

É primavera em Fara Sabina, mas faz calor. Através da janela da sala, conseguimos ver uma paisagem de vales, colinas sinuosas e cidades distantes. O teatro fica em cima da montanha, de lá conseguimos ver os pássaros que voam embaixo da gente.

Dedicamos algumas horas do nosso dia às canções dinamarquesas, sobretudo aos salmos. Isso ao ar livre. Jan é o primeiro músico profissional a entrar no grupo. É uma ajuda enorme quando precisamos cantar com várias vozes ao mesmo tempo.

Um dia, à tarde, Nando nos fala da técnica de improvisação dos atores da *Commedia dell'Arte*. Fazemos algumas tentativas. Mas o resultado foi bem ruim, pois não estávamos acostumados a improvisar com texto e ação ao mesmo tempo.

Nando também levou alguns livros com desenhos, velhas gravuras e pinturas de várias figuras. Cada um de nós busca o personagem que está interpretando e começa a reproduzir as posições e as ações indicadas nos livros. São centenas de imagens. Isso vira o nosso treinamento. Montamos algumas sequências e as repetimos.

Um dia antes de partir, na pausa do almoço, Eugenio nos entrega alguns artigos que precisaremos ler. São artigos escritos por uma antropóloga dinamarquesa chamada Kirsten Hastrup.

SOLIDÃO

Temos três meses à disposição para fazermos tudo o que quisermos: sair em turnê, dar oficinas ou participar de cursos. Depende do nosso desejo.

Se quisermos, também podemos ficar em Holstebro nos preparando para o próximo espetáculo. Decido ficar com a Naira e o César: ela é muito jovem e precisa de ajuda, ele vai participar de um espetáculo do Odin Teatret pela primeira vez.

O personagem do César é Pantaleão, o meu é Arlequim e o da Naira é aquele – mais indefinido – da jovem Enamorada.

A ideia de fazer Arlequim não me estimulou muito. Eu o associava àquele aspecto lambido e meloso do personagem que vemos no teatro de pantomima do Tivoli, o parque de diversões de Copenhague.

Mas antes de partir, Eugenio me sugeriu outro tipo de abordagem. Pode ser que as raízes de Arlequim cheguem de longe, lá dos dervixes do norte da África, dos sufi, os místicos islâmicos que se exibiam nas praças dos mercados vestindo roupas feitas de farrapos com remendos de várias cores. Ele também me aconselhou a ler sobre os *Tricksters* norte-americanos: figuras misteriosas da mitologia indígena que sabem se transformar em animal, homem ou mulher. Uma criatura que sabe fazer truques, *tricks*, cria armadilhas e engana os outros, mas que costuma ser vítima das próprias artimanhas.

Essas novas informações me ajudam a encarar o personagem com novo entusiasmo. Costuro um figurino preto cheio de remendos feitos com antigos tecidos bordados, coisas que achei nas gavetas e nos armários lá de casa.

Vestido desse jeito – com máscara, sapato de couro e luvas vermelhas – o personagem ganha vida rapidinho.

Eugenio está fora. Boa parte dos outros atores também estão. Todo dia repetimos as posições que vimos nos livros do Nando.

As semanas parecem mais longas. O teatro está muito vazio. É difícil avançar sem o resto do grupo e, no fundo, o que será que o Eugenio imaginou?

Eu me sinto responsável por Naira, do ponto de vista profissional e pessoal. Ela veio da Argentina e só há pouco tempo descobriu que sua mãe, "desaparecida" durante a ditadura, não voltará nunca mais. Mesmo assim, parto sozinha para as Ilhas Féroe em busca de mitos nórdicos. Fico lá uma semana. Saio no meio da neblina e debaixo de chuva com um joelho operado há pouco tempo.

Que tristeza.

Meus amigos feroeses me falam do *Huldrefolk*, o "povo escondido" que pertence às suas crenças. Depois cantam músicas feroesas. Eles me levam à missa numa igreja bem pequenininha, no meio do nada, onde a espuma do mar chega borrifando forte contra as janelas. À noite eles me levam até o baile, monótono mas intenso, que inflama o espírito da comunidade.

O RITUAL

México!

A areia entra pelas persianas e por baixo da porta. O quarto do Richard tem vista pro mar, mas não tem persiana, e o plástico que ele pôs na frente da janela fica parecendo a vela de um barco soprada pelo vento.

As casas onde moramos estão exatamente na frente da praia e sentimos cada mínima mudança do tempo.

É uma praia de areia bem fininha.

Eugenio convoca todo mundo para um encontro. Estamos sentados em círculo, alguns no chão, outros em cadeiras. Ele fala da época em que embarcou num navio em Oslo, quando ainda era jovem. O navio se chamava *Talabot*. Ele também disse que antes de fazer longas viagens em alto-mar (a gente ri escondido toda vez que ele conta de suas longas viagens em alto--mar), costumava raspar a cabeça e a barba a zero. Aí ele pega uma tesoura grande, corta uma parte do seu cabelo e a entrega ao ator que está mais próximo dele, o qual, com grande espanto, recebe suas madeixas.

Começo a pensar na hora em que cada um de nós vai ter que cortar as próprias madeixas, e tento calcular que pedaço de cabelo vou cortar pra coisa parecer o menos estúpida possível.

Mas não, o Eugenio continua cortando seu cabelo, que vai caindo, caindo, com as várias tesouradas, até que cada um de nós receba uma de suas madeixas. O cabelo dele ainda é preto, mas já está começando a ficar grisalho.

Ele diz que a gente pode fazer o que quiser com o cabelo dele: um amuleto, jogá-lo ao vento ou guardá-lo. Quando nos encontramos à noite para jantar, o Eugenio está completamente careca. Ele tem a nuca achatada.

YUCATÁN

Saímos pra correr de manhã, quando ainda está escuro. Eugenio também sai pra correr – meio pesado, sem *sats*.

Num desses dias de corrida, achamos uma cobra estrangulada no caminho. Ela tinha quase dois metros de comprimento. Tiramos o couro e deixamos a pele secar. Talvez a gente possa usá-la num dos objetos do espetáculo ou para decorar os figurinos. Cozinhamos a carne da cobra na água, mas nem o cachorro que fica rodeando nossa casa tem coragem de comê-la.

Depois da corrida começa o treinamento. Ao ar livre, alguns atores repassam as sequências das posições da *Commedia dell'Arte*, outros preparam cenas com pernas de pau para uma pequena Parada e um Espetáculo de Rua que pretendemos apresentar aos habitantes do vilarejo.

Os atores devem encenar os episódios da vida da antropóloga Kirsten Hastrup. Torgeir deverá encenar também a história de Che Guevara, e César a de Antonin Artaud. Eugenio pede que a gente também procure os "nós", pequenas sequências dramáticas que incluem a essência de uma cena ao mesmo tempo que possuem o seu contrário.

Enquanto preparamos cenas e "nós" em nossa sala de trabalho, cujas janelas estão voltadas para o mar e para a praia, ele fica lá no terraço, lendo um monte de livros, deitado numa cadeira sob um sol de rachar, queimando sua cabeça raspada. É a vingança depois de todos aqueles dias cinzentos na Dinamarca.

Tentamos limitar o peso das nossas bagagens na viagem ao México por causa dos gastos com o avião. Isso significa que não levamos nenhum objeto.

Temos que pegar aqui mesmo tudo o que serve para a construção das cenas: conchas, cabaças, cocos, um machado bem particular com um cabo comprido, aquelas folhas secas gigantes que estão espalhadas em todo canto ao redor da casa, uma melancia, novelos de lã vermelha e a pele de um gato selvagem – uma jaguatirica. Essa pele provoca discussões fervorosas. Do ponto de vista ético, será que isso se justifica?

Enquanto trabalhamos em cima do "esqueleto" do espetáculo, Lena e Judy, a mulher do Eugenio, vão até a Guatemala a fim de encontrar tecidos para os figurinos. Depois que elas voltam com metros e metros de tecidos feitos à mão e de cores super intensas, copiam-se os figurinos teatrais originais, aqueles que o Eugenio tinha levado para Fara Sabina dentro dos sacos pretos. O resultado é fantástico. É impossível reconhecer a origem das roupas.

O NEGRO

Lena saiu à procura de ossos e crânios para *Talabot*. No mercado local, ela comprou uma cabeça de cavalo esquelética, que depois enterrou na areia da praia. "Logo logo vai ficar limpa, porque as formigas e outros bichinhos vão comer tudo o que sobrar", ela explica.

Alguns dias depois, ela deixa a cabeça secando no teto plano da casa, para que fique toda branquinha. A caveira rola pra frente e pra trás, fazendo um barulho insuportável toda vez que venta, o que significa quase sempre.

Os vizinhos observam Lena de rabo de olho.

Agora, todo dia de manhã, ensaiamos uma hora para o pequeno espetáculo que vamos apresentar ao ar livre. Retomamos um antigo número de clown em que um ator morre e, logo depois, reaparece milagrosamente.

É a Lena que – vestida de urso e com uma maçã na cabeça – acaba sendo fuzilada e reaparece coberta com um pano preto.

Num final de tarde, para cumprimentar e agradecer a cidade, apresentamos nosso espetáculo na frente da igreja. Os personagens da Parada entram, formando uma longa fila.

E olha aqui a morte, Mr. Peanut, em cima de pernas de pau bem altas. Ele é seguido por Doggy, o cachorro que toca guitarra e que também tem a cabeça de um esqueleto. Figuras andróginas dançam sobre pernas de pau, vestidas com longas roupas vermelhas, perucas feitas com plumas de avestruz e pálidas máscaras sobre o rosto. E ainda tem o Torgeir usando uma gorjeira, um cilindro e o figurino colorido de anão. César é um cangaceiro que toca uma gaita de fole, enquanto eu, com meu vestido de rua todo branco e com a máscara de lágrimas vermelhas, tento ditar o ritmo da Parada com um tambor decorado com fitas mexicanas.

Com as costas voltadas para a igreja e acompanhados pela música da nossa pequena banda, apresentamos um número após o outro enquanto as pessoas da cidade se amontoam, curiosas, para ver esses *gringos gigantes*. A atmosfera estava nos parecendo meio morta.

No dia seguinte, voltaremos para a Europa.

Já está tudo empacotado dentro das caixas e das malas. Enchemos várias caixas de lata com as conchinhas que encontramos na praia e com centenas de folhas secas enormes. Os objetos de *Talabot* têm cheiro de vento e de água salgada.

Quando os proprietários da casa chegaram, já tínhamos limpado tudo e até fechado as persianas. O marido é extremamente formal e sua mulher não quer nem descer do carro. Ela continua sentada no banco da frente enquanto ele faz as contas. Eugenio sai para cumprimentá-la, mas até fazer com que ela olhe para ele é difícil.

"Tem alguma coisa errada?", ele pergunta, com aquele seu sorriso de pasta de dente.

No início a senhora não quer nem responder, depois ela explode com voz de choro: "Ah, se você soubesse o quanto esses meses foram terríveis pra mim! Eu recebi dezenas e dezenas de telefonemas dos vizinhos, que não demoraram para descobrir o que estava acontecendo em nossa casa".

"O que estava acontecendo?", pergunta Eugenio, surpreso.

"Magia negra!", responde a senhora. "Todo dia vocês celebraram uma missa negra exatamente aqui, em nosso terreno. A morte foi desafiada, animais foram ressuscitados. Tinha também um padre e um negro careca que coordenava tudo isso. Ele fazia intervenções e gritava quando as coisas não funcionavam como ele queria. Isso é um escândalo."

"Um negro?", pergunta Eugenio, estupefato. "Eles deviam estar falando de mim. Eu, um escandinavo, um dinamarquês!"

A senhora observa intensamente a cabeça raspada e o rosto super bronzeado do Eugenio. Ainda que ela tenha dificuldade em acreditar que ele seja um escandinavo de verdade, acaba admitindo que preto, pelo menos, ele não é. Marido e mulher se esforçam para nos cumprimentar com um sorriso – a essa altura já tranquilizados e quase convencidos de que somos gente de teatro, e não de uma dessas seitas religiosas malucas que existem por aí.

Alguns meses depois lemos nos jornais dinamarqueses que um furacão devastou toda aquela região, destruindo quase todas as casas – em nossa praia.

Quem é que estava falando de magia negra?

A REVELAÇÃO

De volta ao teatro, em Holstebro, continuamos a trabalhar desenvolvendo e limando os esboços das nossas cenas.

No México, César tinha construído sua cena sobre Antonin Artaud inspirando-se na famosa conferência da Sorbonne de 1934. Nessa ocasião, Artaud tinha comparado o teatro à peste: ele foi até a tribuna e interpretou o sofrimento de uma pessoa doente de peste, emitindo sons guturais e estertores de modo bastante violento.

Os ouvintes foram embora enojados.

César escolheu algumas passagens dos textos de Artaud e usa uma melancia para explicar o efeito da peste sobre o cérebro humano. Ela é parecida com uma cabeça e, quando César a quebra, descobre-se que contém uma infinidade de outros objetos: um preservativo, uma banana, saquinhos de chá. É uma longa sequência extremamente dramática, uma espécie de delírio, mas, ao contrário das outras cenas, é como se ela não tivesse encontrado sua inserção lógica na estrutura do espetáculo. César fica cada vez mais preocupado, com receio de que todo o seu trabalho seja eliminado.

O que a conferência de Artaud em Paris tem a ver com a vida de Kirsten? Um dia Eugenio entra na sala todo esbaforido: "Encontrei – eu *sabia* que tinha uma ligação. É incrível".

Eugenio leu um livro que Kirsten escreveu com Peter Elsass: *Quadros Clínicos*. O livro descreve o desenvolvimento de uma patologia: há muito tempo uma mulher sofre vários sintomas, como ataques de taquicardia, ansiedade, diminuição de suas capacidades visuais e auditivas, momentos de amnésia, aumento de pressão e calor na cabeça; ela tem a sensação de estar "saindo de si".

Mas a paciente não é levada a sério pelos médicos e é considerada uma "doente imaginária".

No livro não está escrito que a paciente é a própria Kirsten, mas Eugenio não tem nenhuma dúvida: mulher, do mundo acadêmico, mãe de quatro filhos, divorciada. Só pode ser ela.

Ele ousa fazer uma montagem colocando tudo em relação: o texto de Artaud, as descrições de Kirsten e seus sintomas.

A cena se torna o ápice dramático da história de sua vida.

Kirsten, que assiste aos ensaios com certa regularidade, fica chocada com essa "revelação" após presenciar a reviravolta do espetáculo e o significado que essa cena ganhou. Sim, foi ela mesma que – como está descrito no livro – viveu aqueles sintomas durante uma crise existencial, depois que voltou de sua pesquisa de campo na Islândia.

O quebra-cabeças se fecha.

O espetáculo se chamará *Talabot*, assim como o navio no qual o Eugenio embarcou, mais de trinta anos atrás – jovem e com a cabeça raspada a zero.

XIII

KAOSMOS[1]

Eugenio Barba

Com o passar dos anos, desenvolvi diversas maneiras de criar obstáculos para o trabalho. Uma delas consiste em inventar um ponto de partida tão sufocante que nem eu sou capaz de explicar aos atores sobre o que será o espetáculo. Pode ser um procedimento perigoso e, sem dúvida, não torna a vida deles mais fácil.

Já tínhamos encerrado as apresentações de *Talabot*. Nesse meio-tempo, Iben, Jan e Kai estavam em turnê com *Itsi-Bitsi*. Eu não queria começar os ensaios para o novo espetáculo antes que eles voltassem da turnê.

Com o passar dos anos, a participação dos "velhos" atores nos ensaios foi se tornando cada vez mais fundamental para mim.

Dos "velhos", ainda estavam no grupo: Iben, Torgeir, Roberta e Julia. Os outros eram novos: Jan [Ferslev], Kai [Bredholt], Isabel [Ubeda], Tina [Nielsen], a japonesa Hisako [Miura] e Frans [Winther], que era músico e compositor.

Parti de um tema, uma espécie de prólogo do espetáculo em si. Minha inspiração veio de uma única frase: um fantasma está vagando pela Europa.

---

[1] *Kaosmos*, 1993-1996. Atores: Kai Bredholt – Roberta Carreri – Jan Ferslev – Tina Nielsen – Iben Nagel Rasmussen – Isabel Ubeda – Julia Varley – Torgeir Wethal – Frans Winther. Dramaturgia e Direção: Eugenio Barba. Assistentes de Direção: Leo Sykes/ Lluis Masgrau. Composições Musicais: Frans Winther, Jan Ferslev, Kai Bredholt. Espaço Cênico: Odin Teatret. Figurinos: Pia Sanderhoff/ Odin Teatret. Conselheiro Literário: Nando Taviani. Número de apresentações: 223. Estreia: Holstebro, abril de 1993. Última apresentação: Holstebro, dezembro de 1996. Turnês: Alemanha, Argentina, Brasil, Canadá, Chile, Colômbia, Costa Rica, Cuba, Dinamarca, Espanha, França, Grã Bretanha, Hungria, Itália, México, Noruega, Peru, Polônia, Portugal, Suécia, Uruguai, Venezuela.

Tínhamos acabado de assistir à queda do muro de Berlim e à dissolução da União Soviética e de seu regime. Eu imaginava o fantasma do comunismo vagando pela Europa, só para encontrar todas as portas fechadas. Ninguém quer deixar ele entrar. O fantasma é recusado em qualquer fronteira: Não, aqui não – aqui não.

É um fantasma grisalho, todo encurvado, seguido por um monte de mulheres: as mães das vítimas do comunismo na União Soviética. Foi a partir dessas imagens que desenrolei os primeiros fios do espetáculo.

Depois de três meses em turnê, Jan e Kai voltaram para o teatro, enquanto Iben ainda tinha alguns meses livres para terminar um livro com as cartas de Eik Skaløe que ela queria publicar.

Enquanto esperava a Iben voltar, resolvi preparar um espetáculo para crianças e adolescentes com o resto dos atores. Depois eu selecionaria e montaria as melhores cenas, confiando-as aos três jovens do grupo: Isabel, Tina e Kai. Assim eles também teriam um espetáculo independente.

Escolhi *O Livro da Selva*, de Rudyard Kipling, e pedi para cada ator fazer uma improvisação sobre a "lobidade", ou seja, sobre o ser, o sentir-se e o passar a ser considerado um lobo. Cada improvisação individual foi fixada e tratada como se tivesse que se tornar imediatamente um espetáculo. Eu a elaborava e a desenvolvia, acrescentando músicas, canções e objetos, até que se tornasse um resultado autônomo de alguns minutos. E assim obtive uma série de microespetáculos completamente separados. Era um procedimento que nunca havíamos adotado antes. As improvisações eram individuais, mas as relações e as intervenções eram produzidas junto dos outros atores por causa da música ou porque o ator que havia feito a improvisação podia ser "ajudado" durante a elaboração da cena. Um exemplo é o de Torgeir e Kai: passo a passo, eles seguiam as ações da Roberta com dois bastões compridos, de modo que, vistos de fora, parecia que sustentavam o corpo da atriz e que antecipavam, com seus próprios impulsos, os impulsos dela.

Outro exemplo é a cena da Isabel: no início, pedi que ela fizesse toda a partitura física da sua improvisação tendo um tapete como parceiro. Depois o tapete foi substituído por Hisako, que tinha que continuar passiva, sem opor resistência e sem ajudar enquanto Isabel a carregava nas costas, a colocava no chão ou a abraçava exatamente como fazia antes com o tapete. No final, pedi para ela fazer as mesmas ações com Hisako e Jan ao mesmo tempo.

Essa última solução foi inserida na versão final do novo espetáculo, *Kaosmos*, ainda que Hisako tenha deixado o Odin e Tina tenha assumido seu papel.

Em pouco tempo, todo mundo se deu conta de que o que estava sendo feito não tinha nada a ver com *O Livro da Selva*. No entanto, teimamos em seguir aqueles rastros durante dois meses.

Quando a Iben chegou e nós lhe apresentamos todo o material, precisei dar algumas explicações para que ela ficasse com vontade de se juntar a nós. Lembrei de um texto que havíamos utilizado durante uma sessão do Teatro Eurasiano em Pádua, escrito por Nin Scolari e seu Teatrocontinuo. Era um conto de Franz Kafka, *Diante da Lei*: um homem do campo chega diante da porta da Lei e pede para entrar, mas o guardião diz que ele precisa ter paciência. O homem do campo, em vão, faz várias tentativas para estar diante da Lei, mas passa a vida toda esperando. Só na hora de morrer, quando pergunta por que nenhuma outra pessoa tentou entrar, fica sabendo que aquela porta estava ali só para ele. Propus que Iben interpretasse o homem do campo, e Julia, o guardião da porta da Lei.

Tive essa ideia de repente, e é por isso que o texto de Kafka acabou entrando no espetáculo.

Era uma história fascinante e inquietante, mas teatralmente estática e simbólica. Era praticamente impossível representar esses personagens sem que nos apoiássemos, principalmente, nas palavras. Fora isso, eu não tinha ideia de quem seriam os outros personagens, ou seja, os outros sete atores com a própria galáxia de materiais já elaborados. Mas logo depois surgiram outros fatores inesperados que me ajudaram a compor o procedimento labiríntico que havia caracterizado o processo criativo dos nossos espetáculos anteriores.

Eu achava que os figurinos poderiam ser uniformes do cotidiano dinamarquês que, ao mesmo tempo, fossem teatrais. Por exemplo: a roupa do carteiro (aquela jaqueta vermelha bastante luminosa), a do limpador de chaminés (com uma cartola bem alta) ou o uniforme de um soldado. Foi aí que entrou Hans Christian Andersen. Comecei a procurar personagens em suas fábulas e fiquei impressionado com *A História de uma Mãe*. Parecia que ela explodia dentro de mim. Era incrivelmente perfeita em sua cruel verdade.

Quem mais sofreu naquele longuíssimo período de incertezas sobre os personagens foi a Roberta. Foi por isso que, quando decidi usar *A História de uma Mãe*, o papel principal foi imediatamente para ela.

Mais uma vez: eu não queria tomar decisões precipitadas. Preferia que o espetáculo fosse varrido por uma enxurrada e rolasse rio abaixo até ficar bem lapidado – como acontece com as pedras – para só depois encontrar um mar de tesouros. Como acontece quando você está no meio do oceano e deseja que as correntes te arrastem para costas estrangeiras. Se você conduz demais as coisas, acaba escolhendo, por instinto de sobrevivência, rotas e margens que vão te oferecer abrigo – mas que você já conhece.

Lentamente, assim como aconteceu com *O Evangelho de Oxyrhincus*, fomos juntando vários daqueles fios narrativos. E dando ao espetáculo um certo título, ele seria interpretado de um certo modo; mudando de título, de outro. Parecia o mesmo procedimento adotado em *Talabot*, quando diferentes destinos de pessoas vivas, mortas ou de personagens históricos – que só podem dialogar em nossa fantasia – encontravam-se na realidade absoluta do teatro.

Mais uma vez, o problema era encontrar momentos e situações que justificassem os pontos de contato e as relações entre os personagens. Depois, poderiam crescer de modo orgânico, permitindo que surgissem novas perspectivas, associações e significados.

No meio dessa enchente de materiais de ator, eu lutava para encontrar um elemento literal que materializasse a Porta da Lei. A porta que aparecia no conto de Kafka era uma porta de verdade, com batente, dobradiças e maçaneta. Na Espanha, comprei uma porta antiga toda marchetada e levei-a comigo no avião para Holstebro. Era refinada demais. Depois de algumas tentativas, acabamos usando uma porta de madeira normal, comprada em um supermercado. Começamos a improvisar com essa porta. Como poderíamos usá-la? E as soluções iam chegando, surpreendentes e divertidas, uma após a outra. Não era difícil construir pequenas cenas ou fragmentos interessantes. O problema era dar coerência ao conjunto, pois as coisas não estavam amalgamadas, não era um organismo vivo.

Meses e semanas se passaram e eu estava cada vez mais desesperado e desmotivado. Montava e remontava as cenas, os episódios e toda a estrutura dramatúrgica em busca de uma provável trama da história. Na tentativa de justificar essa fluidez incandescente que nem fluxo era ainda, pensei: "Ah, talvez seja um espetáculo para lobos, e não para animais humanos". Tive que penar bastante e ainda esperar muitas semanas até intuir o que o espetáculo queria dizer.

Eu havia criado uma espécie de delírio, mas ele escapava o tempo todo. No entanto, minha experiência dizia que ele precisava ser elaborado e reelaborado até provocar uma ressonância, íntima e incompreensível, tanto em mim quanto no espectador. E eu também deveria ser capaz de formular a trama do espetáculo numa única frase. Por exemplo: se eu escrever no programa que só os lobos são capazes de compreender o espetáculo, os espectadores vão relaxar, pois saberão que esse é um espetáculo para lobos (assim como há espetáculos para crianças), e eles não precisam se esforçar para decifrá-lo.

E assim, lentamente, foram desaparecendo as últimas reminiscências de *O Livro da Selva* e de todo aquele universo de lobos. A realidade que agora se fazia fortemente presente era outra: a Iugoslávia. Sempre nutri um grande interesse por esse país. Em 1954, assim que cheguei à Noruega, fui morar com meu amigo Fridtjof Lehne. Ele costumava me contar episódios de sua estadia na Iugoslávia logo após a Segunda Guerra Mundial, pois tinha ido para lá em 1947 com uma Brigada da Juventude comunista para construir uma estrada. Fridtjov nunca se esqueceu do orgulho da população por ter lutado duramente contra os alemães, como também não se esqueceu da dignidade daquelas pessoas pobres e generosas, que sabiam receber os estrangeiros de forma tão calorosa. Sempre associei a Iugoslávia às descrições detalhadas e comoventes das histórias de Fridtjov. Mais tarde, também atravessei a Iugoslávia pegando carona, e o Odin Teatret também foi convidado várias vezes para o Festival de Belgrado, o BITEF. Alguns dos atores e eu tínhamos até feito uma viagem pelo Kosovo, visitando mosteiros e mesquitas, um mundo pacífico que mistura culturas e têm costumes realmente contrastantes. Eu conhecia bem os topônimos que agora apareciam cotidianamente nos jornais e na televisão. Sarajevo pesava dentro de mim como um fantasma que fica vagando e a quem ninguém abre a porta. Como eu poderia criar um espetáculo que refletisse aquela situação e seus horrores, mas sem reproduzi-la ao pé da letra?

Eu também me perguntava como pode um país, que parece ser um organismo íntegro, se desintegrar assim, de uma hora para outra?

Havíamos comprado alguns figurinos na Hungria, tinham um ar meio folclórico, poderiam funcionar. O socialismo – assim como me lembrava dele desde os meus tempos na Polônia – era exatamente assim: organizavam os desfiles sempre dessa mesma maneira, os discursos possuíam um estilo retórico, eles tinham um comportamento quase ritual quando recebiam uma delegação estrangeira ou quando visitavam fábricas ou asilos, com cerimônias e trocas de presentes.

Finalmente eu conseguia "pensar o pensamento": o espetáculo se passava num vilarejo que recriava a pacífica e fraterna epiderme folclórica de um país socialista. De uma hora pra outra esse país vive uma revolução, tudo se despedaça, outras forças – insuspeitadas e desumanas – passam a dominar.

Hoje posso contar a trama de *Kaosmos* em três linhas, mas foram necessários vários meses para que eu chegasse a esse nível de "simplicidade". Os ensaios foram quase sempre um pesadelo, tanto para mim quanto para os atores. Como já disse, trabalhamos muito tempo batendo cabeça sem nenhum personagem. Com o tempo, o personagem, ou o papel, nada mais é do que aquela tábua estreitinha sobre a qual os atores podem caminhar sobre o vazio. Aqui não havia referências narrativas, episódios ou uma história.

Quando voltei das férias de natal, já sabia quais eram os personagens que cada ator deveria representar. É claro que isso ajudou todo mundo. Para o Kai, que ia participar de um espetáculo do grupo pela primeira vez, eu poderia dizer: você é o marinheiro que viu uma sereia e sai por aí com uma corcunda cheia de canções.

Jan ficou com o papel de Julia como guardião da porta, mantendo seu figurino de limpador de chaminés.

Ao ler *O Evangelho Segundo Jesus Cristo*, de José Saramago, encontrei o personagem de Torgeir. O livro fala do Filho que se recusa a se tornar aquilo que o Pai deseja. Torgeir é um Cristo que vive no vilarejo e não é reconhecido por ninguém. Ele faz milagres e realiza profecias bíblicas, mas ninguém repara que o Filho de Deus é seu próprio vizinho.

Julia se tornou Doña Musica e Tina virou a noiva do vilarejo.

Como acontece em qualquer vilarejo da Iugoslávia, em *Kaosmos* cada ator falava sua própria língua. O texto era dito em italiano, inglês, norueguês e espanhol.

Mais uma vez eu estava às voltas com um velho problema: como criar os "nós". O exemplo mais explícito de um "nó" era aquele de Iben em *Talabot* com seu Trickster: ele amamentava uma criança, mas, ao invés de sair leite dos seus seios, escorria areia. De um lado, uma imagem de maternidade e nutrição; do outro, uma mãe que sufoca o próprio filho com um alimento estéril e sem vida. Outro "nó" estava presente em *O Castelo de Holstebro*, no qual Julia, após dançar com Mr. Peanut – o personagem com um crânio no lugar da cabeça –, o transforma num bebê, segurando-o nos braços como se fosse uma *Pietà*.

Eu buscava os "nós" enquanto estava trabalhando em *Kaosmos*. Podiam ser imagens compostas ou oximoros paradoxais que falam com aquela parte de nós que mora no exílio.

Quem deu a ideia da cena final foi a Iben: as espigas de trigo – espalhadas ao redor do batente da porta que estava aberta e estendida sobre o chão – se levantavam quando a porta era fechada.

Eu gostava de *Kaosmos* porque esse espetáculo aludia a uma tragédia expressa com uma vitalidade selvagem, com lirismo, com humorismo também, e com alegria: o homem do campo que, em vão, espera sua vida toda diante da porta da Lei; a mãe que luta contra a morte para ter seu filho de volta e, no final, acaba deixando ele com ela. E aqui estão todos os acontecimentos trágicos, insensatos, extraordinários e dolorosos que tinham me acompanhado durante o trabalho: a nova situação da Europa, a queda do socialismo e da União Soviética, a reunificação da Alemanha e o desmembramento da Iugoslávia.

Hoje vamos começar a produzir um novo espetáculo. Se eu pudesse desejar algo, desejaria que todas as partes obscuras da nossa experiência, assim como as feridas ocultas que alimentam nossa chama interior, pudessem novamente emergir – como aconteceu em *Kaosmos* – com uma ternura que fosse solar e sorridente.

Iben Nagel Rasmussen

CONFISSÃO

O primeiro raio de sol do ano penetrou aquele manto cinza todo encharcado que abraçou os dias desde que voltei da Itália, pouco antes do natal.

Amanhã, dia cinco de janeiro, vamos começar seriamente com nosso próximo espetáculo: *Mythos*.

Quando comecei a entrevistar o Eugenio e a anotar alguns *flashes* das lembranças de nossos espetáculos anteriores, eu achava que nós dois nos lembraríamos cada vez mais das coisas – e sempre com mais precisão – à medida que nos aproximássemos do presente. Ledo engano.

No que me diz respeito, as lembranças da gênesis de *Kaosmos* se dissolvem numa impenetrável neblina de detalhes e de dificuldades técnicas.

Um ano se passou desde que apresentamos *Kaosmos* pela última vez. Eugenio não pôde estar presente porque tinha ido para a festa de aniversário de setenta anos de Martin Berg, um querido amigo e estreito colaborador do Odin há muitos anos. E para assistir ao espetáculo, ele tinha convidado uma pessoa que nem gosta de teatro, o escritor Henrik Nordbrandt, pois queria usar suas poesias, ou fragmentos delas, em *Mythos*.

Eugenio voltou no dia seguinte. Ele convenceu Henrik Nordbrandt a cancelar uma reunião em Copenhague para assistir ao "naufrágio" ou ao "funeral" de *Kaosmos* junto dos amigos mais próximos do Odin Teatret, umas cinquenta pessoas ao todo.

A sala branca do Odin Teatret tinha sido transformada num salão de banquete bem solene, sem arquibancadas, bancos ou cenografias. Os convidados se acomodavam ao longo de duas mesas cobertas com imaculadas toalhas de damasco e candelabros acesos.

O vinho foi servido em taças. Eugenio deu as boas-vindas e todos os presentes, inclusive os atores, brindaram antes do início da cerimônia. No espaço vazio entre as duas mesas – sem objetos, sem nenhuma fonte de luz além das velas e vestindo roupas pessoais que o Eugenio nem tinha visto antes – percorremos novamente todo o espetáculo.

Depois da cena final, Eugenio pronunciou o réquiem. Sussurrando, com voz rouca e de maneira quase imperceptível, ele nos revelou que *Kaosmos* não poderia ter tido sepultura melhor.

O chef de cozinha aguardava no hall do teatro com um leitão assado no espeto, que logo depois foi levado para a sala junto de outros pratos e de uma grande quantidade de vinho. As pessoas beberam, comeram, conversaram e cantaram. Conseguiram até convencer o Henrik Nordbrandt a cantar. Era uma poesia turca de Yunus Emre. Eugenio respondeu com uma canção polonesa daquelas cantadas em tavernas.

Estávamos aliviados por ter dado um fim a *Kaosmos*, achávamos que o espetáculo estivesse finalmente morto e enterrado.

Mas, logo depois, entenderíamos melhor as coisas.

Poucos dias depois, o Eugenio decidiu – junto de sabe-se lá qual advogado do diabo – que o resultado do "naufrágio" tinha sido perfeito, que nossas partituras eram tão interessantes sem os figurinos que poderíamos fazer um ou dois espetáculos a partir daquele material.

E assim foi, depois de muita discussão com os atores protestando.

"Mas agora nós temos os espetáculos", diz Eugenio: *Ode ao Progresso* e *Dentro do Esqueleto da Baleia*.

Duas fênix nascendo das mesmas cinzas – nada mal!

É verdade que, na minha memória, a gênesis de *Kaosmos* se dilui numa neblina de detalhes técnicos. Por outro lado, o processo de criação é apenas uma parte do trabalho do ator. A verdadeira vida do espetáculo nasce no encontro com os espectadores.

Quando fomos ao Chile, disseram que *Kaosmos* descrevia a situação que eles estavam vivendo: os índios Mapuche já estavam acampados há bastante tempo diante da Lei (o palácio presidencial), eles aguardavam – e aguardavam, aguardavam – que fosse feita justiça depois que suas terras lhes tinham sido arrancadas.

Já alguns espectadores argentinos achavam que o espetáculo falasse das mães da *Plaza de Mayo*, que lançavam apelos e procuravam seus filhos e netos "desaparecidos" durante a ditadura.

Já na Polônia, pensavam que o espetáculo descrevia a situação atual do Leste Europeu.

Alguns amigos nossos da Suécia haviam perdido uma filha que acabara de nascer. "Ela está aqui" – disse o pai – "pairando sobre os dosséis do seu espetáculo."

Nós – os atores, os personagens – nos aproximávamos, nos encontrávamos e nos separávamos em combinações caleidoscópicas, e as infinitas possibilidades de interpretação dependiam da quantidade de espectadores.

Dinamarca, Suécia, Noruega, Itália, Portugal, Espanha, França, Polônia, Inglaterra, Alemanha, Hungria, Brasil, Chile, Colômbia, Argentina, Uruguai, Venezuela, Costa Rica, Cuba, México, Canadá.

Eugenio assistia aos espetáculos sentado no cantinho do banco mais baixo, nos degraus da escada da arquibancada e até mesmo de pé, quando não tinha mais lugar.

Naquela posição desconfortável e com o olhar de um falcão, pronto para descobrir a menor das hesitações, ele não conseguia esconder completamente uma – como posso dizer? – "ternura sorridente e solar".

APÊNDICE I

Após Kaosmos

NOTA DOS ORGANIZADORES

O último espetáculo do Odin Teatret que está presente nos diálogos entre Eugenio Barba e Iben Nagel Rasmussen é *Kaosmos* (1993-1996). Depois de *Kaosmos*, o Odin Teatret compôs *Mythos* (1998), *O Sonho de Andersen* (2004), *A Vida Crônica* (2011) e *A Árvore* (2016). Publicamos aqui diferentes textos sobre esses quatro últimos espetáculos.

Na tentativa de preservar, no Apêndice I, esse duplo ponto de vista sobre os espetáculos – o do diretor e o dos seus atores – seguem: um texto de Eugenio Barba sobre *Mythos* e outro de Torgeir Wethal (ator do Odin Teatret desde o ano de sua fundação, em 1964) sobre *O Sonho de Andersen*. Em seguida, para também compartilhar o ponto de vista de um espectador – que ainda não havia sido representado neste livro, embora seja muito importante para o Odin e seus espetáculos –, segue um texto de Mirella Schino sobre *A Vida Crônica*. Para fechar, voltamos ao duplo ponto de vista diretor-ator e publicamos dois textos sobre *A Árvore*: um de Iben Nagel Rasmussen e outro de Eugenio Barba. Os textos de Eugenio Barba, Torgeir Wethal e Iben Nagel Rasmussen pertencem aos programas de sala dos espetáculos por eles citados.

Todos os textos deste Apêndice oferecem um testemunho sobre o processo de trabalho do Odin, sobre sua estratificação e sua complexidade. Mas também sobre a dificuldade de aperfeiçoar, após tantos anos de colaboração, um trabalho que continue sempre tendo o sabor de uma polifonia.

EUGENIO BARBA

OS ATORES DA FEROCIDADE[1]

(Mythos,[2] 1998)

Podemos imaginá-los cansados de matar e de serem mortos, de sequestrar e destruir, de violar e serem violados. Eis aqui os protagonistas dos mitos da antiga Grécia, que há milênios repetem atos de ferocidade.

Será que os personagens do mito podem representar a História? Será que a História não é exatamente o contrário do mito? A História também é o sentido inexorável do que está por vir, a Força vitoriosa sobre a Justiça, os ideais virados pelo avesso, o constante triunfo dos sistemas que debocham das utopias. É nessa dimensão que *Mythos* foi ambientado.

O espetáculo é um velório que acontece no fim de um milênio e de um século breve, que teve início em 1917 com a Revolução Soviética e terminou em 1989 com a queda do muro de Berlim. Os personagens dos mitos gregos se reúnem ao redor do cadáver de um revolucionário, apoderam-se dele e o introduzem em sua imortalidade.

Para ele, que lutou por uma humanidade internacional e justa, os protagonistas dos mitos representam as mentiras e os horrores que os

---

[1] Este texto é uma montagem de dois outros textos presentes no programa do espetáculo *Mythos*: um, que leva o mesmo título, "Os Atores da Ferocidade", e outro que se chama "Uma Noite sem Lua". (N. T.)

[2] *Mythos*, 1998. Dedicado a Atahualpa del Cioppo. Atores: Kai Bredholt – Roberta Carreri – Jan Ferslev – Tage Larsen – Iben Nagel Rasmussen – Julia Varley – Torgeir Wethal e Frans Winther. Dramaturgia e Direção: Eugenio Barba. Assistente de Direção: Gitte Linfholt. *Dramaturg*: Thomas Bredsdorff. Conselheiro Literário: Nando Taviani. Diretor Musical: Frans Winther. Light Advisor: Jesper Kongshaug. Número de apresentações: 202. Estreia: Holstebro, maio de 1998. Última apresentação: novembro de 2005. Turnês em: Alemanha, Argentina, Brasil, Dinamarca, Equador, Estados Unidos, Iugoslávia, Noruega, Peru, Polônia, Portugal, Suécia, Suíça.

eternizaram, além de evocarem o sentido obscuro do destino: Édipo, o vidente assassino de órbitas vazias que fica vagando entre Tebas e Colono; Medeia, que nina crianças degoladas; Cassandra, estuprada por guerreiros e angustiada pela visão do futuro; Orfeu, o xamã que violou o reino dos mortos e cuja cabeça flutua cantando no mar; Dédalo, inventor do labirinto e do voo, que viu seu filho Ícaro se precipitar; Sísifo, o eterno escravo do trabalho. Tudo isso enquanto a petulância de Odisseu, cética e sarcástica, comenta a cega vitalidade dos vivos.

Os personagens dos mitos são apenas ação e energia. Sua ferocidade não é maldade. Seu sofrimento não é tristeza. Sua prepotência não é ambição de poder. Eles são cruéis, trágicos, serenos. Não acreditam, sabem. Conhecem a verdadeira Realidade: o inevitável império daquelas forças que chamamos de Mal.

É por isso que são completamente diferentes dos seres humanos. Eles não podem nos compreender. Zombam de nós e nos amam, como crianças cegas.

O velório é de um homem identificado como Guilhermino Barbosa. Talvez ninguém se lembre do nome desse analfabeto que, de 1925 a 1927, marchou 25 mil quilômetros por todos os cantos do Brasil. Era um dos soldados de Luiz Carlos Prestes, que lutava pela dignidade de seu país, que caíra nas mãos de governantes corruptos. A "Coluna Prestes" não teve nenhuma vitória, mas também nunca foi derrotada. Guilhermino Barbosa envelheceu entrincheirado em sua própria barraca, na floresta boliviana, fiel ao ideal da revolução.

Será que a Revolução também é um "mito"? Enquanto alguns mitos representam a ferocidade da História, outros ensinam a não aceitá-la.

O que pode ser o mito para nós? Um arquétipo? Um valor que deve ser dessacralizado? Uma esperança sem fé?

Por que um mito morre? Como ele é enterrado? Quando renasce? Onde ele se esconde?

A Terra do Fogo é uma ilha. Quando Fernão de Magalhães desceu toda a costa da América Latina buscando uma via rumo ao Oriente, ele não contornou o Cabo Horn para ir do Atlântico ao Pacífico, mas atravessou um estreito canal que separa o fim do continente de uma imensa ilha: a Terra do Fogo.

A ilha era habitada por duas tribos: os Ona e os Yamána.

Essa parte da América do Sul era coberta por uma única e vasta floresta, onde viviam os Ona: eles não eram bons navegadores e nem gostavam muito de se aproximar do mar. Já os Yamána eram pescadores e viviam em embarcações onde sempre havia um fogo aceso: as pequenas chamas que os marinheiros de Fernão de Magalhães viam brilhar durante a noite e que deram nome à ilha.

Até 1870, a Terra do Fogo não despertou o interesse dos colonos chilenos ou argentinos e tampouco dos imigrantes europeus. Em 1840, a Inglaterra enviou alguns navios de guerra para ocupar as Ilhas Malvinas. Foi aí que a Argentina e o Chile se deram conta de que, se não fizessem alguma coisa, todo o sul do continente terminaria em mãos europeias. Então o Chile enviou uma fragata comandada pelo tenente Gonzalez, que deveria ocupar o extremo sul do continente. Dezesseis horas depois de sua chegada, apareceram cinco navios de guerra franceses, que também queriam se apoderar daquele território. Mas aí já era tarde demais.

Depois de conquistar essas terras, era necessário pensar em explorá-las, em habitá-las, em atrair os colonos. O governador chileno teve uma ideia: foi até as Malvinas, comprou trezentas ovelhas e as levou para a Terra do Fogo. Foi assim que os *ganaderos* começaram a prosperar, essas grandes famílias de proprietários de enormes rebanhos, de milhares e milhares de ovelhas. Naquela época, quando ainda não havia fibras sintéticas, a lã era algo essencial, dava lucro, especialmente na Inglaterra, na Bélgica e nos Flandres.

Em dez anos, aquelas trezentas ovelhas se transformaram em quatro milhões. Ainda hoje, quem visita a Terra do Fogo tem a impressão de estar diante de um lugar que foi varrido por um cataclismo: uma vastidão infinita de capim, uma pastagem necessária a milhares de ovinos, fora uma quantidade enorme de restos de gigantescas árvores carbonizadas. Os *ganaderos*, de fato, começaram a botar fogo nas florestas para que suas ovelhas tivessem onde pastar. Os Ona, que viviam nas florestas, ao mesmo tempo que viam a chegada do homem branco, viam seu território diminuir cada vez mais. Eles tinham seus deuses. Eram gordos e preguiçosos, não costumavam tomar iniciativa como o deus dos judeus, que fazia intervenções contínuas, apostava com o diabo, dava ordens aos seus profetas. Os deuses dos Ona eram aqueles que, na história das religiões, são chamados de "deuses ociosos". Eles ficavam ali, barrigudos e saciados, na parte mais densa da floresta. Houve um momento em que os Ona se deram conta de que o fogo estava quase chegando até eles. Então pegaram seus deuses e os levaram para a beira do Estreito de Magalhães. E lá construíram um grande barco, uma espécie de arca ao contrário, para salvar seus deuses, e não homens ou animais. Mas os Onas eram péssimos construtores de barcos, tanto que, assim que começaram a travessia do Estreito, a arca afundou.

Os deuses também afundaram.

A riqueza dos *ganaderos* era imensa, podemos compará-la com a dos grandes "barões do salitre" do norte do Chile, ou com a dos grandes comerciantes de borracha da Amazônia. Os *ganaderos* também protegeram as artes: em suas distantes planícies, construíram teatros, museus, palácios e suntuosos cemitérios.

Eles recrutavam soldados para matar os Ona, pois sua existência dificultava o uso funcional da terra. E quando os caçadores voltavam de suas missões, traziam consigo mãos decepadas. Cada mão entregue gerava algum tipo de recompensa.

Todos os Ona desapareceram, não sobrou nenhum para contar história. A última Ona morreu nos anos 1970. Tinha oitenta anos. Um baleeiro francês a encontrou num barquinho no Estreito de Magalhães, quando ela estava quase se jogando na água. Era assim que os Ona se suicidavam, foi o que os missionários Salesianos escreveram em suas crônicas: eles se afogavam no Estreito para se juntarem novamente aos próprios deuses.

Quando li sobre o desaparecimento dos Ona, lembrei de um livro de Romain Gary que li nos anos 1950: *As Raízes do Céu*. Acho que se trata do primeiro romance ecológico. O livro contava como, na África daquela época, matavam mais de trinta mil elefantes por ano.

Era a história de Morel, um homem branco que, em meio a um sarcasmo generalizado, criou um movimento para a proteção dos elefantes. Quando lhe perguntaram se não era patético ficar defendendo os animais enquanto havia seres humanos que sofriam e morriam por causa das mais variadas dificuldades, Morel respondeu: "Sim! Mas essa é a minha batalha. Não quero que os elefantes desapareçam. Eu quero que, além da justiça, da beleza, das ideologias revolucionárias, da democracia, do amor, de tudo o que dá um sentido ao mundo, também exista um pequeno espaço onde os elefantes possam correr em liberdade sem ficarem expostos a tiro nenhum".

Um dia, Morel invade o depósito de um vendedor de marfim, entra num recinto e acha que está tendo uma alucinação: vê centenas de elefantes invisíveis, mas que estão presentes – ele só via os pés deles. As partes inferiores das patas tinham sido segadas, esvaziadas e desidratadas para serem vendidas, como grandes cinzeiros ou porta guarda-chuvas, aos turistas e ao exterior. Mas Morel não achava que estava vendo porta guarda-chuvas, ele via elefantes invisíveis que tinham apenas uma parte do corpo materializada: suas extremidades.

Esses pés de elefantes segados me lembraram as mãos decepadas dos Ona.

Nos últimos tempos, quando estive nos Estados Unidos e visitei o Arizona, Nevada e a Califórnia, aproveitei para folhear alguns livros sobre populações autóctones. Em todos eu vi contornos de mãos – e só de mãos – entalhadas nas rochas. E essas mãos entalhadas começaram a me acompanhar.

Mãos entalhadas: e eis que me lembro de outro livro. André Gide foi para a África nos anos 1930 e, entre vários episódios terríveis da realidade colonial que ele descreve, fala de grandes cestos cheios de mãos decepadas. Elas pertenciam aos negros que não produziam o bastante nas plantações.

E mais uma vez, como sempre, mãos entalhadas: lembrei-me de uma exposição sobre a cultura Nazca que vi em Santiago, no Chile. A cultura Nazca floresceu no Peru entre 300 a.C. e 300 d.C. Deixou imensas incisões no terreno chamadas de geoglifos, desenhos que podem ser vistos apenas do alto. Algumas pessoas até afirmaram que só podiam ter sido feitos por extraterrestres que estavam ali de passagem. Os Nazca tinham uma arte em cerâmica extremamente refinada, e um dos *leitmotivs* ornamentais eram as cabeças e as mãos cortadas. Há vasos decorados com cabeças cortadas, com corpos sem cabeça, com mãos que carregam cabeças degoladas. Parecia que essa cultura tinha obsessão por cabeças e mãos separadas do corpo, como se ali eles vissem algum sinal, algum valor, ou até mesmo um presságio.

Então me perguntei: o que caracteriza este milênio?

E agora vou contar mais uma história que talvez não seja verdadeira. Pode ser que eu esteja começando a colorir os fatos históricos com as minhas obsessões. Na guerra entre Bogomil, rei da Bulgária, e o Basileu de Constantinopla, Bogomil pegou mais de 10 mil soldados inimigos e cegou a todos, com exceção de cem. Os que ficaram cegos também tiveram uma de suas mãos cortada, mas os cem privilegiados conservaram tanto a vista quanto as mãos, para poderem conduzir seus companheiros de volta até o seu rei.

Nosso milênio, que está desaparecendo, é um milênio de mãos cortadas, de humanidade mutilada.

No próximo espetáculo vamos celebrar a morte de um mito.

O que é um mito? Pode ser uma afirmação difusa, embora pouco verídica. Mas também pode ser um conto que abriga a essência de uma verdade que está fora do tempo, um exemplo problemático, uma ferida que não para de sangrar numa área de sombra que existe em cada indivíduo, em cada época.

Talvez o mito seja o arbusto em chamas que ilumina uma face da nossa experiência, aquela mais íntima, mais secreta, ininteligível até para nós mesmos.

Que verdade é essa que pode chegar até nós como se fosse um arbusto em chamas?

O mito pode ser uma narração sem a verdade, ou pode ser um destilado pesado de verdades. Há outra possibilidade: pode ser um fato histórico que se tornou um mito.

Comecei a procurar todas as notícias que se ramificam em torno do que, para mim, se tornou um verdadeiro mito: a vida de Guilhermino Barbosa. Sua história me acompanhou nesses últimos anos, mas mesmo tendo falado bastante sobre ela, mesma tendo-a discutido ou contato para os outros inúmeras vezes, ela nunca se tornou banal. Muito pelo contrário: aos meus olhos, brilha cada vez mais.

Para chegar até Guilhermino Barbosa é preciso partir do Rio de Janeiro e de São Paulo, onde, em 1924, alguns jovens tenentes do exército brasileiro – em nome da honra que caracteriza ou deveria caracterizar um oficial – recusaram a política corrupta do presidente e dos generais que o apoiavam, rebelando-se contra eles. Sua revolta, chamada de "tenentismo", não foi feita nem em nome do proletariado nem em nome de uma justiça social. Era inspirada num valor que é típico das forças armadas: a honra – "Nós, os oficiais do exército, não podemos permitir a corrupção".

Na mesma hora, enviaram contra eles a maior parte do exército que permanecera fiel ao presidente. Nesse meio-tempo, oficiais que pertenciam a outras tropas brasileiras também se rebelaram e foram aniquilados pelo exército brasileiro. No Rio Grande do Sul, um jovem capitão do corpo de engenheiros, Luiz Carlos Prestes, de 26 anos, se rebelou junto de seu batalhão e decidiu ir ao encontro dos oficiais rebeldes de São Paulo. Seguiu caminho, atravessou a fronteira do Paraguai e voltou ao Brasil, onde finalmente se juntou a outros rebeldes. Havia percorrido 1.500 km a pé.

Guilhermino Barbosa era um dos seus homens.

Sabendo que sua situação era bastante desesperadora, os oficiais rebeldes resolveram renunciar e se refugiar na Argentina. Luiz Carlos Prestes se recusa a partir, ele quer continuar, tem certeza de que oficiais de outras cidades irão se rebelar ao saber que alguém ainda está lutando. É assim que nasce a "Coluna Prestes". Luiz Carlos Prestes e seus soldados marcham de março de 1924 até julho de 1927. Em trinta meses percorrem dezessete Estados do Brasil, do sul ao norte, e depois voltam para o sul. É uma das campanhas militares mais inacreditáveis, o primeiro exemplo de "guerra de movimento", a marcha mais longa depois da conquista da Índia por parte de Alexandre Magno. Eles percorreram 25 mil km a pé e a cavalo.

Para poder fazer uma comparação: o litoral do Brasil possui 7 mil km; foram percorridos 12 mil km com a longa marcha chinesa; a circunferência da Terra é de 42 mil km.

Eles são perseguidos dia e noite pelo exército militar e pelos cangaceiros, os bandidos que o presidente brasileiro apoia fornecendo armamentos e comida, transformando-os num exército regular. As proezas da Coluna Prestes viram lenda, extrapolam o Brasil e a América do Sul antes de chegar à Europa. E o mundo se apaixona pelas façanhas dessas poucas centenas de homens que conseguem escapar do cerco e da perseguição de forças bem maiores que eles.

Em 1927, Prestes resolve parar a marcha e se refugiar na Bolívia. Ele constata: "Não vencemos, mas também não fomos derrotados".

Junto de seus 630 homens, armados com apenas noventa fuzis, ele atravessa a fronteira e entrega suas armas ao exército boliviano. Ele havia feito acordos para ser contratado por uma companhia francesa que estava construindo uma ferrovia, isso se também contratassem todos os seus soldados. E assim Luiz Carlos Prestes passa um ano na Bolívia trabalhando junto de seus soldados. Fica famoso e até recebe a visita do secretário do Partido Comunista brasileiro, que fica ali alguns dias e deixa alguns livros com ele: de Marx, Lênin e Engels.

Prestes e sua Coluna, que partiram do sul do Brasil, ficaram chocados quando chegaram ao nordeste brasileiro e viram a população mantida praticamente em regime de escravidão pelos grandes proprietários de terra. Na mesma hora em que Prestes entrou em contato com essa parte ignorada da própria terra, ficou muito sensibilizado com seus problemas sociais. Quando ele e sua Coluna entravam num povoado, iam diretamente para os arquivos da Prefeitura a fim de pegar os documentos que comprovavam a propriedade dos latifundiários e os registros dos devedores. Depois, queimavam tudo na praça principal da cidade. Em seguida abriam as grades das prisões e libertavam os presos, sobretudo os camponeses pobres que aguardavam julgamento. A lenda de Prestes também se alimentava dessas ações: eram os "cavaleiros da esperança".

Na Bolívia, após ler os clássicos do comunismo, Prestes resolve ir para Buenos Aires. Ali, em 1931, um emissário do *Komintern* propõe que ele vá até Moscou, onde será treinado para conduzir a futura revolução no Brasil. Ele foi para lá e dedicou o resto de sua vida a essa missão. Àquela altura, todos os seus homens já tinham voltado a ter uma vida normal no Brasil. Só Guilhermino Barbosa havia continuado a viver às margens da floresta boliviana.

Reuni todas essas notícias ao longo dos últimos cinco ou seis anos. Quem me contou muitos detalhes dessas histórias foi o jornalista brasileiro Domingos Meirelles, que desde a sua infância ouvira falar, na casa dos seus pais, dos feitos de Prestes e de sua Coluna. Nos anos 1970, já adulto, ele refez o percurso da Coluna Prestes, entrevistando as pessoas que, cinquenta anos antes, haviam testemunhado ou participado daquilo tudo. Depois escreveu um livro de mais de setecentas páginas sobre a sua peregrinação, *As Noites das Grandes Fogueiras: Uma História da Coluna Prestes*, no qual meia página e uma fotografia são dedicadas a Guilhermino Barbosa.

Ele fala desse soldado analfabeto que tinha lutado ao lado de Prestes desde o início. Depois que a Coluna se dissolveu, Barbosa permaneceu na floresta boliviana. À medida que os anos iam se passando, e o que governo da Bolívia lhe parecia cada vez menos confiável, ele ia se embrenhando na mata. Nos anos 1970, ainda vivia ali, junto de sua mulher e de seus doze filhos. Ele nunca se deu por vencido.

Eu queria fechar os olhos e cobri-los com uma venda preta para esperar uma noite sem lua. Depois subiria no teto da minha casa e fixaria, no parapeito, uma corda que me levasse para o outro lado da rua, até o campanário da igreja. Então caminharia me equilibrando sobre essa corda, no escuro, até chegar do outro lado: para descobrir que não há mais campanário nenhum, porque foi demolido muitos anos atrás.

Sempre tive uma imagem bem precisa do que significava, para mim, construir um espetáculo: era como escalar uma montanha. Não estou sozinho, tenho meus companheiros, estamos ligados por uma corda. Cada um de nós caminha segundo seu próprio ritmo. Mas se alguém está atrasado, todo mundo tem que esperar, assim como todos nós temos que acelerar se o chefe de escalada encontra uma passagem melhor, uma trilha que permita avançar mais rapidamente. Toda decisão deve ser tomada de modo que ninguém do grupo caia. Cada passo, cada parada, cada mínima ação individual tem consequências para todos.

Durante essa escalada, talvez seja preciso retornar para reencontrar o caminho que leva lá pra cima. Às vezes pode parecer que você está se afastando do topo, mas é só um desvio para encontrar um ponto mais sólido da parede, um apoio mais seguro para seus sapatos, uma base de sustentação melhor para suas mãos, para seguir adiante, para chegar ainda mais alto.

A escalada comum era a visão que antigamente me acompanhava quando eu construía um espetáculo.

Nos últimos anos, a imagem da montanha mudou. Agora, no início de um novo espetáculo, vejo as bordas de um grande vulcão, um monte com um enorme buraco preto. E me jogo lá dentro. Então me dou conta de que meus companheiros, os meus atores, saltam logo atrás de mim. Precipitamos no breu e não sei mais se conseguirei salvá-los, se conseguirei me salvar.

Quais certezas nos acompanham nesse vazio para o nosso novo espetáculo, nessa queda coletiva?

Nos acompanham os volumes das poesias de Henrik Nordbrandt.

Nos acompanha o destino de Guilhermino Barbosa, que andou 25 mil km a pé e encarnou as palavras de Prestes: não vencemos, mas também não fomos derrotados. É a história de um andarilho, de um peregrino, *Homo Viator*. Isso me faz lembrar de outro homem, de um outro milênio, que se pôs a caminhar para buscar sua verdadeira identidade, sua própria origem: Édipo.

Eu sei que Barbosa será enterrado da mesma maneira que os mitos: para depois renascer. É para isso que os mitos morrem, para voltar a uma nova vida.

Vejo Barbosa sendo enterrado pelos personagens do mito: Medeia, Cassandra, Dédalo, Orfeu, Édipo, Ulisses e Sísifo. Depois eu o vejo ressurgir, como uma lua pingando sangue. Mas as gotas de sangue são as notas de uma canção de revolta que as pessoas achavam que nunca mais seria cantada. E as notas atravessam o tempo e o espaço para além de um horizonte que está escondido por montanhas, cada vez mais altas, de mãos decepadas.

TORGEIR WETHAL

À PROCURA DE ESPELHOS ESTRAGADOS[1]

(O Sonho de Andersen,[2] 2004)

A voz é rouca. Ela tem um cigarro pendurado no canto da boca. É uma velha bem pequenininha. Seu rosto é cor de cortiça. Ela sacode os quadris aos trancos, mas com sensualidade. Coloca um tambor entre as pernas. Ela bate o tambor, canta e anima as meninas que dançam em círculo ao seu redor ondulando os quadris ou ficando de quatro, balançando o traseiro de modo provocante. A velha paquera os homens que estão à sua volta. O brilho de seus olhos fica gravado nas memórias e nas lentes fotográficas que atrai para si. Ela domina a situação, é a rainha. Mas, ao mesmo tempo, goza da nossa cara.

Era a dançarina e a cantora preferida do sultão quando jovem, muito tempo atrás. Hoje é a atração da Casa das Mulheres. Está acontecendo um festival em Stone Town, em Zanzibar.

Algumas horas depois eu a vejo no meio da rua. Está toda vestida de preto. Eu a reconheço pelos olhos e por seus pés descalços. A história e o êxtase daquele dia já acabaram. Agora ela está sozinha.

---

[1] Texto publicado no programa do espetáculo *O Sonho de Andersen*.
[2] *O Sonho de Andersen*, 2004. Espetáculo dedicado a Torzov e ao Dr. Dappertutto. Atores: Kai Bredholt – Roberta Carreri – Jan Ferslev – Tage Larsen – Iben Nagel Rasmussen – Augusto Omolú – Mia Theil Have (que depois foi substituída por Donald Kitt)– Julia Varley – Torgeir Wethal – Frans Winther. Dramaturgia e Direção: Eugenio Barba. Assistentes de Direção: Raúl Iaiza, Lilicherie MacGregor, Anna Stigsgaard. Light Designer: Jesper Kongshaug. Espaço Cênico: Luca Ruzza/Odin Teatret. Figurino: Odin Teatret. Light Advisor: Jesper Kongshaug. *Dramaturg*: Thomas Bredsdorff. Conselheiro Literário: Nando Taviani. Número de apresentações: 211. Estreia: Holstebro, outubro de 2004. Última Apresentação: abril de 2011. Turnês: Bósnia e Herzegovina, Brasil, Colômbia, Costa Rica, Dinamarca, Espanha, França, Itália, Polônia, Sérvia e Montenegro, Taiwan.

Roberta e eu estamos em um dos pontos mais extremos da África. Ela encontrou duas professoras de dança: uma menina que vem dar aula com seu uniforme de escola e outra dançarina mais experiente. Elas trabalham com dois grupos distintos de teatro e de dança. Seus espetáculos de dança têm muita vitalidade. Já os teatrais são amadores, rígidos e cheios de risadinhas, mas funcionam com seus temas angustiantes: o lugar das mulheres em casa e na sociedade, a diferença e a distância entre as gerações, prevenção, Aids, África.

"África?"

"Sim, África. Do ponto de vista teatral, nunca nos sentimos atraídos por esse continente. Mas temos que nos submeter a novos desafios, visitar situações que não aceitam explicações e nas quais não sabemos o que fazer. Cada um de nós passará um tempo na África. Podemos ir sozinhos ou em duplas."

No dia 7 de março de 2001 nos reunimos no escritório do Eugenio. Não há muito espaço, mas, apertando, cabem todos os atores e os músicos de *Mythos*, o último espetáculo do Odin Teatret. Continua no repertório e ainda o apresentaremos por bastante tempo. Talvez possa ser apresentado após a estreia do novo espetáculo, já que todas as pessoas sentadas aqui disseram que, provavelmente, participarão do novo trabalho, ainda que estejam cansadas de viajar, ainda que tenham problemas em casa com suas famílias, ainda que seja difícil buscar outros desafios profissionais – como o Eugenio prefere dizer –, ainda que não sejam mais jovens. A idade colocou cada um de nós à frente dos próprios projetos, seja coordenando, conduzindo ou dirigindo outras pessoas em cena. Com a idade, muitos vão tendo mais dificuldade de se deixar levar e de trabalhar com um diretor – com o Eugenio.

Para dizer a verdade, é preciso acrescentar que alguns estão contentes de voltar a trabalhar – sem nenhuma restrição.

"Mas África?"

"Os escravos e as rotas de escravos terão um lugar no espetáculo" – responde Eugenio – "a cultura dos escravos, sobretudo aqueles dos Estados Unidos. Isso também pode nos dar a possibilidade de usar músicas que nunca usamos antes, como os *blues* e os *spirituals*."

Sinto uma certa frieza com relação à África, não consigo me imaginar batendo os pés como se fosse um africano, saltando e dançando com minhas juntas cheias de reumatismo. Há tantos exemplos de contadores de histórias na Europa, não precisamos ir tão longe para encontrá-los. Não tenho vontade de ir, mas não digo nada. Dentro de mim eu sei que, se me dedicar, alguma coisa vai surgir. Mais tarde – bem mais tarde – foi a Roberta que achou uma solução que também podia funcionar para mim.

Stone Town é um dos grandes portos de embarque. Aqui, as mercadorias – os escravos – eram reunidas, selecionadas, armazenadas, leiloadas e enviadas. Aqui, o último resto de dignidade humana era acorrentado às paredes e às rochas dos porões. Nos estreitos vãos subterrâneos, o terror pelo desconhecido se juntava à falta de humanidade. Era impossível fugir dali, desafiar o próprio destino. Será que eles cantavam?

Asilos para idosos. Logo depois de falar da cultura dos escravos naquela reunião em seu escritório, Eugenio diz que vamos ter que trabalhar num asilo para idosos por um certo período. Asilo para idosos: porque um dos temas do espetáculo poderá ser o envelhecer, a preparação – com dignidade – para a despedida.

Um novo espetáculo está nascendo. Sei que ficou rondado muito tempo na cabeça do Eugenio. Isso fica claro através de seus interesses, basta ouvir o que ele conta em suas palestras ou reparar nas conversas que tem com os amigos.

Nas camadas mais profundas, fermentam suas preocupações com mundos distantes ou próximos, suas obsessões, suas inquietudes com relação ao nosso futuro (do Odin), sonhos e lembranças de juventude, as profecias e as lutas da velhice, desafios profissionais como a idade física de seus atores, a vontade de destruir tudo e começar do zero, o desejo de bater a porta e dizer: "Basta". Mas também fermenta a consciência de que alguém deve continuar abrindo a porta a quem pede para entrar, além de tantas, tantas outras coisas. No final das contas, sei lá o que fica remexendo nele. Algo está quase se cristalizando, um tema principal começa a ganhar forma. Também foram expostos temas paralelos, como a luta para conservar a própria liberdade sem seguir as míopes exigências do Tempo. Mas o tema principal deve englobar um universo eclético que nos permita – a nós, atores – refletir e provocar reflexões sobre nossas obsessões, opiniões e sonhos.

O terraço do hotel toca a água com os pés. É um dia agradável de final de outono. Parece verão. Lá em casa já é inverno. Sardenha. Estamos circundados por ondas verdes e transparentes. É o único momento em que conseguimos reunir todo mundo para comer ao redor de uma grande mesa, uma pausa roubada das múltiplas atividades da turnê.

"Andersen? Esse é o tema do nosso próximo espetáculo? Hans Christian Andersen?"

A primeira coisa que penso é: Ah, ok, família Andersen, segundo andar, à direita. Na cabeça de cada um de nós deve ter passado muita coisa ao mesmo tempo.

Eugenio dá várias explicações para a sua escolha, justificando-as com as obras e a biografia de Andersen. É dia 24 de novembro de 2001.

Em nosso calendário de atividades, os períodos de preparação do espetáculo já estavam fixados há muito tempo. Agora temos que acrescentar mais duas tarefas. Primeira: cada um precisa preparar uma hora de "materiais pessoais" com uma estrutura dramatúrgica. Temos que: inventar, criar, construir, imitar e aprender uma sucessão de ações, textos, cantos, danças e músicas; encontrar objetos cênicos e figurinos; organizar o espaço cênico. Em seguida, temos que juntar tudo isso em episódios separados ou com uma lógica coerente que se relacione ao tema. Um trabalho individual no qual podemos contar com a ajuda de outro colega em certas situações. Por exemplo: ele pode tocar uma música para uma canção ou uma dança, ou ajudar a executar tarefas técnicas. Se precisarmos de luzes delicadas atrás de um figurino que tem "asas de teias de aranha", poderemos recorrer a um ou, até mesmo, a dois colegas. Mas o ponto de partida é um trabalho pessoal e solitário. Um trabalho que exige uma enorme necessidade de criação e uma vontade de avançar, de evoluir, de descobrir novos aspectos do ofício, de surpreender os outros atores e o diretor – pela enésima vez.

Além da necessidade e da vontade, um trabalho desse tipo exige uma grande autodisciplina. Tínhamos nos dado bastante tempo e estabelecido vários e longos períodos de trabalho. Mas em meio a todos os fogos de artifício gerados por H.C. Andersen – preenchidos de fantasias, sonhos e definições –, sei que muitos já se viam batendo a cabeça na parede. A parede do hábito. A parede da preguiça. A parede dos clichês. A parede da solidão.

Acho que a segunda tarefa nos fascinou mais: todos precisavam encenar um conto de fadas de Andersen junto de outro colega, que também estaria ali como ator. Nós é que tínhamos que decidir como. O resultado não podia durar mais de dez minutos. Mas não era uma regra ferrenha.

Eugenio disse, sem papas na língua: "Só vou trabalhar com o que vocês trouxerem. Disso dependerá o destino do espetáculo, e também do nosso futuro. Quero receber".

Embarcar no mundo de Andersen, nos seus textos e biografias, foi uma experiência surpreendente. Foi totalmente diferente do que eu havia imaginado. No começo, adormecia quando lia sobre ele, apesar de toda a minha dedicação. Se estava fascinado, era mais pelo estilo narrativo do biógrafo do que pela vida que ele descrevia. Tudo era óbvio, inclusive as ambiguidades e as interrogações. Eu só podia reagir de vez em quando, sendo contra ou a favor. Muito tempo se passava até eu encontrar alguma coisa que não compreendesse, que despertasse minha curiosidade ou minha fantasia, que refletisse ou distorcesse outras realidades e esperanças, degradações, sonhos e raiva. Preciso de espelhos estragados pela ferrugem ou pela umidade. Tudo aqui era muito levigado. Alguns colegas estavam nas mesmas condições. Mas não todos. Alguns saltaram a bordo desse universo e se lançaram imediatamente numa viagem de descobertas. Outros fincaram o pé no píer na esperança de subir, como passageiros clandestinos, num navio prestes a atracar.

Com os contos de fadas era diferente. A maior parte do grupo tinha seus contos prediletos, isso bem antes que nos déssemos conta da multiplicidade de significados ocultos. Mas quando tentei engolir todos eles de uma vez só, eu me dei mal. Eram muito prolixos e as contínuas repetições encalhavam bem no meio dos meus olhos. E, mais uma vez, eu adormecia.

Os contos tinham algo que eu não compreendia. Então comecei a inventar o "tom da leitura" de Andersen. Imaginava as inflexões, o que ele destacava e os ritmos que encontrava para os diferentes públicos a quem contava suas histórias. Havia uma grande diferença na maneira com a qual ele "brincava" com as palavras. Isso dependia se ele estava diante de damas de um salão refinado ou de mulheres de um vilarejo, ou se contava suas histórias aos filhos dos ricos ou às crianças de rua. A idade e a proveniência social do público mudava a história, mesmo sem mudar o texto. Frases que pareciam unívocas ganhavam outros significados, e se eu "mudasse o público", o significado também mudava.

Dezembro de 2002: Eugenio recruta Augusto Omolú, um bailarino brasileiro que participará do novo espetáculo. Durante muitos anos ele colaborou com a ISTA (*International School of Theatre Anthropology*), inclusive participando de alguns espetáculos. Lá ele usava principalmente sua experiência de bailarino. Mas agora terá que ser ator. Há muito tempo não corre sangue novo no Odin Teatret. Será bom mexer com as dinâmicas sedimentares do nosso galinheiro. E não é má ideia que chegue alguém que ainda saiba usar o corpo sem ter que fazer um *slalom* entre pontos fracos e vulneráveis (falo de coisas práticas como joelhos, nucas, quadris e colunas).

Temos bastante tempo, mas ele passa tão rápido e tão devagar. As turnês com os antigos espetáculos e as tarefas práticas lá do teatro devoram o tempo com prazer e gula.

"Andersen" avança com tanta inércia que o pânico toma conta de mim. Eu estava ficando feliz porque voltava a encontrar o prazer do trabalho, dos desafios, da liberdade sem censura nos pensamentos e nas ações que criam um ramo após o outro. Ramos que devem ser podados com o tempo. Mas primeiro eles precisam crescer. É aí que o Eugenio se ajoelha e começa a arrancar as ervas daninhas que, para nós, são preciosas plantinhas brotando e que pertencem ao jardim do espetáculo. Sim, eu ficava feliz pensando no prazer de arar, semear e ver brotar. Mas não sou capaz de encontrar sementes. Não sei onde fincar raiz, não sei como casar com mundos diferentes para ver nascerem, em seguida, sedutores, belos ou repugnantes bastardos.

A vaidade ocupa um lugar de destaque na maioria dos seres humanos. Ela pode realmente ser chamada de "humana".

Durante os ensaios há uma clara divisão de tarefas, inclusive entre atores e diretor. De acordo com nosso modo de trabalhar, Eugenio segue por muito tempo as ações, os cantos, as músicas e as molduras das ações que nós, atores, propomos. Ele vê e revê tudo. Observa atentamente as nossas ações para memorizá-las, para perceber as associações com o tema do espetáculo, para entender se há pontos que conectem partes separadas e para extrair um significado que seja diferente ou múltiplo. Múltiplo porque as múltiplas memórias dos espectadores estão todas ativas ao mesmo tempo. Que efeito aquela marcha nupcial terá se for cantada bem no meio de um funeral? Ele observa nossas propostas para intuir como fundi-las com suas próprias necessidades.

Depois de muito tempo, ele começa a mudar as coisas gradualmente. Conecta cada elemento de uma nova maneira, insere fragmentos dos nossos materiais pessoais, corta, constrói vínculos, inclui textos ou ações que ajudam o espectador a seguir uma lógica, ou então elimina tudo o que pode conduzir ao erro. Ele trabalha o invólucro da história, as bases dramatúrgicas, a estrutura fundamental. Se tem novas ideias, ele se faz novas perguntas. Nesse período, não trabalha muito com o ator. Pode até trabalhar algumas cenas ou fragmentos que ele "compreendeu", experimenta novas maneiras de seguir as ações, encontra outros textos, objetos cênicos, saboreia novas canções. É um período aberto. Eugenio nos dá espaço. E nós damos espaço a ele.

Depois dedica cada vez mais tempo aos detalhes. Os detalhes da história e os detalhes do ator. É um período de vulnerabilidade que exige confiança e disponibilidade para estar aberto a escutar e a receber. Aqui é melhor que os muros das defesas desmoronem. Mas isso não significa que ficamos fazendo comentários negativos, não circulam críticas. Cada um está concentrado em suas próprias tarefas de trabalho. Há uma modulação compartilhada, uma melhoria e uma luta para nos despirmos de nossos clichês e maneirismos, tanto os pessoais quanto os de grupo.

E é exatamente nessa hora que o diabo da vaidade põe a cabeça pra fora. As correções são vistas como críticas, os cortes das ações e do texto são vistos como incompreensão. Se não somos capazes de solucionar uma tarefa técnica – por exemplo: cair de uma cadeira sem fazê-la virar –, nos sentimos inadequados. Antigamente teríamos dedicado dias ou semanas para encontrar uma saída. Na mesma hora, se instaura uma atmosfera de rejeição e de defesa que não leva a lugar nenhum, que freia a corrente do rio principal para onde estão convergindo os outros afluentes, como um delta ao contrário. Em toda parte é inundação ou deserto.

Em situações como essa, Eugenio fica bloqueado. Perde sua capacidade de improvisar, fica sem vontade de trabalhar. O mesmo acontece com a gente: fazemos o que deve ser feito, mas nos tornamos mecânicos. Pensamos em outras coisas.

Conhecemos esse perigo – o diabo da vaidade – por experiência. Nós já o encontramos, mas nos esforçamos para evitá-lo. Talvez seja por isso que o

Eugenio, numa reunião feita muito antes de trabalharmos juntos novamente, resolveu encarar o problema de frente. Alguns de nós já haviam chamado a atenção para esse problema. Mas agora ele falou abertamente sobre isso, em primeira pessoa. Estourou furúnculos com bisturis que nem sempre estavam afiados. Os colegas ficaram irritados, feridos, cansados, com raiva. Provavelmente porque seu tom foi muito duro. Eu estava triste e exausto, quase contido, mas também otimista. Havia sido uma manobra de salvação antes de lançar o navio nas águas de um mar agitado.

Nos últimos 35 anos, nunca tentei imaginar o que teria feito se não tivesse ficado no Odin Teatret. No entanto, sempre refleti muito tempo antes de decidir se participaria ou não de um novo espetáculo. Depois de fazer minha escolha, nunca duvidei que iria até o fim. Pela primeira vez eu não tinha certeza. Durante uma das reuniões seguintes, necessárias para limpar o pus das feridas, eu quis saber quem iria mesmo participar. Eu participaria, mas sob a condição de *trabalharmos todos juntos*. Queria um canteirinho para construirmos, juntos, um castelo de areia. Tem lugar pra todo mundo, cada um pode construir sua torre do jeito que quiser, basta que esteja integrada ao castelo. Mas não tem lugar pra quem mija nos cantos e contamina os materiais de construção que servem para si mesmo e para os outros. Se isso acontecer, eu pulo fora. Sinto a necessidade de respeitar as pessoas com as quais trabalho.

Os prazos de tempo estabelecidos estavam quase vencendo. Não conseguia me decidir e começar logo minha "cena". Meus pensamentos mordiam o próprio rabo, pareciam uma daquelas rodas da fortuna em que um ponteiro passa pelos vários fragmentos de um conto, um após o outro, para acabar parando num conto qualquer. Eu não estava com vontade de trabalhar com fragmentos. Com o tempo, tudo seria subdividido e remontado. Eu queria partir de uma história completa. Um dia consegui dar um passo pra trás e pude ver, à distância, a roda da fortuna e seus fragmentos. Tenho que admitir que a maior parte deles vinha de *No Dia do Julgamento*, um conto que havia me deixado profundamente irritado. Mostra "o Animal que vive em cada ser humano", mostra um "justo" em seu leito de morte, quem ele foi realmente: um homem como outro qualquer. Até aqui, nenhum problema. Mas a parte final, a descrição do esplendor celeste e do modo como o encontraremos, tem o mesmo teor absolutista combatido por Andersen em seus escritos.

Não consigo descobrir para quem Andersen conta essa história. Para alguém que ele quer satisfazer? Ele quer atacar alguma pessoa específica? Não há nenhuma ironia ou ambiguidade durante todo o final. Será que eram apenas palavras que saiam da caneta uma após a outra? Será que ele disparava contra todas as seitas, usando espingardas de chumbinho, imaginando que seus leitores teriam uma grande capacidade de leitura? Ou será que essa era sua crença fundamental? Preciso perguntar aos especialistas.

Apesar de continuar me irritando – ou talvez por isso mesmo –, escolhi essa história como moldura para o trabalho que desenvolveria sozinho.

No Odin Teatret temos três salas de trabalho grandes e uma pequena, mas há vários outros lugares onde podemos fechar a porta e trabalhar sem que ninguém nos incomode, se não precisamos de muito espaço. Todas as salas estão ocupadas o dia inteiro. Um manto de segredos cobre tudo. Todo mundo encontrou detalhes: figurinos, objetos cênicos ou soluções cenográficas para surpreender os outros na hora de mostrar o trabalho.

Mas há quem se sinta literalmente sem recursos. Precisam modelar e reunir sozinhos o que os ocupou nesses últimos dezoito meses, sem aquele espelho ou aquele parceiro com o qual dialogar – o diretor. E sem aquele sentido que aflora quando você trabalha com os outros atores, quando o que faz e diz se transforma na parte de uma história maior, como ação e reação a algo visível. O que estamos preparando agora não precisa ter a lógica de um espetáculo. Os fios podem estar soltos, mas isso já deve conter o espetáculo, inclusive a vulnerabilidade – os momentos sem casca, quando não nos escondemos atrás da nossa habilidade. Será que podemos chegar sozinhos a esses momentos?

Outros estão bem, confiam no que pensaram e trabalham em cima disso. Estão todos nervosos. Alguns dos "sem recursos" pedem ajuda a um colega ou a um assistente de direção.

Quase todas as vezes, o Eugenio teve um assistente de direção quando preparava um espetáculo. Normalmente era um estudante de dramaturgia ou de teatro, ou simplesmente um jovem diretor. É uma pessoa que observa todo o processo de trabalho, que propõe soluções cênicas, que ajuda os atores a descobrir como executar uma determinada ação ou como manipular um objeto cênico. É, principalmente, alguém com quem o Eugenio conversa muito fora da sala de trabalho, ele explica o que pensa, porque trabalha de um modo com um ator e de modo diferente com outro ator. Isso porque ele não foca diretamente no objetivo. É a introdução à prática de um ofício numa situação real, com todas as suas crises e incertezas.

Antigamente, o papel do assistente de direção não tinha um significado prático para os atores, mas isso mudou nos últimos anos, paralelamente ao modo de trabalhar do Eugenio.

Hoje temos três assistentes de direção, cada um com diferentes experiências. Eles têm que organizar tudo o que acontece durante um ensaio em que o Eugenio reage, improvisa, corta e acrescenta textos e ações, além de nos fazer improvisar. Se precisássemos parar para anotar cada mudança que teria que ser lembrada no dia seguinte – como fazíamos no passado –, não avançaríamos muito. Além do mais, o modo de trabalhar que o Eugenio desenvolveu nos últimos anos não funcionaria de jeito nenhum. Os três assistentes, cada um com suas próprias experiências no campo da direção, da música e da linguística, mostram-se disponíveis quando um ator pede ajuda. Três pessoas entre 50 e 24 anos que decidiram correr essa maratona com a gente ao mesmo tempo que: uma está terminando um doutorado, outra deve cuidar do seu grupo teatral e dirigi-lo, a terceira se propõe a levar seus estudos até o fim.

Temos que encenar o conto que cada ator escolheu. Fazemos um sorteio. Frans e Tage concordam em ser os primeiros, estão prontos há muito tempo. Roberta e Jan têm o direito de apresentar suas cenas depois de todo mundo, já que terminaram o espetáculo *Sal* com o Eugenio nos últimos meses e não tiveram muito tempo para se preparar. Mas os outros querem encarar o fogo o mais tarde possível; eles ainda precisam de tempo. Acho que a maioria tem ideias bem claras sobre o que deseja fazer. O pesadelo é como organizar tudo para conseguir preparar as cenas com os colegas em apenas dois dias. E esses dois dias se tornaram nada mais que dois encontros de quatro horas cada um, já que todos os atores, na parte da manhã, queriam trabalhar em cima de seus materiais individuais.

Para mim, o que temos que apresentar é mais ou menos um esboço, a arrumação de um roteiro ou o traçado de uma ação no espaço. Tudo tem que estar claro na cabeça do "diretor". É preciso deixar os sonhos e os trabalhos de mesa para trás e chegar com soluções técnicas já prontas. Esse é um modo de trabalhar totalmente diferente do que estamos acostumados. Nada de labirintos, nada de surpresas, mínimas possibilidades de improvisação para o ator – foco na linha de chegada, na meta.

Vou acabar descobrindo que alguns de nós haviam pensado exatamente o oposto: regras do jogo simples, objetos de cena selecionados com muito cuidado (uma cama grande, um longuíssimo tecido azul), fragmentos de um conto ou um conto inteiro, eventualmente misturados com episódios e informações biográficas. O resto está nas mãos dos atores. Eles fazem de tudo para melhorar a estrutura até o último segundo que têm à disposição. Alguns misturam os dois modos: de um lado, eles têm ideias claras sobre algumas partes da cena; do outro, confiam no que os outros atores podem encontrar.

Tirei um bom número no sorteio. Ainda tenho um pouco de tempo – pelo menos uns quatorze dias – antes de ter que dirigir minha cena. Ainda não escolhi meu conto. Tenho uma solução de emergência, mas não gosto dela.

Começa um período muito intenso, de fervor. Estamos em janeiro de 2003 e os fogos de artifício do final do ano continuam estourando dentro da sala de trabalho. Cada um de nós tem sua maneira de resolver a tarefa: desde o sonho de fazer um espetáculo com uma montagem refinada em apenas oito horas até a mera ilustração de um texto. Um fator se mantém constante em todas as situações: os atores fazem de tudo para satisfazer os desejos dos diretores, chegam com propostas quando alguém pede isso para eles, esperam pacientemente quando é necessário e estão concentrados em seu trabalho. Todo mundo sabe que "amanhã sou eu" ou "me ajudaram como puderam". Tentam escutar, ao invés de mergulhar nos próprios pensamentos.

Alguns dias depois tomo uma decisão. Não, não é verdade. Foi uma ideia – uma imagem – que decidiu por mim. A luz. Aquele conto – *No Dia do Julgamento* –, que com o tempo passei a conhecer melhor do que os outros, que durante a maior parte do dia fazia um turbilhão na minha cabeça e com o qual eu trabalhava sozinho todo dia, contém uma frase: *Mas a luz irrompeu assim tão deslumbrante, tão penetrante, que a Alma recuou como se estivesse diante de uma espada desembainhada*. A luz celestial deveria ser aquela afiada faixa luminosa de uma lâmpada de interrogatório. A gradual e cínica rendição do prisioneiro. O final era um desfile militante de justos com suas tochas em mãos, encapuzados contra a Escuridão. Todo o resto estava no texto. Eu tinha decidido há muito tempo que a cena deveria se passar num asilo de idosos, independentemente do conto que tivesse escolhido. Essa era uma das ideias que haviam sido sugeridas naquela primeira reunião no escritório do Eugenio, mas não tínhamos tido nem tempo nem vontade de desenvolvê-la. Fora isso, nenhum de nós havia trabalhado num asilo de idosos.

Nenhum de nós é particularmente bom interpretando ou atuando com um pedaço de papel na mão. Então nos agarramos aos nossos velhos hábitos, repetimos o que já conhecemos, meio sem jeito, nos sentindo exatamente aquilo que somos numa situação como essa: um bando de amadores. Mas nos acostumamos. E lentamente penduramos nossas inibições nos cabides do armário e nos transformamos num bando de amadores "alegres" que tinham que mostrar nove cenas diferentes, que deveriam ser apresentadas, uma após a outra, em quatro horas. O tempo gasto na passagem de uma cena à outra também era contabilizado.

Estamos atrasados. Na verdade, temos todo o tempo que quisermos, mas precisamos respeitar a agenda. Tínhamos um encontro marcado com o Nando. Ferdinando Taviani, professor universitário da Itália, desde o início dos anos 1970 foi o colaborador dramatúrgico mais próximo do Eugenio, uma pessoa com quem experimentar ideias e de quem recebê-las. Se o diretor é o primeiro espectador do ator, Nando é o primeiro espectador do Eugenio. Ele também ajuda a tecer os fios narrativos, a avaliá-los, a testá-los para ver se vão resistir. Ao mesmo tempo, é o colaborador mais confiável da maioria dos atores, uma pessoa com quem elaborar as dúvidas, desenvolver as ideias, brincar com os pensamentos mais absurdos até que eles pousem como simples e inconfundíveis borboletas.

Eugenio estava viajando quando preparamos nossas cenas. Mas já tinha voltado há algum tempo. A data de chegada do Nando estava marcada, assim como o tempo que ele ficaria conosco. Durante aqueles dias, teríamos que mostrar – e ver – tudo. Uma ou duas apresentações de materiais individuais na parte da manhã, no máximo, e outros dois contos no resto do dia. Precisávamos de tempo para organizar o espaço cênico e posicionar as luzes para cada proposta. Também tínhamos que lembrar o que fazer. Tudo o que havíamos preparado no decorrer de oito horas, três semanas antes, tinha sido enterrado pela preparação das oito cenas seguintes.

É claro que a montagem dos contos não incluía um primoroso trabalho de ator. Resultados desse tipo só podiam ser encontrados em certos fragmentos dos materiais individuais, que continham ideias para as cenografias, os figurinos e os objetos cênicos. E continham, acima de tudo, a força de impacto do ator.

Raramente tenho a chance de sentar, como espectador, para ver o que os meus colegas estão fazendo em cena. Depois de tantos anos juntos, é difícil que ainda consigam me surpreender, divertir ou tocar – isso iria contra as leis da natureza. Mas eles conseguiram, um após o outro. O que não surpreende é que eles ainda conseguem me irritar.

E ainda tem as marionetes. Duas! Julia e Kai, cada um com a sua. Não me lembro de marionetes nos espetáculos do Odin. Eu me pergunto se serão incluídas no espetáculo, se o Eugenio ainda encontrará lugar para elas na história que precisamos criar, com aquele monte de elementos que já preparamos para a montagem.

Mostramos tudo. São pelo menos dez horas de materiais fixados. A atmosfera no teatro já está leve. Estamos aliviados. Aliviados do peso de trabalhar sozinhos. A primeira fase passou. Agora podemos começar juntos. Juntos do Eugenio, que até o momento tinha ficado afastado. Ele disse que só trabalharia com o que nós lhe daríamos. Agora ele já pode começar. Só que não começou.

Primeiro, Eugenio pede a dois dos três assistentes de direção que também encenem um conto. Depois, eles têm que fazer uma montagem, estabelecendo a sucessão de todas as nossas cenas e as deles. Um trabalho colossal para organizar todas as mudanças de cena. Cada um de nós tinha um modo próprio de organizar o espaço. Altar, forcas, duas diferentes camas improvisadas, três leitos de morte, um rio, um tronco de árvore oco, uma cortina de tule que atravessa a sala toda, uma corda com roupas penduradas como vemos em Nápoles, paredes feitas com recortes de papel, suportes para partituras organizados como se vê numa orquestra clássica, um teatro de marionetes, uma fogueira, torres de vigilância, um mar em tempestade, mesas e cadeiras, o portal de uma igreja. Tudo era construído com muita fantasia e com materiais simples. E ainda havia as máscaras e as correntes para a dança dos escravos, a *Bíblia* e um barquinho de papel, o soldadinho de chumbo e os corações, os sapatinhos vermelhos e o pão, tecidos de ouro, prata e bronze. Em poucas palavras: inúmeras caixas de objetos cênicos.

Colocamos os cabides para os figurinos nos quatro cantos da sala, e deixamos os objetos onde podíamos pegá-los com facilidade. Sim, porque muitos também tinham propostas bem claras de figurinos. Era até mais difícil lembrar qual figurino vestir do que as ações que deveriam ser realizadas em cena. Túnica de pastor protestante ou pijama? Terno branco com chapéu-panamá ou *smoking* preto com cilindro? O problema durou bastante tempo. Muitas vezes ouvíamos: "Ah, que merda!", e víamos um ator com o figurino de outra cena. Nas paredes, penduramos enormes folhas de papel com a descrição da sequência das cenas. Não conseguíamos nos lembrar da sequência, nos parecia pouco lógica. Em todo caso, era muito particular. Não conseguíamos entender por que os assistentes haviam escolhido aquelas sequências. Pode até ser que o problema persistisse se a ordem tivesse sido escolhida por um dos atores. Mas acho que, com o passar dos anos, conseguimos elaborar um senso comum para vislumbrar as possibilidades de desenvolvimento dramático a partir dos materiais à disposição. Deixar que os assistentes escolhessem nos ajudou a quebrar um dos nossos automatismos, assim como aconteceu com os contos. Tivemos que nos confrontar com um modelo de desenvolvimento com o qual não estávamos acostumados.

Apresentamos as duas diferentes montagens. Eugenio pediu aos atores que escolhessem uma delas. Escolhemos. Os caminhos do labirinto estavam prontos: uma série de problemas à nossa frente. Muita coisa foi cortada, muita coisa foi acrescentada, mas os pontos centrais da sequência original foram mantidos até o final dos ensaios, ainda que fosse difícil reconhecê-los.

Mostramos essa montagem a Thomas Bredsdorff, nosso segundo colaborador dramatúrgico. Thomas é crítico literário e teatral, além de professor de literatura em Copenhague. É um homem da linguagem que ama as palavras e suas possibilidades, que conhece as fontes, que é capaz de traduzir seu saber em história e breves episódios numa narrativa que inspira atores em busca de mais detalhes. É um analista com pontos de vista muito particulares que pode estimular a fantasia do Eugenio, ajudando-o a criar as camadas ocultas do espetáculo – seus gânglios nervosos e seus circuitos sanguíneos.

Muita gente pensa que o Odin Teatret é constituído apenas pelas pessoas que circulam todo dia nas instalações do teatro, mas nós somos apenas uma parte disso tudo. Várias outras pessoas têm uma relação contínua com o grupo, mesmo sem nos encontrarmos com frequência. São artesãos, intelectuais, arquitetos, mecânicos, engenheiros, cozinheiros – quase todos os ofícios. Pessoas cuja competência profissional, independência, curiosidade, calor humano, capacidade de sonhar e de romper com os hábitos mentais geram situações de contato e colaboração. É como se o Odin Teatret fosse um dominó visto sob a perspectiva de um pássaro que voa no céu.

Entre essas pessoas está Luca Ruzza, arquiteto e cenógrafo. Ele já havia colaborado com o Odin quando montamos *O Evangelho de Oxyrhincus*. Luca nos mostrou uma maquete do espaço cênico para o novo espetáculo. Nunca ninguém tinha visto uma arena teatral daquela. Sua forma possui uma delicadeza e uma sinuosidade que nunca poderia acolher gladiadores ou corridas. Não tem a tensão do círculo, pois seus arcos, curtos e longos, são sensuais. Um espaço incerto. Mas que satisfaz a necessidade do Eugenio de transformar rapidamente o espaço – um dos meios que ele utiliza para afetar os sentidos dos espectadores. Durante todo o ano seguinte, a estrutura será submetida a inúmeros retoques: vários detalhes são mudados, finalizados e então descartados e novamente reelaborados. A superfície luminosa desaparece, mas sua forma básica é preservada. Enquanto aguardamos a construção da estrutura do espaço cênico, nós a desenhamos no chão e ali instalamos a montagem dos contos. Então nos deparamos com outros problemas. É o espaço cênico mais complicado que já vimos. Os espectadores só conseguem ver frontalmente todos os atores ao mesmo tempo quando estes ocupam uma pequena parte do espaço. Não é suficiente. O espaço oval é limitante e exige uma boa articulação – da espinha dorsal.

É sobre essa elipse desenhada no chão com fitas adesivas que Eugenio começa a trabalhar. Cortar os primeiros trinta minutos é relativamente fácil. Tem muita coisa repetida nos contos de Andersen. O mesmo acontece com nossas cenas.

Além das dificuldades profissionais que cada um de nós encontra para desmantelar o muro da rotina, que se ergue novamente na hora em que você o derruba, chegam as frustrações de sempre, do tipo: "Quanto espaço eu e meus materiais vamos ter nesse espetáculo?". A operação aritmética é simples: somos nove atores e o espetáculo vai durar no máximo 70-80 minutos. Cada vez que a tesoura corta, dói, mesmo sabendo que ela está lá para isso.

O material que sobrou é enorme. É impossível não pensar: "Como é que ele vai se virar? Como podemos transformar tudo isso?". É como uma aranha que perdeu o próprio instinto e só teceu fios verticais muito distantes uns dos outros. Há qualquer alusão, mínima que seja, a uma cena final? Claro, nem que fosse apenas na cabeça do Eugenio. Muitas vezes, a ideia de uma cena ou de uma imagem final foram um de seus pontos de partida. Na maioria das vezes elas mudaram, mas estavam presentes desde o primeiro dia.

Fevereiro de 2004. O trabalho começa. Agora, nossa história pessoal, a dor e a alegria, as esperanças, a tentação de renunciar e o direito de não ser escravo das convenções do tempo vão encontrar a luta de Andersen. Os pensamentos devem se transformar em vida – a nossa vida. E tudo isso ainda precisa ter uma conexão com a vida e os textos dele.

E a velhinha com o cigarro e o tambor?
Ela também participa. Segura a nossa mão e diz: "Coragem, vocês são jovens. Você também é obrigado a continuar fazendo o que você é. E pare de pensar que é a última vez". Seus olhos brilham enquanto ela levanta o punho – em tom ameaçador – antes de explodir num sorriso banguela sem tamanho, balançando, provocante, os quadris.

Um novo espetáculo está nascendo. Em alguns momentos parece um fantasma, com velhas correntes enferrujadas, lento e opressor. Em outros, parece uma iluminação batendo levemente as asas, transparente como a pele de pergaminho de uma mão anciã.

MIRELLA SCHINO

CINQUENTA ANOS DE ESPETÁCULOS[1]

(A Vida Crônica,[2] 2011)

À medida que o Odin vai se aproximando dos seus cinquenta anos, surpreendo-me ao me perguntar de que forma será lembrado no futuro. Refiro-me à memória de sua particularidade. Para mim, será lembrado através de seus espetáculos. Não é assim para todos. Com os anos, o Odin se tornou um continente, e existem aspectos de suas atividades que muitos consideram ainda mais importantes, ou mais significativos, como: a ousadia de seus percursos estratégicos de sobrevivência ou a vastidão de sua ação pedagógica; sua longevidade, que parece ter vencido as leis naturais do perecimento; a investigação científica, a "antropologia teatral"; ou aquela vida de grupo que muitas pessoas viram como uma inovação de vida e de trabalho tão forte que leva a pensar, inclusive, numa pequena revolução.

Para mim, o centro desse imenso corpo, aquilo que o mantém em vida, são os espetáculos. Acabei me perguntando por quê. Eles não são importantes por ter um estilo original, pois novidades desse tipo não duram cinquenta

---

[1] Uma primeira versão deste texto foi intitulada "La Ragazza con la Pistola". "Spettatori dell'Odin" [A jovem com o revólver. Espectadores do Odin] e publicada na revista italiana *Teatro e Storia*, n. 35, p. 149-64. Em seguida, com o título "Odin Ciuncuenta: los Espectáculos", integrou a revista espanhola *Primer Acto. Cuadernos de Investigación Teatral*, n. 346, 1/2014, p. 29-37. (N. T.)

[2] *A Vida Crônica*, 2011. Atores: Kai Bredholt – Roberta Carreri – Jan Ferslev – Elena Floris – Donald Kitt – Tage Larsen – Sofia Monsalve (que depois foi substituída por Carolina Pizarro)– Iben Nagel Rasmussen – Fausto Pro – Julia Varley. Dramaturgia e Direção: Eugenio Barba. Assistentes de Direção: Raúl Iaiza, Pierangelo Pompa, Ana Woolf. Espaço Cênico: Odin Teatret. Figurinos: Odin Teatret/Jan de Neergaard. Conselheiro Literário: Nando Taviani. Número de apresentações: 209, até dezembro de 2016. Estreia: Holstebro, setembro de 2011. O espetáculo continua em cartaz. Turnês: Alemanha, Brasil, China, Colômbia, Cuba, Dinamarca, Espanha, França, Grã-Bretanha, Hungria, Itália, Malta, Noruega, Polônia, Romênia, Uruguai.

anos. São importantes porque têm algo diferente, uma relação: o Odin e seus espectadores. Algo que eu chamaria de "comparticipação". É por essa "comparticipação" que escrevo esse texto.

Podemos imaginar uma noite no teatro, na sede do Odin, com aquele que, hoje, é seu público habitual: pessoas de cabelo branco espalhadas pela sala; jovens que talvez tenham estudado sobre o Odin nos livros; espectadores ocasionais; jovens que participam do universo teatral. Mas também vemos aqueles espectadores que são fiéis há décadas: sua fidelidade impressiona a imaginação. Ela parece estranha, então é significativa. Parece até uma âncora, uma demanda tácita com a qual se tenta obrigar um teatro a permanecer sempre igual a si mesmo.

Talvez porque eu também seja um deles, sou um velho espectador. Mas, para mim, essa fidelidade que dá na vista não é nada importante. É apenas a parte visível de uma realidade mais ampla: os espectadores estão ali, sentados em seus bancos, segregando significados. Cada um vê um espetáculo diferente. Os mais velhos veem a relação entre o passado e o presente, veem os temas que retornam de um espetáculo ao outro, entrelaçando-se, transformando-se e perseguindo-se reciprocamente. Veem atores unidos por vínculos decenais. De um espetáculo ao outro, eles mudam, propõem novos estilos, novos personagens, novas técnicas, são sempre iguais, reconhecíveis, envelhecem. Nos gestos desses atores, os espectadores "amigos" leem histórias privadas e veem personalidades, e não apenas personagens. Também veem um impulso que leva à autobiografia, que às vezes é epidérmica e vistosa. Mas na maior parte das vezes, é silenciosa, embora violenta.

Mas a biografia que esses espectadores acham que estão lendo nos gestos cênicos não é a do Odin, é a deles mesmos, dos espectadores. É feita de desejos, arrependimentos e medos. E os outros, os espectadores mais jovens, os ocasionais e aqueles que estão ali pela primeira vez, por mais estranho que pareça, também veem a mesma coisa.

Há também uma boa fatia de público que não vê nada além de um velho grupo teatral de cinquenta anos de idade, que também é famoso há cinquenta anos, fechado num estilo que já se tornou um dos monumentos do teatro, que de vez em quando é considerado bonito ou clássico, sempre interessante ou já superado. Exatamente como acontece com todos os espetáculos e todos os teatros importantes. A presença deles também é importante, mas não vou falar deles aqui.

No decorrer dos ricos anos 1960, dos inquietantes anos 1970, dos impressionantes anos 1980, o Odin foi um ponto de referência. Pelo menos aqui, na Europa, ele chegou sob o signo dos obscuros mitos nórdicos, como se estivesse envolvido por negras bandeiras, como um memento: lembrando que atrás da paz estável que acreditávamos gozar, havia a guerra. No sentido político, mas sobretudo existencial. Fora e dentro de nós, nos outros e em nós mesmos. O Odin e seus espetáculos nos levaram para um mundo não pacificado, um mundo atravessado pela Caça Selvagem do deus Odin e de seus irmãos. Eles não nos contaram isso, assim como não tiraram proveito. Apenas nos lembraram que a violência existe, que tem muitas faces, que é parte de nós, e, quando não lhe damos importância, ela nos domina.

No meio da crise desse nosso século XXI, parece quase uma premonição:

> Odin é o nome escandinavo de Wotan, que, na mitologia nórdica, é o deus da guerra. Mas não é só isso. Wotan-Odin também é o xamã que se submeteu a inúmeras provas para conhecer o segredo das runas, os símbolos que levam ao conhecimento. Ele ficou pendurado numa árvore durante nove dias, depois caiu e dominou as runas, a escritura. Essa é a descrição oferecida pelo *Hávamál*, um dos textos mais antigos do *Edda*, escrito por volta de 1100. No entanto, "wotanismo" é também o modo pelo qual alguns psicólogos definem o fenômeno do *Amok*, do furor coletivo, no qual as barreiras racionais são derrubadas e o homem passa a ser dominado por forças destrutivas.
>
> Nosso século inteiro presenciou a explosão dessas ondas irracionais, e nosso teatro quis carregar esse nome extremamente ambíguo que pode indicar a destruição do homem, mas também a sua salvação [...]. No entanto, não foi essa reflexão que me levou ao nome Odin. Na verdade, eu o encontrei na rua, enquanto caminhava e passavam pela minha cabeça todos os nomes possíveis para o meu teatro. Por acaso, enquanto tentava saber onde estava, eu me vi diante de uma placa: *Odin Gate*, ou rua Odin. E logo pensei: esse nome me soa bem.[3]

---

[3] Fragmento da longa entrevista que, em outubro de 1969, o professor italiano Ferruccio Marotti fez com Eugenio Barba e Torgeir Wethal (Naquele ano, o Odin participou da Bienal de Veneza com *Ferai*). Uma transcrição completa dessa entrevista está conservada no *Odin Teatret Archives*, fundo Odin, série *Publications*, b.3.

Para muitas pessoas, e durante muitos anos, o Odin foi um difícil interlocutor. Uma força que, antes de tudo, destruía novos e antigos hábitos. Um ponto de referência às vezes tão importante que, depois, era difícil lembrar que tudo isso – os aspectos anômalos desse teatro, sua belicosa longevidade, sua curiosidade, sua força – teria sido interessante para nós, mas não essencial, se os espetáculos não tivessem existido.

Provavelmente, para o Odin, seus percursos pedagógicos ou de pesquisa, assim como suas estratégias políticas e culturais, são também um modo de passar de um espetáculo ao outro, um modo de não sair do teatro. E tudo isso sem se deixar aprisionar pelos espetáculos, para determinar uma espécie de "continuidade" que não é nem fidelidade a si mesmo nem coerência artística. Com certeza, para seus espectadores, mergulhar nas múltiplas atividades do grupo é também um modo para não deixar o calor do espetáculo se dispersar, para que ele possa continuar.

Pergunto-me o que restará no futuro, o que estará no primeiro plano: a lembrança da frenética rede de atividades, que se multiplica cada vez mais com os anos, ou a lembrança da amarga perfeição de algumas de suas obras. Sem elas, o que teria sido das outras faces?

Em todo caso, falar dos espetáculos do Odin não é fácil. Não é fácil exatamente porque parece ser: o estilo e o aspecto global são particulares. Alguns desses aspectos tão característicos são famosos: o número limitado de espectadores, a inexistência de um palco e a presença do público que, normalmente, fica enfileirado em grandes arquibancadas que se espelham como se fossem as duas margens de um rio. São as credenciais de uma mitologia. Devem ser lembradas. Mas isso não basta.

Não existem personagens nesses espetáculos. Existem atores e emblemas – uma venda preta, uma espada retirada do coração, uma máscara quebrada, uma saia com uma enorme fenda na frente –, mas não psicologias. São espetáculos que não contam uma história, mas entrelaçam tantas histórias. Parece que elas quase não têm nenhuma relação entre si. Pelo contrário, parece que seu maior objetivo é se afastarem umas das outras – os espetáculos acabam tendo uma forma flutuante, mágica, belíssima.

Se os espetáculos não contam uma história, correm o risco de serem lembrados como uma forma imprecisa e instável, como uma água-viva desbotada pelo sol. A memória viva, aquela cheia de detalhes, acaba descolorindo se não vemos outros espetáculos ou se não revemos um deles. Por isso, para a memória, as histórias são extremamente úteis.

Por outro lado, esses espetáculos impressionam exatamente porque não contam uma única história. Ao invés disso, eles se esforçam para romper com as crostas de narração, para se nutrir e nos nutrir com o que está oculto. Eles são criaturas, fragmentos de histórias e ações que passam a habitar nossa mente. Isso se nós os aceitamos, se voltamos a vê-los. Na mente de quem os vê, tornam-se signos de fronteira, misturam-se com seus pensamentos, com o modo de formar novas ideias. Costuma ser impossível explicar seu sentido, e essa é a coisa menos interessante. Se possuem um significado, certamente é diferente de espectador para espectador, e não é aquele previsto (se é que ele foi previsto) pelo diretor ou pelos atores. Não são incompreensíveis ou vazios, somente um pouco misteriosos. Produzem rápidas visões, pequenos curto-circuitos, impressões de novas e inesperadas compreensões. Desse ponto de vista, são intencionalmente insatisfatórios, podem ser inclusive um tormento. Dão muito ao espectador, que também dá muito em troca, mas que, justamente, acaba reivindicando outras coisas.

Esse modo muito particular de preparar os espetáculos do Odin já foi descrito inúmeras vezes pelas próprias pessoas do grupo. Isso não interessa aqui, nesse texto, já que estamos seguindo o fio da visão do público: atores que se movimentam num pequeno espaço oval ou numa estreita faixa do chão, com gestos e ações que não são os mesmos da vida lá de fora.

Nesses espetáculos sem unidade narrativa, as palavras têm peso, algumas vezes são poéticas, outras vezes, são simplesmente desconectadas entre si. São como bolhas que costumam subir com dificuldade até a superfície. Para muitos espectadores, continuam sendo palavras incompreensíveis, inclusive quando são ditas na língua do lugar. Desse modo, são espetáculos obscuros e distantes.

Raramente, os figurinos, as luzes e a organização do espaço dão a impressão de cuidado profissional. Costumam parecer, à primeira vista, feitos em casa, são meio imprecisos. Parece que não querem ou não sabem explorar as infinitas possibilidades técnicas que existem. Dão uma básica impressão de vulnerabilidade.

Esses espetáculos vulneráveis são feitos para um número limitado de espectadores e plasmam um espaço cênico sempre muito parecido. Mas a cada vez esse espaço é reencontrado e recriado como se fosse totalmente novo. A cada vez, é como se esse velho grupo redescobrisse, com o mesmo estupor, seu espaço sempre igual: circular, retangular ou oval, habitado por atores em torno dos quais se debruçam os 60, 120 ou 190 espectadores previstos.

Durante seus primeiros cinquenta anos, o Odin montou incontáveis espetáculos, algumas vezes para todos os seus atores, outras vezes para um único ator. Havia também os espetáculos feitos para ocasiões específicas, ou aqueles grandiosos ligados à ISTA (*International School of Theatre Anthropology*), criados junto de atores orientais com os quais o Odin colaborou durante anos. Todavia, para muitos espectadores, por mais lindo que possa ser um espetáculo individual ou da ISTA, as quatorze montagens do grupo todo – aquelas "criadas a partir do nada", segundo a definição de um dos atores, Torgeir Wethal – são um discurso à parte.

E esses quatorze espetáculos não pertencem todos à mesma categoria. São criaturas vivas: alguns são perfeitos, são como uma facada no coração; outros cresceram de modo mais atrapalhado, possuem uma beleza meio velada pela fadiga.

São construídos como sequências de "viradas" que nunca chegam ao seu ápice, pois são continuamente interrompidas e levadas para outras direções. Dão a impressão de apresentarem várias realidades simultaneamente. É uma experiência estranha, inquietante e cheia de ramificações. Bastam poucas palavras para contá-la.

Resumindo numa única frase: são espetáculos que dizem respeito, especificamente, aos seus espectadores, e nos quais eles – os espectadores – têm uma comparticipação.

É por isso que assisti-los é um prazer. Inclusive, pode até se tornar – para alguns se tornou – uma necessidade.

Eu sei, e concordo: as palavras usadas para falar dos espetáculos do Odin sempre soam meio exageradas. As minhas também são. Não porque nós, que escrevemos, sejamos tolos, entusiasmados ou visionários: é que estamos falando de emoções privadas, típicas de um espectador. É provável que se a memória desse "exagero" fosse perdida, também perderíamos algo que é essencial.

A essa altura, chego a me iludir, achando que sei o que tanto me liga a esse modo de fazer teatro: a elementaridade de uma constatação. Se você quer saber por que continuo indo assistir aos espetáculos do Odin, e por que continuo escrevendo sobre eles, o motivo é o seguinte: para continuar constatando que, no teatro, as emoções – principalmente as que partem de um impacto físico, do corpo de quem assiste – são um estímulo ao pensamento abstrato. O escritor norueguês Bjørneboe já havia falado sobre isso nos anos 1960.

Como esses espetáculos se tornam parte do mundo privado dos espectadores, ninguém deve ficar chocado quando se fala sobre eles do mesmo modo como se fala de fatos de família. No espetáculo mais recente do Odin, *A Vida Crônica*, pode-se perceber uma coisa estranha, uma assonância com outro espetáculo muito antigo do grupo, na verdade, o primeiro: *Ornitofilene*, o único espetáculo norueguês, composto em 1965, antes que o Odin se transferisse para a Dinamarca, onde ainda vive.

Assonância não é a palavra certa. É quase como se *A Vida Crônica* tivesse se tornado uma variação potente e alucinada do outro espetáculo devido aos anos, à experiência e ao domínio artístico.

Naturalmente, só vi esse primeiro espetáculo do Odin, *Ornitofilene*, por meio de seus rastros.

Deve ter sido um espetáculo bonito e forte. E também ingênuo, pelo que podemos ver nos poucos minutos de filmagem que restaram. Um espetáculo no qual ainda podemos reconhecer e descobrir as intenções do diretor (depois de tantos anos, já reconhecemos). Por exemplo: um canto doce deve ser a resposta a uma ação violenta. Mas isso não significa que não fosse um espetáculo de forte impacto, com seus atores muito jovens, cheios de fogo, acróbatas excepcionais, portadores de uma profunda convicção, de uma dedicação que só é possível – ou quase – na extrema juventude. Isso também pode ser visto nas fotografias.

Pode parecer estranho, mas amei esse espetáculo – que, para mim, é feito só de papel – da mesma maneira que amei alguns espetáculos que vi no teatro. Isso também se deve ao autor do texto (*Ornitofilene* é um dos poucos espetáculos do Odin, se não o único, que parte de um texto teatral de verdade), o escritor norueguês Jeans Bjørneboe. Ele era um homem difícil, um personagem "desagradável", morreu suicidando-se. Era famoso, conhecido tanto por seus livros quanto por seu extremismo anárquico. Era um ponto de referência para intelectuais e jovens. Sua disponibilidade para colaborar com o primeiro espetáculo do Odin foi muito importante para o grupo: era um salvo-conduto, uma garantia para o público norueguês, um reconhecimento de confiança com relação a um grupinho marginal, liderado por um estrangeiro.

Esse primeiro espetáculo era obscuro e dramático (bem mais do que o texto, que, pelo contrário, era cômico-grotesco). Era um espetáculo sobre o mundo atual, embora existisse uma distância de vinte anos do final da Segunda Guerra Mundial: falava de uma memória que tinha sido "trocada" pelo bem-estar, econômico e mental.

> Em nosso primeiro espetáculo, uma filha se suicidava porque seu pai compreendia bem demais o inevitável progresso da história e decidia colaborar para o bem-estar de todos.
>
> Sua cidade ganhava com isso. A filha ficava nua, sem herança, porque seu pai a despia dos valores pelos quais ele havia combatido. A compreensão da história pode corromper. É preciso conhecê-la, inclusive para saber como recusar a história que estamos vivendo.
>
> Recusá-la permanecendo vivo, sem deixar-se destruir e, possivelmente, sem destruir.[4]

Era um espetáculo sobre filhos traídos, sobre pais impotentes. Por vários meses, os atores tinham trabalhado durante os ensaios e durante o treinamento. Daqueles corpos doloridos de jovens meio rígidos – filhos de anos em que existiam menos academias de ginástica do que hoje em dia – tinham nascido, com paciência e fadiga, atores prontos para qualquer coisa, capazes até de voar. O espetáculo trazia uma chama negra consigo. Falava do homem e do seu medo, de dinheiro e de tortura. Num mundo cheio de bem-estar, trazia a memória da guerra, de gritos no meio da noite, da capacidade de trair.

Autobiografia é uma palavra de peso. Mas havia algo assim no espetáculo: deixar suas faces ocultas virem à tona e, ao invés de sofrer com isso, usá-las. Durante os ensaios de *Ornitofilene*, Torgeir Wethal, o ator que interpretava "o Pai" no espetáculo, tentou fazer a cena do suicídio que encerraria o texto de Bjørneboe. Pensaram em representá-lo por meio de uma cena arriscada: saltar de cima de duas mesas para se pendurar numa forca suspensa que ficava

---

[4] Eugenio Barba, "Navios de Pedra e Ilhas Flutuantes", em *Teatro. Solidão, Ofício, Revolta* [1996], Trad. Patricia Furtado de Mendonça. Dulcina Editora, Brasília, 2010, p. 13.

balançando no vazio. Eugenio Barba já contou essa história várias vezes: após inúmeras tentativas, Torgeir renunciou: "Não consigo. Não tenho coragem". A frase acabou ficando no espetáculo. O suicídio passou do pai para a filha. O final teve uma reviravolta, com aprovação do autor. Para os espectadores, era uma fresta através da qual era possível avistar a mais absoluta injustiça. Para os atores, tratava-se de uma história curiosa. Ou será que era algo mais? Será que isso, de alguma maneira, acabava entrando do espetáculo?

Meio século depois, das arquibancadas de onde estamos sentados, vemos uma espécie de lago entre duas margens de público. No meio dele, encontra-se um minúsculo grupo de pessoas jogadas sobre um tablado que lembra a mais frágil das jangadas, enquanto, ao redor, batem incansavelmente as grandes ondas da História. Às vezes essas estranhas pessoas falam de guerra: guerras distantes, muito distantes, ou próximas. No meio da jangada, há um caixão de vidro: pronto para qualquer acontecimento. Que mundo é esse?

A Vida Crônica é um espetáculo dedicado a Anna Politkovskaja e a Natalia Estemirova, escritoras russas assassinadas e ativistas que lutavam pelos direitos humanos na Chechênia. Segundo o programa, é ambientado após a "terceira guerra civil", mas, como se sabe, guerras que falam do futuro acabam sendo meio abstratas. Inofensivas. Em vez disso, o espetáculo parece ambientado numa dobra do tempo, na qual a grande guerra passada, vivida em primeira pessoa, se funde com aquelas guerras distantes que vivemos cotidianamente através dos jornais: Sudão, Curdistão, Paquistão, Iraque, Líbia, Iémen, Somália, Quênia, entre outras. É impossível lembrar de todas elas. Ao longo dos anos, em torno das grandes constelações das guerras, formou-se uma espécie de poeira constituída de acontecimentos atrozes, que foram rapidamente esquecidos. Tivemos que esquecê-los depressa, eram demasiados: no dia 2 de dezembro de 2008, no sul do Iémen, uma centena de imigrantes – sobretudo da Somália – é obrigada a abandonar os dois barcos nos quais viajam. São encontrados dezoito corpos, outros 73 constam como desaparecidos.

Em cena, vemos um menino colombiano que está à procura de seu pai, desaparecido na Europa. As seu redor, há sombras: velhos de cabelos brancos e compridos o ameaçam. Há também um soldado que voltou para sua casa para morrer, um grande boneco sem vida. Há uma Nossa Senhora Negra que tirou a espada do coração e a usa para fazer ameaças. Há duas viúvas de guerra, de países distantes entre si. Há um menino que corre com um grande bloco de gelo agarrado ao coração. Há também uma garçonetezinha de bar que mais lembra um anjo ferido: limpa vidros imaginários quando temos a impressão de que está limpando os vidros do caixão. Enquanto o menino corre para levar o gelo até o pai que está morrendo, a Nossa Senhora Negra, num cantinho da cena, vira de cabeça pra baixo e fica de pernas pro ar. Estará praticando o treinamento? Se minha descrição não ajuda a entender muita coisa, a culpa não é só minha. No espetáculo não há uma ação a ser contada. Há muitas. Fragmentos de visões interrompidas.

Lembro-me do Odin de lá de trás, de quando tudo começou. Nos anos da alegria, nos anos 1960, quando parecia que o mundo podia realmente mudar, o Odin mostrava a nossa face negra, e também aquela do nosso universo. Nesse último espetáculo, o deus Odin chega a Ragnarok, a hora do fim do mundo, da última catástrofe. A batalha cósmica na qual morrem todos os homens e todas as plantas, todos os animais e todos os deuses.

No espetáculo há somente um caixão.

A sala azul é a única que tem janelas. Lá fora despontam os raminhos pretos das bétulas, polvilhados de neve. Espero um novo início. Mas quando o Eugenio abre a boca, ele nos obriga, mais uma vez, a nos confrontarmos com um funeral. Só que agora não é mais o funeral de uma canção ou de uma ideia: é o funeral dele. Eugenio diz: "Um dia vocês chegam ao teatro e ficam sabendo que eu morri. Numa carta, peço que organizem meu funeral com tudo aquilo que sabem que eu amo. Vocês têm a possibilidade de dialogar comigo, de dizer tudo o que nunca me disseram. Durante tantos anos lutaram para não serem esmagados pelo Anjo. Agora vocês têm que criar uma cena na qual vão mostrar a luta de Jacó com o Anjo". [...].

Duas semanas depois da terceira etapa de *A vida Crônica*, Torgeir e eu descobrimos que provavelmente ele, Torgeir, está com pouca energia por causa de um câncer. No dia 29 de outubro de 2009, ouvimos pela primeira vez a palavra "metástase", formulada pelo médico-chefe do setor de pneumologia do hospital de Holstebro. Isso aconteceu na manhã do 73º aniversário do Eugenio. Ao meio-dia, sentamos com todos os outros membros do Odin Teatret ao redor da mesa devidamente posta, ouvindo discursos, risadas, canções. Eugenio resplende à cabeceira da mesa. Kai canta uma canção de

Leonard Cohen: "May everyone live, may everyone die, Hello my love, my love goodbye". Engulo as lágrimas [...].

De 10 a 26 de maio trabalhamos na sala branca. Torgeir acorda tarde e não vem ao teatro para trabalhar no "viveiro de peixes" e na primeira passagem de cenas da parte da manhã. [...] Para criar uma continuidade nesse "corridão" da manhã, o Eugenio pede que eu faça as ações do Torgeir. Isso significa que cada corridão é diferente para mim. Sem a cuidadosa presença de Ana Woolf, que o tempo todo sugere o que devo fazer, nunca conseguiria me lembrar de todas as mudanças propostas pelo Eugenio, que também confia algumas das tarefas do Torgeir a outros colegas.

O último corridão, aquele que será filmado, acontece à tarde, e conta com a participação do Torgeir. Num momento de confusão, por erro, Kai diz o texto do Torgeir como normalmente faz nos corridões da manhã. Isso acontece antes que o próprio Torgeir possa dizer seu texto, segurando o revólver.

Depois do corridão, bato à porta do camarim do Torgeir. Eu o encontro sentado à escrivaninha:

"Como você está se sentindo?"

"Me fez bem, mas eu estava lento."

"Seu personagem é lento."

"Sim, mas EU estava lento."

Depois ele me dá o revólver e diz: "Dê o revólver a quem terá que usá-lo depois de mim".[5]

Esse relato, breve e íntimo, vem do programa do espetáculo. Os programas dos espetáculo do Odin são muito estranhos, valeria a pena estudá-los. Na última cena de *A Vida Crônica* vemos um menino – a atriz Sofía Monsalve – que pega o revólver apoiado sobre o caixão, única herança do pai desaparecido, e o enfia silenciosamente no bolso. E depois vai embora, rindo. Torgeir Wethal faleceu num domingo, no dia 27 de junho de 2010, enquanto seus companheiros continuavam a ensaiar.

---

[5] Roberta Carreri, *A Nossa Vida Crônica,* programa do espetáculo *A Vida Crônica.* O texto integral foi publicado no Brasil pela e-Revista *Performatus,* 8. ed., ano 2, 8 de janeiro de 2014, com tradução de Patricia Furtado de Mendonça. Disponível em: www.performatus.net.

Falei de autobiografia, e os programas transbordam de autobiografias. Parece até que são criados como parte integrante do espetáculo. Desse ponto de vista, não é muito importante se os espectadores o leem antes ou depois. Não são explicações. São o lugar onde a autobiografia está escancarada. No programa de *A Vida Crônica*, por exemplo, o diretor conta que tinha medo de não conseguir mais trabalhar com seus atores, de estimulá-los, de ser por eles estimulado. Por outro lado, os atores contam como o diretor começou a ensaiar com uma representação do seu próprio funeral. Outros falam de seu trabalho para a construção de um personagem. Há quem conte ter levado, como seu material de trabalho, a história da mãe do diretor.

> Eu achava que o espetáculo pudesse falar do Eugenio [Barba]. [...] Ele tinha me contado da noite em que seu pai morreu, quando Vera [sua mãe] pediu que ele fosse comprar gelo para o pai agonizante, dizendo que a loja estaria certamente fechada, mas que ele precisava bater até que alguém descesse para abrir. Eu achava que era uma imagem fantástica, queria usá-la. Durante muito tempo não soube para que o gelo servia. Depois entendi que servia para baixar a febre do seu pai [...]. Tendo escolhido sua mãe como meu personagem, eu esperava que o espetáculo falasse do Eugenio: que pudéssemos contar a história de um menino de Gallipoli. Não para encontrar respostas sobre a biografia daquele menino, mas para desafiar nosso costume de sempre contar histórias abertas e ambivalentes [...]. O espetáculo não falou nem do Eugenio nem da vida dele. Talvez seja um tema próximo demais: "Não é interessante", o Eugenio diria.
>
> Talvez porque ele ainda corra pelas ruas de Gallipoli com seu pedaço de gelo, com o terror de não chegar a tempo para olhar nos olhos da morte.
>
> No entanto, o espetáculo também fala do Eugenio.[6]

Durante os ensaios, Torgeir Wethal, que ainda tinha alguns meses de vida pela frente, havia levado uma poesia de Bjørneboe como seu material de trabalho. Ficaram apenas dois versos: "aqui não há nenhuma piedade, nenhuma misericórdia". Durante todo o espetáculo, tanto o menino à procura

---

[6] Kai Bredholt, *Donna Vera*, programa do espetáculo *A Vida Crônica*.

do pai quanto a refugiada chechena nos fazem recordar das guerras que estão longe de nós. Duas mulheres, que não estão com fome, roubam um pedaço de pão uma da outra. Esse espetáculo é como uma ventania que confundiu lembranças pessoais com páginas de jornais. Até o espectador acaba ficando cara a cara com essa ventania.

De repente, no fictício mar do teatro, surge a reconhecível imagem da *Jangada da Medusa*, sobre a qual paira uma enorme bandeira dinamarquesa. Por um momento, a única coisa que consigo ver é um grupo de pessoas que conheço há mais de trinta anos e do qual gosto muito. Estão todos juntos, desesperadamente apertados embaixo da bandeira do país que os acolheu, sentados sobre um caixão quase novo, espalhados no meio de uma infinidade de guerras e expostos às armadilhas da vida.

Na verdade, o que estou chamando de autobiografia é uma rachadura: uma imperfeição na pátina do espetáculo. Posso somente falar do que acontece comigo, um antigo espectador: de repente, por alguns segundos, uma imagem, que diz respeito à vida privada desses atores, interrompe minha visão do espetáculo. Isso não depende de mim. Tenho certeza de que é um efeito desejado, e me leva para outro lugar.

O Odin cria essas rachaduras de várias maneiras. E toda vez é diferente: com a autobiografia, mas também com a imperfeição de alguns artifícios mecânicos. As cenas desse espetáculo são muito feias. Não sei exatamente se essa "feiura" é intencional. Tenho a impressão de que, a uma certa altura, ela tenha sido identificada e usada como uma rachadura. As rachaduras não são um fim. Para nós, espectadores, são uma porta.

Isso é tudo o que tenho a dizer sobre os espetáculos do Odin. Espero que sirva, para o futuro. Mesmo sabendo que, na verdade, a maior parte das críticas feitas ao Odin falem um pouco demais em primeira pessoa, e um pouco demais sobre as próprias alucinações dos espectadores, exatamente como eu fiz. Também encontrei algumas críticas que falam dos integrantes do Odin; parecia que liam suas autobiografias no espetáculo. E olha que haviam sido escritas por espectadores novos. São espetáculos estranhos. Permitem que aflorem imagens ou angústias, inclusive pessoais. Mesmo que o espetáculo que estamos assistindo não trate disso diretamente, ele costuma ter a capacidade de nos colocar diante de nossas próprias obsessões – enterradas ou previsíveis.

Em certo sentido, tudo o que tentei escrever é uma variação sobre uma mesma imagem, que é minha, e não do espetáculo. Uma única imagem: o mar.

O mar que circunda a jangada de madeira de *A Vida Crônica*, entre as duas margens de espectadores, é uma faixa do piso, coberta por um linóleo verde. Instantes depois, para mim, que estou olhando, não há mais nenhuma dúvida: ao seu redor, em toda parte, nadam corpos de afogados. Como se finalmente nos víssemos diante de um mar repleto de cadáveres dos dias de hoje. E não temos como fugir.

EUGENIO BARBA

A ÁRVORE E SUAS RAÍZES[1]

Um Espetáculo que Cresce Enquanto se Leem Jornais

(A Árvore,[2] 2016)

Como mostrar no teatro um sacrifício humano? Por que fazer isso? Para exorcizar a própria perplexidade? Por um desafio profissional? Porque é algo que vai além da nossa compreensão? Um homem oferece friamente em sacrifício um outro homem, uma mulher, uma criança: quero fazer um espetáculo sobre essa situação que lemos cotidianamente nos jornais. *Voar* foi a primeira palavra que me passou pela cabeça como título provisório. Abre para novos modos de pensar, para imagens distantes. É uma boa fonte de inspiração para os atores e para mim na primeira fase dos ensaios. O título de um espetáculo é sua premissa. Também deveria ser uma promessa e um convite para esvoaçar bem alto.

O teatro nos permite abandonar o que já temos e conhecemos para irmos ao encontro do que desejamos e ignoramos saber. É uma técnica para fugir de casa, e essa fuga constrói uma outra casa. Alguém poderia pensar que esse espetáculo é uma casa, transitória e pronta a ser transportada para lugares diferentes. Mas essa é só a miragem da casa: uma ilusão, como o amor ou a

---

[1] Texto publicado no programa do espetáculo *A Árvore*.
[2] *A Árvore*, 2016. Atores: Luis Alonso – I Wayan Bawa – Kai Bredholt – Roberta Carreri – Elena Floris – Donald Kitt – Carolina Pizarro – Fausto Pro – Iben Nagel Rasmussen – Julia Varley. Direção: Eugenio Barba. Assistentes de Direção: Elena Floris e Julia Varley. Espaço Cênico: Luca Ruzza / Odin Teatret. Figurinos e Acessórios: Odin Teatret. Dramaturg: Thomas Bredsdorff. Conselheiro Literário: Nando Taviani. Número de apresentações: 19, até dezembro de 2016. Estreia: Holstebro, setembro de 2016. O espetáculo continua em cartaz. Turnês até dezembro 2016: Dinamarca, Hungria, Polônia.

fama. Falo de uma casa que tem alicerces flexíveis: relações de trabalho que amadureçam e evoluem, apesar do tempo. A casa é construída com impulsos de paixão dirigidos aos vivos e aos mortos. O passar dos anos e a experiência que embaça a vista transformam as paixões em intimidade, ternura, senso de pertencimento. Um nomadismo de vínculos que o tempo calcifica.

Judy separou pra mim um artigo escrito por Jonathan Stock, que saiu no *Der Spiegel* e que, em novembro de 2013, também foi publicado pelo jornal dinamarquês *Politiken*: "um canibal e criminoso de guerra acredita na redenção de Deus". Joshua Milton Blahyi, que nasceu em 1971 e foi chamado de "General Pelado", comandou um pequeno exército de crianças durante a primeira Guerra Civil da Libéria, em 1990. Conhecido por seus modos excêntricos e selvagens, Blahyi liderava seus jovens soldados completamente nus durante os ataques: usavam apenas sapatos. Ele costumava sacrificar uma vítima humana antes de uma batalha, normalmente uma criança cujo sangue teria satisfeito os espíritos, além de fazer com que ele e seus jovens guerreiros se tornassem invulneráveis.

Blahyi ficou refletindo durante um bom tempo quando os nove membros da Comissão da Verdade perguntaram sobre o número de suas vítimas. Ele respondeu: "Pelo menos 20 mil". E acrescentou: "Recrutei crianças de nove ou dez anos. Plantei nelas a violência, dizendo que matar era um jogo. Quando eu feria ou matava um inimigo, abria seu peito e devorava seu coração ainda batendo. Depois deixava o cadáver para minhas crianças-soldados, que o fatiavam para ficarem insensíveis ao inimigo". Suas crianças-soldados também apostavam se uma mulher estava grávida de um menino ou de uma menina antes de rasgarem seu ventre para descobrir quem tinha razão.

Depois da Guerra Civil, Blahyi se converteu ao cristianismo e se tornou pastor evangélico. Hoje é presidente da End Time Train Evangelistic Ministries Inc., com sede na Libéria. É casado com a pastora sra. Josie, com quem tem quatro filhos.

Em seu livro *The Mask of Anarchy: The Destruction of Liberia and the Religious Dimension of an African Civil War*, Stephen Ellis trata da guerra intertribal na Libéria, entre 1999 e 2003: 250 mil mortos, um milhão de pessoas fugindo do país, 20 mil crianças-soldados cobrem o rosto com máscaras de Halloween e perucas de mulheres, devoram os corações das vítimas e decoram os cruzamentos das ruas com os ossos dos mortos. Os generais das várias milícias e facções copiam seus nomes dos filmes, dos jornais e da religião: General Rambo, General Bin Laden, General Satanás. O autor descreve o papel central da religião nos rituais, que estimulam a intensificação da brutalidade dessa guerra. "A preparação espiritual dos recrutas era tão importante quanto o treinamento militar. Parte da preparação consistia num ritual remanescente de cerimônias tradicionais de iniciação, durante as quais tatuavam as testas e faziam cortes nos rostos dos jovens combatentes para que se tornassem invulneráveis. Às vezes, disparavam contra eles com espingardas carregadas com balas de festim, assim demonstravam que a proteção era eficaz."

Nando Taviani, nosso conselheiro literário, me conta a história de um camponês dono de uma pereira que não dá mais frutos. Ele derruba a árvore, pega a madeira e constrói um crucifixo com o Salvador. Seu filho fica gravemente doente. O camponês se ajoelha diante do crucifixo e suplica a Jesus Cristo para salvar o filho enfermo. O filho morre. O camponês ataca: "Quando você era uma árvore, não dava nenhum fruto. Agora você carrega o filho de Deus e não faz nenhum milagre". O camponês vira as costas e vai embora. O crucifixo floresce e se enche de peras.

Primeiro esboço narrativo: um camponês acha que é Jesus Cristo e planta uma pereira. A árvore cresce morta. Ele pega a madeira, faz uma cruz e crucifixa a si mesmo. A mãe de uma criança-soldado leva o filho morto até o camponês crucificado e pede que seu filho seja ressuscitado. Eis que entra Blahyi, o senhor da guerra da Libéria, e, assim como o Grande Inquisidor de Dostoiévski, ele a manda embora. A árvore/crucifixo floresce e se enche de peras.

Outra possibilidade: o camponês, pendurado na cruz, dá conselhos à mãe que carrega o filho defunto nos braços. Ele diz: "Enterra o teu morto para ele nascer como flores e frutas". A árvore é uma escultura viva. Cresce sob os olhos do espectador como um cadáver que está de pé. Uma menina sobe em seus ramos, brinca, sonha, examina o horizonte e fala com os pássaros. A árvore é abatida a golpes de machado. Quebram um ramo e o colocam atravessado como se fosse uma cruz, esperando a chegada do primeiro inocente. A árvore geme enquanto a golpeiam. Ela sangra. O sangue é branco, denso e pegajoso. Parece pus. Chega uma criança-soldado suando sangue branco. Eles se abraçam. A árvore floresce.

Poderia ser a árvore do Bem. Um bom menino está acorrentado a essa árvore como se fosse um cachorro. Ele sonha com as ações de um menino malvado. O menino é a voz da esperança. Ele late: "Essa árvore sem folhas vai acabar com a fome da humanidade". Uma menina brinca com suas bonecas bem lá no alto da árvore, conta histórias para elas e, para fazê-las dormir, canta canções de ninar.

A Árvore no Japão. Três Haikais de Basho:

Cansado
em busca de um lugar onde apoiar minha cabeça
vejo-me sob as flores de uma árvore.

Sob a árvore
está tudo coberto com pétalas de cerejeiras
inclusive a sopa e o peixe a vinagrete.

A primavera foi embora
pássaros choram sobre as árvores
e lágrimas nos olhos dos peixes

Encontrei o segundo personagem de *Voar*: um senhor da guerra europeu. O sérvio Željko Ražnatović (1952-2000), mais conhecido como Arkan, o tigre. Era o criminoso mais procurado pela Interpol por seus assaltos a bancos e pelos homicídios que cometeu em vários países europeus entre 1970 e 1980. Matador da polícia secreta iugoslava, sua tarefa era liquidar os opositores ao regime que estavam em exílio no exterior. Durante a desintegração da Iugoslávia (1991-1999), criou uma força de jovens paramilitares – o "tigres de Arkan" – que deram início aos primeiros massacres de limpeza étnica, além de terem participado de várias outras matanças junto das forças armadas da Sérvia. Arkan foi o mais cruel e mais poderoso senhor da guerra dos Balcãs, acusado pela ONU de crimes contra a humanidade. Morreu assassinado no ano 2000. Mais de 200 mil civis foram mortos na Bósnia e na Croácia, dezenas de milhares de mulheres foram violentadas, algumas delas mais de cem vezes, enquanto seus filhos e maridos eram espancados e torturados nos campos de concentração de Omarska e Manjaca. Milhões de pessoas tiveram que abandonar suas casas durante o processo da limpeza étnica.

O massacre de Srebrenica foi a pior operação de limpeza étnica que ocorreu na Europa após a Segunda Guerra Mundial. Teve início no dia 6 de julho de 1995, quando as tropas sérvias, sob as ordens do general Ratko Mladić e dos paramilitares de Željko Ražnatović (os "tigres de Arkan") atacaram Srebrenica, uma cidade predominantemente muçulmana. Só no dia 11 de julho de 1995, eles tiraram a vida de 8.373 pessoas. Mas, de acordo com várias associações, foram mais de 10 mil mortos.

Srebrenica foi a primeira "zona segura" do mundo criada pelas Nações Unidas. Tropas holandesas (os "Dutchbat"), que estavam em Srebrenica em 1995 para proteger a população local, entregaram, atendendo ao pedido das tropas sérvias, trezentos muçulmanos que estavam refugiados em seu quartel. Segundo testemunhos, os Dutchbat também ajudaram os sérvios a separar mulheres, crianças e idosos dos homens que acabaram sendo massacrados. Durante os anos 1990, a mídia holandesa fez acusações ferozes contra os Dutchbat que estavam servindo na Bósnia. Muitos desses soldados sofreram o transtorno do estresse pós-traumático depois de voltar aos Países Baixos. No dia 4 de dezembro de 2006, o Ministro da Defesa holandês condecorou, com quinhentas medalhas, o batalhão que estava na Bósnia em missão de paz e cujo dever era proteger os cidadãos de Srebrenica. No dia 16 de julho de 2014, um tribunal holandês emitiu uma sentença histórica: os Dutchbat, o batalhão dos capacetes azuis dos Países Baixos que deveria proteger o território muçulmano, não defendeu os civis adequadamente. Sendo assim, o estado holandês é responsável por suas mortes.

Um pouco de filosofia. Aristóteles confere ao teatro a seguinte função: colocar o espectador diante da compaixão e do horror da condição humana. Lembraria um Brecht contemporâneo. Ou será que estou interpretando mal?

Decapitações. Toda a minha cultura está cheia de cabeças cortadas. Eu as admirei nas inúmeras obras de arte expostas em museus que são o orgulho das capitais europeias: Perseu e Medusa; Judith e Holofernes; as decapitações feitas por Aquiles, Agamenon, Diomedes e Pátroclo presentes na *Ilíada*; Salomé e São João Batista; Cicerone (que também teve suas mãos cortadas); São Paulo; Anna Bolena; Tomás Moro (o genial inventor da "Utopia"); Maria Stuart; Andé Chénier, Danton e Robespierre (*liberté, egalité, fraternité*). Na Roma Imperial, a decapitação era a pena de morte reservada aos cidadãos romanos, porque era considerada rápida e não ultrajante. Já os escravos, os ladrões e os estrangeiros eram crucificados quando precisavam ser punidos. Até o século XVIII, na Europa, a decapitação era considerada um método de execução "de honra", reservada aos nobres, enquanto os burgueses e os pobres eram punidos com métodos dolorosos como o esquartejamento.

Le Monde, 3 de agosto de 2014. No Norte do Iraque, soldados do Estado Islâmico (ISIS) atacam e ocupam a cidade de Jabal Sinjar, habitada sobretudo pelos yazidis. Os soldados do ISIS enterram vivas inúmeras mulheres e crianças, trucidam homens e velhos num massacre que foi considerado como um genocídio. Cerca de 200 mil pessoas se refugiam nas montanhas ao redor da cidade, sem água e sem comida. Na aldeia de Kojo, a população recebe um ultimato dos jihadistas: se convertem ou morrem. Muitos idosos se recusam e são fuzilados. Milhares de mulheres e de crianças são raptadas, entregues como presas de guerra a soldados jihadistas ou vendidas como escravas. Antes de serem violentadas, as mulheres costumam ser visitadas por médicos que as examinam para saber se são virgens ou se estão grávidas. Quem são os yazidis? Uma minoria religiosa espalhada pelos distritos de Mossul (Iraque), Diarbaquir (Turquia), Aleppo (Síria), Armênia, Cáucaso e Irã. Segundo a *Enciclopédia Britânica*, sua religião mistura elementos zoroastrianos, maniqueus, judeus, cristãos e islâmicos.

Mais dois personagens de *Voar*. Trata-se de dois monges yazidis que descobrem que os pássaros foram embora do seu eremitério localizado no deserto da Síria. Para que tenham vontade de voltar, os monges plantam uma árvore que oferecerá sombra e comida. Zelam por ela dando água, adubo e rezando. A árvore cresce, majestosa e imponente. Mas está seca, morta. Os dois monges se apressam para trazê-la de volta à vida, para que ela dê flores e frutos. Eles cantam, fazem penitência, constroem ninhos, dedicam-se a arcaicas cerimônias de magia. Enquanto isso, ao seu redor, segue o imperturbável alternar-se de proezas de guerra, infâmia e barbáries.

Politiken, jornal dinamarquês, 21 de janeiro de 2015. Demonstrações contra a França acontecem no Paquistão, no Irã, na Chechênia e em vários países africanos como reação às caricaturas de Maomé publicadas pelo jornal semanal francês *Charlie Hebdo*. Em Gaza, a bandeira francesa foi queimada no meio da rua. No Níger, matam os cristãos que encontram pelo caminho e ateiam fogo nas igrejas católicas.

Primeiros ensaios de *Voar* (Colômbia, em fevereiro). Observo meus atores trabalhando. Eles se movem com cautela, quase desconfiados, ao redor da árvore seca dos monges yazidis. Essa é a garantia para um espetáculo que deveria inserir um espinho em nossas certezas. Não me lembro se eram os mapuche ou os haida que diziam: as árvores são os pilares do mundo. Quando as últimas árvores forem cortadas, o céu cairá sobre nós.

Os poetas dizem: As florestas precedem os povos, os desertos os seguem (François-René de Chateaubriand). A árvore adormecida pronuncia verdes oráculos (Octavio Paz). O fruto é cego. É a árvore que vê (René Char).

Nós vemos o espetáculo e o espetáculo nos vê. Essa dupla visão – essa relação ou "consciência levemente intuída" – ilumina e perturba. Reconhecer, associar, compreender, organizar os dados que os sentidos registram e que a memória já armazenou: é assim que o cérebro humano continua funcionando. A necessidade de capturar uma ideia geral do espetáculo é um reflexo natural do espectador. Ele quer saber do que a peça trata, o que ela conta, quem é esse personagem, por que ele diz isso ou faz alguma coisa. Esse processo cognitivo dá segurança e gratificação. A capacidade *animal* dos atores é o que transcende esse processo e faz com que o espetáculo teatral – como *experiência de uma experiência* – seja algo incomparável. Eles, os atores, têm essa capacidade de dar vida a uma densa trama de detalhes sensoriais que atingem a parte réptil e límbica do cérebro, penetrando na fisiologia arcaica e na camada mais profunda da biografia de cada espectador. Gestos aparentemente incoerentes no contexto de uma situação específica; movimentos enigmáticos ou só parcialmente reconhecíveis; ritmos desconcertantes; formas e cores; orquestração de palavras, sons, assonâncias e entonações; ações-reações como uma linha musical descontínua; simultaneidade e sucessão de imagens, conceitos, acontecimentos, silêncios e imobilidades; pluralidade de escansões contrastantes – tudo isso é um fluxo que impede a compreensão do espectador, que o leva a examinar um detalhe por muito tempo, que desperta seu reflexo de ficar alerta. É essa selva de detalhes que gera a verdadeira visão do espetáculo, *uma visão incoerente*, que não se deixa dominar por explicações conceituais. Essa visão pertence ao diálogo solitário do espectador consigo mesmo, durante e após o espetáculo. O espectador, assim como um entomologista, dialoga com as cores e com os desenhos das asas das borboletas que sua rede foi capaz de capturar.

Os especialistas escrevem que Velázquez era capaz de *pintar o ar*. Em seus quadros, o pintor espanhol "criava o vazio" ao redor das figuras e das coisas materiais, que pareciam estar suspensas no ar enquanto o fundo era neutralizado graças a uma mistura refinada de cores indefinidas. No teatro, como podemos criar um efeito de "vazio" em torno do que é essencial?

O ator faz um treinamento físico e vocal cotidiano. Mas qual é o treinamento do diretor? Respondo: eu leio muito, e de tudo. E assim, por coincidência ou por obra do destino, acabei lendo *Meio Sol Amarelo*,[3] um romance de Chimamanda Ngozi Adichie. A história se passa durante a Guerra Civil da Nigéria (1967-1970), após a tentativa de secessão das províncias do Sudeste liderada pela etnia Igbo, que proclamou a República do Biafra. A ação militar do governo central nigeriano fez com que a população de regiões inteiras fosse dizimada pela fome. A Organização não governamental "Médicos sem Fronteiras" foi fundada em 1971 por Bernard Kouchner e por outros médicos franceses após sua experiência dramática no Biafra.

Um novo personagem de *Voar* brota de uma página desse romance de Chimamanda Ngozi Adichie: "Olanna estava sentada no chão do trem com os joelhos dobrados contra o peito, fazia calor, ela estava espremida pelos corpos suados reunidos ao seu redor, entre pessoas que choravam, gritavam

---

[3] *Meio Sol Amarelo*, São Paulo, Companhia das Letras, 2008. Os fragmentos que seguem foram livremente traduzidos por Patricia Furtado de Mendonça a partir da versão italiana do livro de C.N. Adichie, citada por Eugenio Barba (*Metà di un Sole Giallo,* Einaudi, Torino, 2008). (N. T.)

e rezavam. O trem era um amontoado de metais que chacoalhavam. Olanna foi arremessada contra uma mulher que estava ao seu lado, contra uma grande cabaça que ela carregava no colo e que mais parecia uma vasilha. A cabaça estava coberta por um tecido cheio de pintinhas que pareciam manchas de sangue. Ela a acariciava em silêncio, suavemente. Uma jovem, que estava diante dela, gritou e levou suas mãos à cabeça. O trem deu uma sacudida e Olanna esbarrou novamente na cabaça. A mulher mudou-a de lugar com delicadeza, depois fez um sinal a Olanna e às outras pessoas que estavam em torno dela: 'Venham', ela disse. 'Venham ver!'. E levantou o pano que cobria a cabaça.

O olhar de Olanna ficou fixado na cabeça da menininha, a pele acinzentada, suas trancinhas despenteadas, seus olhos brancos virados pra trás, a boca aberta como se fizesse um 'O' de surpresa. Alguém gritou. A mulher voltou a cobrir a cabaça. 'Se vocês soubessem quanto tempo eu levava para fazer essas trancinhas. O cabelo dela era muito grosso'".

Depois de escrever essas páginas, o autor cita as mulheres alemãs que abandonaram Hamburgo após as bombas de 1944, carregando os corpos carbonizados de seus filhos em suas malas. Também recorda das mulheres de Ruanda que iam juntando os pedacinhos de seus bebês que haviam sido massacrados. Mas ele toma cuidado para não fazer paralelos.

Essa anônima mãe Igbo se enfiou no meio dos personagens de *Voar*. Ela se chama Fúria. É uma Igbo cristã que foge de um massacre perpetrado pelos Haussás muçulmanos. Ela busca uma saída para si mesma e para a cabeça de sua filha. Só sabe resmungar: "Não há morte nesse mundo, apenas esquecimento".

Árvores na China. "Uma árvore que cai faz mais barulho do que uma floresta que cresce." (Lao Tsé) "A melhor hora para plantar uma árvore é agora." (Confúcio)

África: árvores e rituais. "Como dramaturgo profissional, tenho uma postura parcial com relação aos rituais. No entanto, existe um ritual que eu preferia que o mundo nunca tivesse conhecido. Esse ritual acontecia na costa da antiga cidade de Ouidah, na atual República do Benim, e seu centro era uma árvore: a Árvore do Esquecimento.

Ela tinha a seguinte função: quando chegavam os escravos vindos das cidades do interior e de outros lugares da África Ocidental – normalmente vítimas de guerras e de invasões que tinham esse objetivo –, eles ficavam trancados dentro de paliçadas, de pequenos fortes e das prisões subterrâneas do castelo. Mas antes de embarcar, eram submetidos a um ritual que consistia em se movimentar em círculo ao redor da árvore infame. O objetivo era fazer com que se esquecessem de sua terra, de suas casas e de sua família, assim como das várias atividades que haviam um dia conhecido. Resumindo: tinham que se esquecer de toda a sua existência anterior, lavar sua mente do passado e torná-la receptiva ao 'carimbo' dos lugares estrangeiros. Os comerciantes que vendiam a carne de sua própria gente sabiam que suas ações representavam uma profunda transgressão, e tentavam prevenir as represálias servindo-se de um ritual.

O otimismo nunca foi tão bem ocultado. Como ritual, foi uma falência total. Esses escravos nunca esqueceram. Quantas dessas árvores existem, ainda que simbolicamente, no vasto panorama de outros povos, de outras raças e de outras nações?" (*Of Africa*, Wole Soyinka[4]).

É impossível desaprender. Passei metade da minha vida me esforçando para aprender, e a outra metade lutando para ir além do que eu havia aprendido. No trabalho, constantemente retornam reflexões, pensamentos, procedimentos e soluções cujo sabor já conheço. Tenho a sensação de que faz parte da condição humana permanecer em família junto das árvores que mudam as folhas e conservam as raízes. Tento transformar as ideias, expressando-as em formas, ritmos e modos diversos, usando, de forma paradoxal, o que já sei. Mas os princípios afundam sólidos na profundidade do meu ser.

"Todo ato de criação é, antes de tudo, um ato de destruição", dizia Picasso. A palavra *destruição* é dramática e evoca ruína e morte. No entanto, não se pode negar que uma irrefreável alternância de erosões e destilações – uma

---

[4] *Of Africa*, de Wole Soyinka, New Haven/London, Yale University Press, 2012. Os fragmentos acima foram livremente traduzidos por Patricia Furtado de Mendonça a partir da versão original do livro em inglês. (N. T.)

transmutação – acompanha os ensaios de um espetáculo. De um lado, temos uma sensação de crescimento, aprofundamento e complexidade; do outro, testemunhamos a liberação de perspectivas e correspondências que distorcem os resultados das fases precedentes (destruindo-os, recriando-os de outra maneira). Nas velhas crenças do Antigo Egito, da Grécia e da Europa Medieval, havia três estados fundamentais na transmutação da matéria: *Nigredo*, ou enegrecimento, em que a matéria se dissolve, entrando em putrefação; *Albedo*, ou embranquecimento, durante o qual a substância se purifica, sublimando-se; *Rubedo*, ou enrubescimento, que é a fase na qual os elementos se fixam numa re-composição cuja natureza é irreconhecível. Há uma estranha analogia entre os princípios do trabalho do ator e os do alquimista. Agora que estou no fim da minha carreira já posso admitir isso, visto que sempre fui condescendente ao rir das ideias de Artaud. A parte essencial do processo teatral se dá por meio de um segredo impenetrável até mesmo para seus autores – atores e diretores. É a zona onde tudo se cala. Apesar de nossas intuições e certezas, não é possível falar sobre isso: nenhuma prova poderá ser verificada por quem não viveu essa mesma experiência.

Crianças-soldados e canibalismo. Seguem algumas páginas do romance *Exílio*, de Jakob Ejersbo:[5] "Frans bebeu um pouco demais. Ele quer saber mais sobre o trabalho do seu pai.

'Você encontrou crianças-soldados na África?', pergunta Francis.

'Sim, há sempre crianças-soldados', diz o pai.

'Por quê?'.

'Porque quanto mais jovens são, melhor é. Os jovens não têm a menor ideia de que podem morrer. E aqui há uma mistura de ignorância e religião.'

'Mas... você lutou contra as crianças? Atirou contra elas?'

'E você tem alguma escolha quando vinte meninos de doze anos vêm na sua direção segurando facões e kalachnicovs AK47? Quer chamar a UNICEF? Aqueles meninos acham que meus projéteis não vão lhes ferir. Porque quem diz isso é o bruxo, que é uma autoridade de verdade.'

---

[5] Jakob Ejersbo, *Eksil*, Copenaghen, Gyldendal, 2009. Os fragmentos que seguem foram livremente traduzidos por Patricia Furtado de Mendonça a partir do texto de Eugenio Barba. O livro ainda não foi publicado no Brasil. (N. T.)

'Mas eles não veem seus colegas morrendo?'.

'Veem, mas sabem que se não atacarem vão ser mortos por seus oficiais', diz o pai.

'Além disso, são drogados', acrescenta Alison.

'Sim, é verdade. Bêbados e doidões. Bom, Frans, você fica aí pensando neles como se fossem meninos jogando com trenzinhos de brinquedo. Como se fossem bons meninos. Mas eles testemunharam o assassinato de suas próprias famílias. Foram incitados a estuprar mulheres adultas raptadas de suas próprias aldeias. Foram obrigados a virar canibais. Não são mais *meninos*.'

'Canibalismo?'

'Sim. Na África Central, quando tudo já veio a baixo, o próximo passo é o canibalismo. Eles comem a carne do inimigo que mataram para conquistar seu poder. Se você tenta compreender a realidade deles, isso passa a ter sentido. Eu vi isso acontecer.'

'E o que você fez?'

'Atirei contra eles.'

'Mas toda vida humana não tem seu valor?', pergunta Frans. O pai ri:

'Algumas mais do que outras', ele responde e aponta para o sentinela que faz sua ronda no jardim. 'A sua vida tem bem mais valor do que a vida dele. Evite afirmar que você pensa de outra maneira [...]'.

'Mas por que os conflitos na África se tornaram cada vez mais violentos? Por que são assim tão monstruosos, tão cruéis?'

'Não são mais cruéis do que em outros lugares', diz o pai.

'Crianças-soldados, estupro, canibalismo. Isso é realmente desumano!', diz Frans.

'Não', diz o pai. 'Isso é muito humano. Ou você acha que os homens brancos são incapazes de fazer a mesma coisa?'

'Isso é muito difícil de entender', diz Frans.

'Imagine você aqui na Tanzânia. Você é um homem jovem, saudável e cheio de vida. Não tem dinheiro para sobreviver: menos de um dólar por dia. Não sabe nem ler nem escrever. Não conhece nenhuma pessoa influente. Não tem nenhuma perspectiva de trabalho. A única coisa que pode fazer é ficar no meio da rua e observar, morrendo de inveja, todo carro e todo par de sapatos elegantes que passam. Até que chega uma autoridade que mostra quem é o inimigo que te deixou naquela situação. Ele manda você matar e ainda diz que, antes, pode violentar a vítima e depois levá-la embora. Então você faz o quê? Violenta e mata, é óbvio!'

'Mas por que nós, no Ocidente, não fazemos nada para ajudar? Por que não mudamos o sistema?', pergunta Frans.

'Essa é a *Realpolitik*. A África está podre de tanta corrupção e nepotismo. Eles têm a matéria-prima que queremos, e nós vamos lá e pegamos o que precisamos quando bem entendemos. Nós, Ocidentais, participamos de uma festa, e a regra da festa é não se preocupar com quem não foi convidado. Somos totalmente indiferentes à vida do negro comum, até o momento em que nos escondemos atrás de boas ações aqui e ali, ações que mascaram o que roubamos com a outra mão. Eles estão sob o nosso poder.'

'Mas isso parece ainda mais monstruoso. Estou falando daqui, quando tem uma guerra', diz Frans.

'Matar com um facão não é mais monstruoso do que matar com um fuzil. Só aumenta a proximidade, e é tudo mais desorganizado.'

Frans se levanta da cadeira sem dizer uma palavra. Vai cambaleando até a porta. O pai grita para ele: 'O mundo é lógico. As coisas fazem sentido. A União Soviética precisa de moeda estrangeira; aviões militares são alugados para organizações ocidentais que precisam de um transporte para prestar socorro emergencial. Aí os pilotos levam armas russas para vender aos rebeldes. Que rebeldes? Existe sempre algum tipo de rebelde.'"

Haikai de Basho:

A grama do verão
o que resta
dos sonhos de tantos guerreiros

Setembro de 2015. As fronteiras europeias são derrubadas por milhares de refugiados da Síria, do Oriente Médio, do Norte da África e da África subsaariana. Milhares e milhares de migrantes rompem as fronteiras da Hungria, desembarcam em ilhas gregas ou italianas, como Lampedusa, atravessam a Europa a pé até chegar a dois países que os acolhem: Alemanha e Suécia. Mulheres arrastando malas, pais carregando seus rebentos nos braços, velhos em seu último esforço de vida, crianças que deveriam estar brincando num jardim de infância: nós os vemos na televisão, nos jornais e nas mídias sociais. Eles lotam as autoestradas e as estradinhas das cidades do interior. É chegada a hora da verdade. Vamos nos comportar como Creonte ou como Antígona? Vamos seguir as leis do Estado ou da nossa consciência? Uma foto publicada em inúmeros jornais mostra o cadáver de Aylan Kurdi, um menininho da Síria de três anos que foi morto pelas ondas da praia turca de Bodrum. A imagem comove a Europa. As consequências políticas são surpreendentes.

Wroclaw, outubro. Retomamos os ensaios de *Voar*. Estou circundado por uma *mente coletiva*: além dos meus atores, estão conosco uns trinta diretores e atores convidados. Eles seguem os ensaios durante o dia e, no final da tarde, reúnem-se comigo para fazer comentários, perguntas e sugestões. No dia seguinte, costumo experimentar algumas de suas propostas. No teatro, uma *mente coletiva* é um conjunto de pessoas comprometidas com um processo criativo que não visa realizar um projeto definido de antemão. Uma *mente coletiva* integra inúmeras especializações, vários graus de experiência e diferentes responsabilidades num esforço de integração semelhante ao que se dá na cabeça de um indivíduo em processo de invenção: mudanças repentinas de direção, desvios, uso de coincidências e efeitos de serendipidade, saltos de um nível de organização a outro (do nível pré-expressivo e orgânico à dramaturgia narrativa, modelando o espaço e todo o universo sonoro/musical, etc). A *mente coletiva* opera com a mesma intensidade de energia seja para programar seja para descobrir como destruir, de forma criativa, seus próprios programas.

Batuan, Bali, janeiro-fevereiro de 2016, ensaios de *Voar*. Sou acordado ainda de madrugada pelo som do gamelão de um templo ali perto e pela voz de um brâmane em oração. Saio para ensaiar meio zonzo por causa da fragrância que a natureza espalha na estação das chuvas. Essa ilha é tão linda que eu gostaria de inserir um pedacinho dessa Beleza em *Voar*. Em alguns momentos, foi insuportável ler as notícias dos jornais e a crônica do nosso tempo para inseri-las no espetáculo. *Estou escrevendo sobre um tema do qual ninguém gosta. Nem eu. Há temas dos quais ninguém gosta* (Li Po). Meu conforto foi a menina que sonha em voar e lutar contra o Barão Vermelho. Os dois monges também me ajudaram com seu heroísmo ingênuo de pequenas ações.

Vejo, na revista francesa *Nouvel Observateur*, a foto do artista chinês Ai Weiwei, de 58 anos, deitado na mesma posição do menino sírio Aylan Kurdi, agora numa praia da ilha grega de Lesbos. Ai Weiwei está preparando uma série de projetos sobre os refugiados na Europa. O artista acabou de retirar uma de suas obras do Museu ARoS, de Århus, protestando contra as restrições das novas leis de asilo aprovadas pelo parlamento dinamarquês.

Varsóvia, maio de 2016. Decidi qual será o título definitivo do espetáculo: *A Árvore*. Eu sabia desde o início. Mas o título provisório – *Voar* – foi generoso e contribuiu imensamente para os nossos ensaios.

Lange Margrethe. Ingrid Hvass, a contadora de histórias de Holstebro, leu minha entrevista no *Holstebro Dagbladet*. Falo dos vários personagens do novo espetáculo, entre os quais está o senhor da guerra Joshua Milton Blahyi, que sacrificava uma criança e comia seu coração antes de entrar numa batalha. Ingrid me envia uma história que aconteceu aqui, na Jutlândia dinamarquesa, no final do século XIX. Lange Margrethe, que vivia nos pântanos que circundam Holstebro, liderava um bando de delinquentes. Ela havia devorado o coração de nove mulheres grávidas porque acreditava que, dessa maneira, se tornaria invulnerável e invisível. Após ter sido capturada pela polícia, morreu na prisão.

Está escrito no *Gênesis*:[6] "O Senhor Deus tomou o homem e colocou-o no jardim de Éden para o cultivar e guardar. E o Senhor Deus deu ao homem uma ordem, dizendo: 'Podes comer de todas as árvores do jardim, mas não comas da árvore do conhecimento do bem e do mal; porque, no dia em que o fizeres, sem dúvida morrerás'". (Antigo Testamento – Gênesis 2,15-17).

Na mitologia nórdica, Yggdrasil é a árvore cósmica da vida. Foi nela que Odin (o deus, não o teatro de Holstebro) ficou pendurado durante nove dias e nove noites para dominar o conhecimento. Seu nome significa "cavalo de Yggr", sendo que cavalo é uma metáfora para "forca"; já Yggr é

---

[6] *Bíblia de Jerusalém*, CNBB. Disponível em: www.liturgiadiaria.cnbb.org.br. Acesso em 3 de novembro de 2016.

um dos tantos nomes de Odin. As profundas raízes do imenso Yggdrasil penetravam no "mundo inferior", e seus ramos sustentavam a cúpula celeste. Bem no alto ficava empoleirado o galo de ouro Vidopnir, cujo canto anunciará Ragnarok, o fim do mundo.

Um amigo pergunta se *A Árvore* será meu último espetáculo. Balanço a cabeça, já estou pensando no próximo. Em todo caso, já tenho um título: *Vendo Vermelho*. Um dia, de manhã, um jovem acorda e vê tudo vermelho, como se alguém tivesse encrustado dois rubis em seus olhos ou como se ele estivesse protegido dentro de um pequeno e luxuoso abrigo todo púrpura. Será que a raiva que ele sente pelo mundo faz com que veja tudo vermelho? Será que ele está se afogando num mar de sangue? Ou simplesmente ele ficou cego?

Os dois terremotos do espetáculo: quando começo a sonhá-lo e quando devo abandoná-lo, porque os espectadores passam a possuí-lo.

Novembro 2013 - Setembro 2016

IBEN NAGEL RASMUSSEN

UM PIO VINDO DE UM RAMO SECO[1]

(A ÁRVORE, 2016)

SENDO ENGANADA

"O espetáculo vai ser realmente fácil pra você", ele me garantiu. "Basta fazer a mesma coisa que você fez em *Triolerne* (um espetáculo/concerto criado com Parvathy Baul e Elena Floris para a 'Festuge', a semana de festa de Holstebro, em 2014). Você vai cantar algumas canções e recitar algumas poesias."

"E o figurino?"

"Sim, sim, será exatamente o mesmo. Relaxa!"

Trabalhei com o mesmo diretor durante cinquenta anos. Sei que a única maneira de preservar um mínimo de independência é preparando algumas propostas de cena, partituras físicas e vocais, canções e textos. Agora seria diferente. *Foi ele mesmo quem disse isso.* Bastaria que eu me apoiasse num espetáculo que já existia.

Meu diretor se chama Eugenio Barba.

Acho que me deixei enganar.

NA SALA DE ENSAIO

"Relaxa!", ela diz a si mesma. "Pensa em Chaplin. Basta pensar em todas as cenas e nos milhares de metros de filme que ele jogou fora antes de ficar satisfeito."

---

[1] Texto publicado no programa do espetáculo *A Árvore*.

Atriz: E o figurino?

Diretor: Não, não funciona. É branco. É que vamos estender um pano branco sobre o chão.

Atriz: Mas é o mesmo figurino de *Triolerne*.

Diretor: Não funciona.

Atriz: O que você acha desse vestido bordô com a estola de plumas?

Diretor: É bonitinho, mas você não precisa vesti-lo durante os ensaios.

Atriz: Dá uma olhada nessa jaqueta. Eu a tingi com tons diferentes. E o Brinth, nosso alfaiate, me ajudou a costurar a imagem de uma coruja voando nas costas.

Diretor: Está bem. Ok. Mas sem esse vestido debaixo. Não funciona.

Atriz: Olha essa roupa. Brinth costurou um novo *tutu*, coberto por uma saia estampada.

Diretor: Ok. Não, não funciona.

Atriz: E esse vestido florido de cores fortes?

Diretor: Talvez funcione.

Atriz: E os sapatos? Nada de sapatos, como em *Triolerne*?

Diretor: Claro que não. Você tem que ser uma atriz anciã. Mas usando salto alto.

Atriz: O que você acha dessas sandálias azuis de salto?

Diretor: Ok – por enquanto. Mas você também deve ser uma jovem que salta de um lado pro outro e que fala com seu pai. E você também vai ter que escalar os ramos dessa árvore. (*Ele indica a árvore seca que está no centro do espaço.*)

Atriz: E se eu usasse tênis?

Diretor: Ok – por enquanto.

Atriz: Ou esses sapatos elegantes, tipo tênis-botinha?

Diretor: Ok. Não, espera um pouco. Dá esse sapato para a violinista. Você tem que ser uma atriz anciã.

Atriz: Entendi.

(*Ela mostra para ele uma botinha de salto baixo.*)

Diretor: Ok – por enquanto.

Atriz: E o meu cabelo? O que você acha desse penteado?

Diretor: Não funciona.

Atriz: Chapéu de aviador?
Diretor: Não funciona.
Atriz: Óculos de aviador?
Diretor: Ok. Não, não funciona.
Atriz: Rabo de cavalo?
Diretor: Não funciona.
Atriz: Peruca cinza com cachinhos curtos?
Diretor: Sim!
(*Mas os outros atores do grupo não concordam. Nem o cenógrafo nem o figurinista que veio de Copenhague.*)
Atriz: Peruca cinza com cabelo comprido?
Diretor: Ok – por enquanto.

Atriz: Duas canções de *Triolerne*?
Diretor: Não funciona. Não funciona.
Atriz: Nove poesias de *Triolerne*?
Diretor: Não funcionam de jeito nenhum.
Atriz: Oito novas composições com oito textos novos?
Diretor: Vamos esperar um pouco. Melhor ouvi-las num outro dia.

Diretor: Você tem que ser uma atriz anciã, mas também deve ser uma jovem.
Atriz: Estou com dificuldade de entender exatamente quem sou.
Diretor: Você está impostando sua voz num tom muito baixo, tenta usar o ressonador da cabeça. Seus sons de passarinho funcionam, mas você está piando alto demais. A entonação está me lembrando a do Trickster, seu personagem.
Atriz: Você acha isso mesmo?
Diretor: A entonação me lembra sua maneira de pronunciar o texto no espetáculo *Itsi-Bitsi*.
Atriz: Mas...

Atriz: E as ações físicas que eu fixei para o texto?
Diretor: Ok. Não, não funcionam.
Atriz: Ha-hã!
Diretor: Tente fazer ações que se adaptem ao texto.

Atriz: Está bem.

Diretor: Fique em pé! Não se mova!

Atriz: Mas...

Diretor: Tenta saltar em cima dele, tenta balançá-lo.

Atriz: Está bem.

Diretor: Está bem. Sim, acho que isso realmente funciona. Ok – por enquanto.

VISÃO DE UM PÁSSARO VOANDO

O que posso dizer de um espetáculo quando praticamente não participei de sua criação? Era para eu ter repetido algumas cenas de *Triolerne*: canções e poesias de amor. Mas o novo espetáculo, assim como tantos outros do Odin, nasceu para falar dos horrores da guerra.

O que ela está fazendo aqui, a atriz anciã, a menina, aquela que foi cortada do drama real do espetáculo? Ela espera.

Sentada num banquinho (aquela horrível linguiça inflável que funciona como assento para o público) ou escondida atrás da cortina amarela, pude acompanhar meus colegas e meu diretor enquanto lutavam com a estrutura do espetáculo. No início, avançando às cegas; depois, cada vez mais seguros com relação ao caminho que se abria diante deles. As veredas, que antes pareciam acessíveis, agora são tão áridas quanto os ramos secos de uma árvore. Só depois é que os primeiros fios – as ideias do diretor e cada uma das cenas dos atores – começam a se entrelaçar para formar uma trama cada vez mais densa.

Testemunhei o trabalho de Sísifo: a luta dos atores e do diretor para evitar os clichês dos espetáculos anteriores. Eu tinha a clara impressão de que eles não estavam conseguindo. Muito pelo contrário, temas antigos, objetos já usados e paisagens sonoras exploradas anteriormente brotavam como cogumelos no chão úmido e encharcado de um bosque.

Sim, sei muito bem como é isso – eu pensei, sentada na minha linguiça inflável: Chagall sempre foi Chagall. Ele não poderia pintar como Kandinsky, nem tinha vontade de pintar como ele. Louis Armstrong não mudou seu estilo de repente para cantar como Maria Callas. E, no entanto, eu ficava surpresa ao ver o diretor usando e abusando dos mesmos erros de sempre, só para – mais tarde – transcorrer oceanos de tempo até conseguir corrigi-los.

Vivenciei a solidariedade dos meus colegas diante do seu ancião diretor, agarrado às suas ideias malucas com tamanha obstinação. Ideias que, na maioria das vezes, acabaram se revelando brilhantes.

Observei a violinista, às vezes à beira de um ataque de nervos, que heroicamente agitava a sua espada enquanto tentava manter a música e as vozes num aceitável nível musical. Vi como uma cena pode ficar toda obstruída sob o peso do barulho ou o do fedor de uma motosserra a gás.

Fiquei emocionada quando uma particular imagem sonora de "caos, gritos e violência" se transformou num momento de reconciliação, um silêncio que se destacava por meio da voz quase inaudível de um ator.

Vi a cantora indiana e o ator balinês com a boca escancarada, chocados com a montagem do diretor, que amputava suas danças e seus cantos para depois remontá-los numa situação diferente, estranha para eles, mas para extrair daí um significado totalmente novo.

Presenciei o diretor sendo praticamente possuído por um detalhe técnico, fui reparando como ele trabalhava em cima daquilo durante dias e dias, sem nunca se render, até ficar satisfeito com o resultado.

Eu ficava de queixo caído quando ele de repente descobria uma conexão imprevista no meio de um amontoado de fragmentos isolados, e como aquela descoberta acabava assumindo seu lugar no espetáculo com a maior naturalidade. E assim o espetáculo ia se tornando cada vez maior. "Olha que coragem ele tem para soltar as rédeas!", eu pensava. "E também para deixá-las frouxas por tanto tempo, até dar um puxão e fazer um corte seco no momento exato, deixando o significado oculto aflorar – cristalino, claro, lógico."

É óbvio que eu já sabia disso tudo. Mas da minha posição, sentada lá naquela linguiça, consegui não deixar minha raiva me distrair quando as coisas não funcionavam, assim como não fiquei impaciente quando uma ação precisava ser coordenada e repetida milhões de vezes. As frustrações só apareceram quando o processo já estava adiantado, depois que eu já tinha encontrado o meu lugar.

NARIZES

Todos os atores usam esse nariz, passeiam com ele, riem de um jeito meio atrapalhado. Comportam-se de maneira infantil e raramente são engraçados.

Eu odeio eles! – os narizes vermelhos. É difícil ver bons palhaços, e bons palhaços de nariz vermelho é mais difícil ainda.

Em 1968, o Odin Teatret organizou um seminário e convidou o ator e mímico Jacques Lecoq pra dar um curso. Primeiro, ele mostrou uma grande quantidade de máscaras; depois, estimulou os participantes a experimentar diferentes exercícios para verem como o uso de uma determinada máscara podia influenciar seu modo de agir. Tinham até exercícios nos quais os atores precisavam imaginar que eram água ou fogo. O resultado foi um certo número de improvisações bastante dramáticas.

Por último, Lecoq pegou um nariz vermelho e perguntou se alguém queria experimentá-lo. A ideia era não fazer nada, só ficar parado. Silêncio total. "*Monsieur* Barba quer tentar?", ele perguntou ao nosso diretor. Mas *Monsieur* Barba estava bem decidido quando balançou a cabeça: ele não tinha a menor intenção de experimentar. Mais uma vez, o silêncio reinou absoluto. Até que minha mãe, que tinha acompanhado o seminário, deu um passo a frente. Magérrima e com seu cabelo acinzentado, ela ficou ali parada, totalmente séria, com o nariz vermelho. Alguém deu uma risadinha. Bem difícil dizer se aquilo era engraçado ou trágico. Apesar do nariz vermelho, alguma coisa do mundo da dor atravessava a sua "não expressão" e brilhava. À noite, assim que chegamos em casa, ela disse que tinha ficado bastante surpresa com os atores: apesar de sua disponibilidade para experimentarem máscaras terrificantes e até para se deixarem consumir pelo fogo e pela água, nenhum deles teve a coragem de colocar o nariz vermelho.

Em fevereiro de 2016, estávamos em Bali ensaiando *A Árvore*. No último dia de ensaio, o diretor abriu um saquinho de plástico, pegou dez narizes vermelhos e entregou-os solenemente a cada um dos atores. Na mesma hora eu pensei: "Ah, não! Que horror! Eu não quero usá-lo. Simplesmente, não quero usá-lo".

Mas quando meus colegas entraram em cena, um por um, repetindo suas ações, canções e textos, vi que algo passava a ocupar seu devido lugar. Não podia ser diferente. De uma hora pra outra, ficamos desarmados com a distância de eventos como guerra, limpeza étnica, crucificações e decapitações: no meio de toda aquela devastação, os personagens davam a impressão de serem quase insuportavelmente inocentes.

Até eu, a "atriz anciã", pus o nariz vermelho. E ainda não acho que seja engraçado. Não, não penso que fará os espectadores rirem.

UM PIO VINDO DE UM RAMO SECO

Quando eu tinha quarenta anos, me sentia uma atriz meio ridícula durante nossos espetáculos de rua. Eu ainda corria em cima de tetos e varandas com um figurino todo branco, uma máscara de lágrimas vermelhas e um tambor amarrado na cintura, enquanto gritava para os outros atores que alternadamente me respondiam do alto de campanários ou janelas.

Assim que fiz sessenta anos, eu me perguntei quantos anos tinha Helene Weigel quando achava que era velha demais para interpretar Kattrin, a muda do espetáculo de Brecht. Porque até hoje eu também interpreto esse papel. Agora já passei dos setenta e estou aqui sentada, me perguntando se *A Árvore* vai ser um dos espetáculos do Odin que vai durar mais tempo, e se, quando eu tiver oitenta anos, ainda vou estar sentada em cima do ramo de uma árvore seca, piando bem fraquinho e usando um nariz vermelho.

Aí sim, ele vai ter me enganado.

UM OLHAR MAIS SUAVE

Meu diretor escreve: "Onde foi parar o perfume de 'poesia da infância' e de 'lírica ambivalência entre juventude e experiência' que seu personagem emanava? Você não fala sobre isso no artigo".

Com certeza ainda está lá, eu diria, apesar da desconfortável cortiça do ramo da árvore, apesar dos longos períodos de espera, apesar de tudo aquilo que não funcionava. E apesar de mim mesma. Apesar de tudo isso, depois que tudo já foi dito e já foi feito, eis que surge um raminho vibrante brotando do asfalto. Mas pode ser difícil avistá-lo quando você trabalha nas vísceras do laboratório subterrâneo do ator, tão distante da visão de um pássaro voando.

Iben Nagel Rasmussen
Maio de 2016

APÊNDICE II

A História deve ser Contada

NOTA DOS ORGANIZADORES

O segundo Apêndice reúne diferentes escritos, sendo a maioria de Iben Nagel Rasmussen: *As Mudas do Passado*, um testemunho autobiográfico da atriz, cuja primeira versão é de 1979; os textos de seus dois espetáculos, *Itsi-Bitsi* (1991) e *O Livro de Ester* (2006), também compostos por ela; textos de Iben Nagel Rasmussen, Eugenio Barba e Eik Skaløe, publicados no programa de *Itsi-Bitsi*; fragmentos do diário de trabalho da atriz, escritos durante os ensaios desse espetáculo;[1] e, enfim, a entrevista sobre o treinamento (especular ao trabalho para *O Cavalo Cego*) de Eugenio Barba e Iben Nagel Rasmussen, *O Corpo Transparente*, de 2002.

> A história deve ser contada. Mas qual história? Já tentei várias vezes, mas a cada vez eu disse a mim mesma: não, ainda que eu não diga uma só palavra que não seja verdadeira, não será nunca o retrato real do que de fato aconteceu. E foi assim que eu renunciei, com senso de impotência em relação às palavras, às palavras que eram tão importantes na minha relação com o Eik – tanto que, às vezes, eram a *própria* relação.

São palavras de *Itsi-Bitsi*. É com essas mesmas palavras que começa o livro *Eik Skaløe. Cartas a uma amiga*,[2] que Iben Nagel Rasmussen publica em 1993, logo após finalizar o trabalho para o espetáculo. Para a Dinamarca, foi um evento cultural que ativou uma memória que corria o risco de desaparecer. Eik Skaløe foi um líder da *beat generation* nos anos 1960, o primeiro a cantar a musica *beat* em dinamarquês, dando um valor poético aos textos. Ele havia participado das grandes manifestações contra

---

[1] Publicados pela primeira vez em *Odin Teatret. Et Dansk Verdensteater*, organizado por Erik Exe Christoffersen, Arhus e Copenhague, Aarhus Universitetsforlag, 2012, p. 271-83, intitulado *Itsi-Bitsi og den kreative process*.
[2] *Eik Skaløe. Breve til en veninde*, publicado pela editora Lindhart og Rinhof, de Copenhague. A Introdução e os Comentários são de Iben Nagel Rasmussen. (N. T.)

a bomba atômica, tinha viajado (com Iben e sozinho) experimentando drogas cada vez mais pesadas.

As cartas e as poesias que Eik Skaløe enviou a Iben Nagel Rasmussen – que ela reuniu, publicou, comentou – são escritas numa língua acesa, com imagens surpreendentes e agrupamentos poéticos extremamente pessoais, uma língua próxima àquela usada pela atriz-escritora quando fala de sua profissão e de suas visões teatrais. Mas tanto na Introdução quanto nos Comentários que faz no livro, ela adota outro estilo: tem uma fala mais tranquila, um olhar mais distante, o tom quente de quem observa, dentro de si, um tempo (intacto e presente) capaz de não se sedimentar como "memória" ou "passado". Estilisticamente: um tom imóvel que contrasta com o estilo do poeta que foi seu amor e seu companheiro, e que escrevia enquanto a relação dos dois estava 'em devir'. Esse contraste dá uma enorme energia literária ao livro: aqui, pela primeira vez, Iben Nagel Rasmussen, filha de escritores, se revela plenamente como escritora.

(m.s. e f.t.)

IBEN NAGEL RASMUSSEN

AS MUDAS DO PASSADO[1]

Resposta a uma Espectadora

Primavera de 1979

A primeira vez que vi o Odin foi em 1965. Era um grupo de jovens noruegueses que tinha ido apresentar *Ornitofilene* numa *Højskole*[2] de Holbaek, na Dinamarca. Senti que eram as únicas pessoas com quem gostaria de trabalhar. Eu tinha ficado impressionada com a força do espetáculo. E no meio daquela força, descobri uma estranheza. Pela primeira vez vi que os papéis haviam sido invertidos: as mulheres podiam ser muito fortes e determinadas, e os homens podiam ser doces e sensíveis.

Nossa geração não foi só marcada pela descoberta da diversidade das mulheres e das renovadas opressões que elas enfrentam. Também foi marcada pela descoberta da mulher que habita o homem.

Ainda hoje, quem assiste aos espetáculos do Odin Teatret fica surpreso com a eliminação das fronteiras que costumam separar o "masculino" do "feminino". Lembro-me de algumas reações ao nosso espetáculo *Min Fars Hus*: de um lado, os espectadores afirmavam que nunca teriam acreditado que uma mulher pudesse atuar daquela maneira; de outro, recusavam a aceitar o que os homens estavam fazendo, porque "homens não deveriam se comportar dessa maneira".

---

[1] Para não alterar a natureza da escrita, foi mantido o uso familiar dos nomes "Eugenio" e "Torgeir", em vez de Eugenio Barba e Torgeir Wethal. *As Mudas do Passado* foi publicado pela primeira vez na revista *Scena*, n. 3/4, 1979 e, em seguida, no programa do espetáculo *Itsi-Bitsi*.

[2] Confrontar com a Nota n. 3 da p. 273. (N. T.)

Enquanto atriz, é como se eu mostrasse a força de uma mulher. Eu revelo todas as minhas energias e permito que fluam sem reprimi-las, sem domesticá-las, sem aprisioná-las. Não forço para que correspondam às leis da "feminilidade" que os olhos, os desejos e as palavras dos homens impõem às mulheres e que, muitas vezes, fazem com que a atriz se torne uma mulher duplamente domesticada.

Ao mesmo tempo, falo de uma mulher que usa imagens da terra, da fertilidade e da maternidade. E você mesma diz que isso não significa rejeitar a imagem tradicional da mulher e, certamente, também não é o único objetivo das mulheres que lutam por sua própria libertação.

Eu não posso e não vou opor uma ideia à outra. Quero falar do que eu – Iben – sei, ainda que seja num nível muito pessoal.

Hoje eu sei que o Odin tem uma 'alma mulher'.

Acho que o Eugenio lutou contra isso durante muito tempo, mas depois acabou aceitando que nosso teatro crescesse com uma 'alma mulher', cheia de cores, sabores, cheiros, sinais da fertilidade e da terra.

Você quer que eu fale da minha experiência como mulher e atriz em um grupo teatral. Há quase 50 anos, Anais Nin escreveu que tudo o que ela fazia não tinha nada a ver com "arte" ou com ser "artista" – era a mulher que "falava". Ela dizia que se encontrava entre as mulheres de ação que imitavam os homens e as *mudas do passado*, as mulheres inarticuladas que se refugiavam atrás de intuições sem palavras. Inclusive Eleonora Duse, segundo Anais Nin, pertencia a esse segundo grupo.

Será que a atriz também é a encarnação da mulher muda?

KATTRIN, A MUDA

Sempre me pego usando, na minha vida privada, gestos que vêm de um espetáculo: os gestos de Kattrin, a filha muda da *Mãe Coragem* de Brecht.

Fiquei bem próxima desse personagem durante muito tempo: a jovem que ia pra todo canto com seu tambor, tentando dizer alguma coisa que nunca conseguia; o clown que eu tinha criado em Carpignano, aquele vilarejo do Sul da Itália; meu personagem das Paradas de Rua, que usava máscara e tambor; e aquele personagem do filme *Vestida de Branco* de Torgeir, algo entre um "arauto canastrão" e uma "carpideira da cidade": todos esses personagens tinham a ver com a Kattrin.

Quando comecei a usar a máscara e o tambor, descobri que havia outro modo de usar a voz, que funcionava muito bem ao ar livre. Eu imaginava que estava entrando numa cidadezinha e usava minha voz para acordar seus habitantes. Depois eu realmente fiz uma coisa desse tipo. E é isso que a Kattrin faz: ela vê um mundo que ainda não foi manipulado pelas palavras.

Para mim, foi importante descobrir que Kattrin, a muda, não é surda. Ela não está isolada, tanto que nunca perde o contato com o que acontece ao seu redor. Ela conservou a criança que vive dentro dela, basta ver como se aproxima dos outros, como brincar com eles, como os toca.

Na verdade, ela fala usando as mãos, dando pulos e fazendo sons.

Eu mesma não me sinto como uma pessoa que fala. Cada vez que tento falar, parece que as palavras são insuficientes e não são nada mais que a pontinha de vários icebergs que *não dizem nada.*

É como se eu já tivesse visto coisa demais através das minhas antigas experiências com as drogas e as viagens. Mesmo que eu comece a falar, sei que não posso explicar o que estou dizendo. Talvez seja uma das razões pelas quais, como atriz, comecei a usar línguas inventadas, as *volapyk,* como se diz em dinamarquês. Na última cena do filme *Vestida de Branco,* saio do mar e volto à praia como se tivesse sobrevivido a um desastre, falo uma língua aparentemente incompreensível mas cujo conteúdo emotivo é claro e transparente para quem pode ouvi-lo.

Kattrin também pode ser outro fantasma do passado. Ela não tem consciência da violência ao seu redor. Ou melhor: continua afastada da violência, apesar de sofrê-la.

Ela é como toda aquela geração de jovens que se desarmaram e foram assassinados, os "filhos das flores" da década de 1960. Jovens que desapareceram quase totalmente antes de conseguir dizer o que representavam em nossos países. Kattrin não é muda só nas palavras. Também é muda na luta. São duas coisas bem diferentes.

Quando me lembro de como eu era antigamente, lembro de tantas Ibens diferentes, mas todas elas sempre foram mudas. As pessoas costumam achar que um mudo, necessariamente, também é surdo ao que acontece ao seu redor, mesmo sendo um surdo passivo ou instintivo e ingênuo como um animal selvagem.

Mas você sabe que eu sempre lutei, antes de entrar no Odin e dentro do próprio Odin. Mas também sabe que nunca lutei discutindo, falando.

Pelo contrário, agora você está exagerando. Diz que fui eu que mudei o Odin, que fui eu que o transformei naquilo que ele é hoje, que rompi com as velhas regras. Não posso fazer distinção entre: onde eu transformo o Odin e onde o Odin me transforma.

Por muito tempo você disse que eu era uma espécie de "animal do teatro", de "força da natureza", forte como atriz, embora muda, passiva e quase inconsciente com relação à vida.

Sei bem qual era a sua opinião, acho um dia você disse isso pra mim. Muita gente faz esse tipo de julgamento, pode ser que eu também tenha lido isso na sua cara. Você pensava que eu tinha renunciado à minha personalidade para me colocar inteiramente nas mãos do Eugenio ("Barba") como se ele fosse um pai-psicanalista.

Tem gente que fala muito de relações humanas "diferentes" e "mais profundas" mas, quando se vê diante de algo que é "diferente" ou "mais profundo", vai logo pensando em zoológicos e casas de cura.

Posso dizer em alto e bom som: sem o Eugenio, provavelmente eu nunca teria encontrado e seguido meu próprio caminho.

No início, ele me estimulou e me orientou. Ainda hoje não consigo me imaginar trabalhando sem ele. Quem me dá os estímulos e a coragem para começar a percorrer um novo caminho é o Eugenio. Tenho certeza de que é o único que examina com extremo cuidado – e de forma muito objetiva – o que estou fazendo, sem as indulgências de um amigo ou as manipulações de um diretor.

Tudo isso vem de uma relação que é de igual para igual. Não tem nada a ver com dependência.

No final do filme sobre o Treinamento Vocal do Odin, logo depois da minha improvisação, o Torgeir deixou uma parte em que eu apareço sentada ao lado do Eugenio, e ele faz um carinho no meu cabelo. A qualidade de uma relação de trabalho não pode ser simplesmente definida por suas técnicas originais e seus resultados artísticos. Também deve ser definida pelo esforço, pela fadiga e pelo calor humano. Tudo isso está claro para nós. Mas algumas pessoas viram naquela cena a imagem de uma jovem que, após sua improvisação, volta a ser um doce instrumento nas mãos de seu diretor, ajoelhando-se ao seu lado. Teve até quem comparasse esse gesto do Eugenio como o carinho de um treinador que afaga seu animal depois que ele fez seu exercício direitinho.

Mas as pessoas não pensam assim por desprezo ou por maldade. Elas simplesmente não têm experiência.

NIJINSKY E DUNCAN

Quando comecei a me sentir inteira, parece que perdi a força da palavra. Fiquei em silêncio. Na verdade, estava encontrando minha própria língua.

A esposa de Nijinsky lembra o dia em que ele foi convidado para jantar com um de seus mais fervorosos admiradores. Só que Nijinsky não sabia como levar a conversa adiante e ficou calado a maior parte do tempo. O homem que o convidou para jantar ficou bastante decepcionado: será que, fora do palco, Nijinsky era tão insignificante?

Esse aqui é só um dos preconceitos: o dançarino, ou o ator, é um "animal". Enquanto Diaghilev é inteligente, é grande, Nijinsky não passa de um boneco em suas mãos.

Mas o problema não é saber se Nijinsky é ou não é um homem insignificante (é óbvio que ele não era um homem insignificante). O problema é entender como vivem esses preconceitos que levam uma pessoa a achar que não existe outro tipo de inteligência, uma inteligência que pode ser profunda e que não se limita à cabeça: uma inteligência do corpo todo, que não se comunica apenas através de conceitos e palavras.

Ainda hoje eu acho um absurdo quando um novo ator chega ao Odin e começa logo a discutir com seus companheiros. Ele reclama, começa a protestar e a criticar sem ter a força necessária pra mudar nada.

Lembro-me de quando cheguei ao Odin pela primeira vez: fui pra lá porque isso era importante *para mim*, não porque eu queria convencer os outros a mudar. Fui pra lá porque, literalmente, eu estava morrendo. Eu sabia que era o único lugar onde poderia encontrar a força necessária para lutar contra minhas próprias batalhas.

Durante minha primeira semana no Odin, enquanto fazíamos exercícios de acrobacia de manhã, meu colega e eu fizemos uma coisa errada e o joelho dele bateu no meu olho. Doeu muito, parecia que minha cabeça tinha quebrado. Mas parecia que aquele golpe, que foi o resultado de um erro, era um daqueles golpes que um mestre Zen te dá na cabeça exatamente para que você possa ver as coisas com mais clareza.

Eu entendi: sim, eu posso falar e fazer grandes discursos, mas levei uma joelhada no olho e me machuquei. É inútil falar. Preciso aprender com meu corpo todo. Era como se aquele golpe tivesse feito minha cabeça descer no corpo. É isso que eu quero dizer quando falo em "me sentir inteira".

Acho que foi por isso que nunca deixei de treinar. Porque o treinamento se desenvolve para além de si mesmo: ele se tornou a minha língua e a minha independência.

Senão o teatro continua sendo o 'teatro do diretor', do "Grotowski que descobriu isso" ou do "Eugenio que descobriu aquilo". Mas se os espetáculos parecem falar principalmente a língua dos diretores, qual é a língua independente dos atores?

É extremamente importante que os atores tenham algo que é só seu, e que possam transmitir uns aos outros sem ter que passar sempre pelo diretor. Até porque são pouquíssimos os diretores em quem se pode confiar.

A falta de palavras pode ser o preço para alguém conseguir transmitir algo com o corpo todo. Ou talvez seja necessário encontrar novas palavras.

Um dos livros mais importantes para o meu desenvolvimento foi a autobiografia da Isadora Duncan. No começo, ela diz: "Não posso escrever, não posso encontrar as palavras mais apropriadas, eu demoraria meses para escolher uma palavra, assim como precisei de anos de trabalho para encontrar um único movimento para uma dança". Mas depois ela acaba escrevendo. Eu me pergunto se ela realmente rompeu com seu mutismo ou se, ao contrário, transformou-o em algo maior: num silêncio *entre* as palavras.

Acho que a Isadora deixou de ser a Kattrin. Mas é importante que ela tenha sido a Kattrin, que tenha sido muda no passado.

JOAN BAEZ

Antes de entrar no Odin, passei anos participando dos grandes movimentos de protesto e vivendo no meio da música e das drogas. Eu vagabundeava pelo Sul da Europa, pela Grécia e pelo Norte da África. Os rapazes tocavam e cantavam enquanto nós – as meninas – íamos passando o chapéu para recolher o dinheiro. Parecia que eles achavam normal que não quiséssemos ou não gostássemos de cantar.

Eu era tímida. Raramente cantava. No máximo, cantava um pouquinho em coro. Naquela época, a voz de uma mulher era a voz de Joan Baez, que era bonita, alta, delicada e refinada. Eu sabia que podia cantar, mas minha voz me assustava: era muito forte, era uma coisa estranha.

A voz não é um instrumento para a atriz aprender a atuar. É algo a mais. Para as mulheres, é difícil descobrir e aceitar *sua própria* voz.

Hoje, quando trabalho com uma jovem, ela sempre começa com a voz lá no alto, o mais aguda possível. A mulher costuma aceitar esse estereótipo, acha que sua voz deve ser pequena, suave, delicada. Mas uma força se esconde por trás dessa doce prisão feminina: um outro universo de sons e cores, vasto e profundo, mas congelado e mergulhado na escuridão.

Descobrir a própria voz significa descobrir o próprio universo interior, a própria alma.

Quando minha mãe era pequena, perguntaram a ela: "Onde fica a alma? Em que parte do corpo?". Ela respondeu: "A Alma é como um tubo de metal alojado aqui na garganta. Ela tem dois buracos, um fica em cima e outro fica em baixo, mas os dois estão fechados".

Você entende o que significa encontrar a própria voz? Significa não ter medo da própria força, encontrar – dentro de si – algo que não é frágil, que não é delicado, mas que também não é nem rancor nem amargura. É simplesmente a sua voz, que é feita para aquecer, mas também para lutar. Vencer a luta não é a única coisa importante. Também é importante sair dessa luta sem estar dura, amarga e dissecada.

Não sei se é correto dizer que a mulher também deve encontrar sua própria maneira de lutar. Mas se é correto, não é uma luta para destruir e ferir. É uma luta para abrir, como a folhinha de uma planta que junta todas as suas forças numa única direção, para romper a resistência da terra e sair livre em busca de ar.

A PLANTA

Quando falo do Odin como se fosse uma *terra*, falo de modo muito concreto.

Antes eu vivia num "happening" contínuo, com viagens e visões. Tudo era possível: desde procurar o embaixador dinamarquês em Istambul pra conversar sobre Buda e Cristo até ir a Roma e passar a noite no Fórum Romano.

Íamos em todas as direções. Só que pra mim isso não bastava. Podia até bastar pra quem já tinha as ferramentas para aprofundar e transformar sua própria atividade criativa: cantores, pintores e escritores.

O problema é conseguir se orientar, encontrar a própria direção. Eu precisava de terra para ser capaz de mergulhar, de transformar. E foi aí que eu encontrei o Odin Teatret, uma "ilha flutuante".

Naquela época, o Odin era bastante puritano. Parecíamos monges, o Eugenio não aceitava nada que não fosse 'austero'. Mas aquela austeridade não era uma regra de pedra, como as paredes de uma prisão ou de um convento. Era uma regra de terra, que podia ver crescer algo completamente diferente.

A primeira vez que não exclui o campo do 'Eros' do meu trabalho foi quando nos dedicávamos à *Min Fars Hus*. Foi ali que um novo caminho se abriu para mim como atriz, mas também para a minha voz e para mim, como mulher.

Eugenio ficou estimulado. E ele tem uma qualidade que é excepcional: *ele permite que as coisas cresçam*. Sabe como renunciar às próprias ideias e sempre aceita o nascimento de algo que é vivo: ainda que, aparentemente, ninguém tenha desejado ou buscado aquilo; ainda que, naquele momento, ele não consiga entender como tudo vai servir; ainda que isso seja totalmente diferente do que ele pensou que seria certo e necessário. Ele sabe como reagir sem se esconder atrás das próprias ideias. Ele muda.

A terra também é assim, é algo que você não pode programar, que não funciona de modo repetitivo e geométrico e que oculta energias que só podem ser descobertas se você usar todos os seus cinco sentidos.

Muitos grupos e muitas comunidades têm uma regra: debater sempre tudo e com todo mundo junto. Mas mesmo nos grupos, há coisas importantes que não podem ser descobertas de modo "intelectual". Um grupo não vai sobreviver se não descobrirem quais são as verdadeiras tensões, as forças que giram e que não podem ser expressas pelas lutas de ideias e pelas discussões. Essas são as forças que fazem um grupo crescer: se elas se chocam e se transformam numa outra coisa. Mas se não são descobertas e dirigidas, tornam-se forças destrutivas, deixam de ser a terra que permite o desenvolvimento de cada um para se transformar na areia que sufoca todo mundo.

O Odin não é forte porque o Eugenio sabe discutir e falar muito bem, e sim porque, dentro do grupo, foram desenvolvidas múltiplas personalidades, cada uma com sua própria força e sua própria "beleza", todas diferentes entre si. É por isso que o grupo é vivo, atrai tanta gente, dá e recebe. Nós não pensamos todos da mesma maneira, não concordamos com tudo e nem discutimos sobre as mesmas coisas. Mas precisamos ser conscientes, precisamos saber ver. Às vezes alguém te dá forças, você pode responder a elas, deve ser capaz de responder. Só que você não as vê, porque está pensando.

Os grupos que pensam com a cabeça são grupos de pedra. Parecem sólidos, parece que estão muito bem juntos. Mas de uma hora pra outra eles se dissolvem.

Por outro lado, também se dissolveram ou se destruíram os movimentos dos jovens da minha geração. É difícil uma planta crescer sendo diferente das outras mas tendo sua mesma força. Acho que minha geração tinha alguma coisa que precisava desenvolver, mas não desenvolveu. Parecia que era um novo jeito de viver, que um novo tempo estava por vir. Mas não houve uma única geração que, sem viver uma guerra, tenha perdido tantos jovens. Por isso, na minha opinião, é necessário que os poucos que chegaram inteiros até aqui mantenham viva aquela esperança, além de defendê-la e transmiti-la aos outros. É como desenraizar uma planta do seu terreno porque lá ela estava sufocando, e então buscar uma nova terra, mais apropriada para abraçar e deixar crescer suas raízes. Um terreno menor, aparentemente mais isolado, mas onde a terra fértil é mais profunda.

Acho que as duas improvisações que fiz nos meus dois primeiros dias de Odin foram simbólicas, num certo sentido.

Na primeira improvisação, eu ia embora sozinha depois de dizer adeus a todos os meus amigos. Eu fazia as improvisações na parte da tarde, na sala vazia onde ficavam somente o Eugenio e o Torgeir.

No final da segunda improvisação, eu era uma espécie de árvore que crescia, alargava seus ramos na sala e pegava suas forças daquelas duas pessoas que estavam ali sentadas. E assim ela se tornava uma árvore enorme, cheia de força, dentro e fora.

Eu tinha acabado de chegar e aquela árvore já se ligava às duas pessoas que, ao longo do tempo, ficaram entrelaçadas na minha vida.

A IMAGEM DA MÃE

Talvez seja estranho que logo eu, que não posso ter filhos, identifique a imagem da mulher com a imagem da mãe. É preciso entender o que significa ser mãe. Uma mulher normal, que pode ter filhos, não precisa escolher 'que tipo de mãe ela quer ser' – a escolha parece já ter sido feita. Não funciona assim para quem é obrigado a encontrar outras possibilidades.

Fala-se muito sobre treinamento, oficinas, transmissão das técnicas e do saber teatral, mas é como se as pessoas não conseguissem ver o que se esconde por trás de tudo isso: dar vida.

Para algumas pessoas – quem sabe para muitas – é simplesmente uma questão de técnica e profissionalismo: do ator, do professor e do aluno. Mas quem viu Grotowski ou Eugenio trabalhando com um aluno, experimentou algo bem diferente. De uma hora pra outra, é como se eles, como professores, se esquecessem de tudo o que existe ao redor – eles também se assemelham a parteiras em torno de um bebê que está por nascer. É como se não tivessem mais método nenhum e não guardassem nada para si mesmos: eles falam, explicam, mandam, tocam, riem, brincam, imitam, começam a improvisar com as palavras e as imagens, dão bronca, surpreendem, em alguns momentos são calorosos e em outros são gélidos, podem ser ríspidos ou super protetores.

Esses momentos constituem algumas daquelas raras ocasiões em que expressões como "confiança total", "abertura" e "honestidade no trabalho" não têm nada de excessivo. Aí então você vê – e acha que é um milagre – que alguma coisa começa a viver no corpo e na voz do aluno. Você está ali, na sala, acompanhando o trabalho, meio de saco cheio, e de repente o ovo se quebra: você presencia um parto.

Antes eu disse que algumas mulheres têm bloqueios quando usam a voz. Agora eu sei que, se trabalhamos juntas, em um ou dois dias esses bloqueios podem desaparecer. Para elas, esses poucos dias de trabalho constituem uma experiência, viram um ponto de referência: elas descobriram que existe uma saída, alguma coisa que podem desenvolver. Mas é extremamente difícil, porque só trabalham em cima de lembranças, e, de fora, ninguém é capaz de dar indicações. Aí elas acabam se dividindo em duas: uma parte de sua mente está do lado de fora e "observa" a outra parte da sua mente e do seu corpo que está trabalhando.

Você pode trabalhar três dias ou uma semana com uma pessoa e depois ir embora, ou seja, pode colocar uma semente e depois abandoná-la à própria sorte. Poderíamos dizer que, em poucos dias, você pode dar algumas "armas" para grupos ou pessoas que estão ameaçadas, com dificuldade de sobreviver. Nesse sentido, é útil apontar um caminho para que as pessoas, depois, possam avançar sozinhas. Assim, você as deixa um pouco mais protegidas. Mas isso é exatamente o contrário do que eu penso quando digo a palavra "mãe". Ser "mãe" é acompanhar a vida que cresce, é ser capaz de transmitir aos outros algo que é seu, é vê-los se desenvolverem como indivíduos autônomos.

O teatro é esse terreno meio à parte, restrito, mas é onde você pode encontrar o processo da vida em sua plenitude. Estou interessada nas pessoas que posso seguir ao longo dos anos, e não por poucos dias. Quero ver seu desenvolvimento, quero ver sua força crescendo, inclusive porque a gente dá um pouco da nossa força pra elas, não através de ideias, mas vivendo junto. Então esse se torna o meu mundo, a minha terra, algo que é muito mais do que "teatro".

A estratégia da terra é diferente da estratégia de quem constrói cidades ou castelos.

Todo mundo lá no Odin achou que já tínhamos atores suficientes e que não era necessário que entrassem novos atores. Para mim o problema não era esse. Precisávamos transmitir nossas experiências, sentir que tudo o que havíamos construído não ia morrer com a gente. Eu tinha que dar um jeito de demonstrar, na prática, que o Eugenio e quem mais pensasse como ele estavam errados. Então adotei uns alunos por minha conta, eles ficavam sob minha responsabilidade tanto do ponto de vista profissional quanto econômico. Depois entraram outros jovens, que por sua vez foram adotados por outros atores. E assim, devagarzinho, uma nova geração foi se formando dentro do Odin. Tínhamos que trabalhar para fertilizar esses novos campos. Foi aí que teve início um novo período, cheio de esperanças e medos, quando parecia que a vida não conseguia mais irromper, atravessar a camada da terra e florescer. Era também um período negro, sem perspectivas, sob o signo da morte. Mas que também não era um fim, era apenas uma estação, um inverno. Não era a velhice.

Quando esse período começou – para o Odin e para mim – estávamos trabalhando em cima de um novo espetáculo: *Come! And the Day will be*

Ours. Imagens de esperanças e medos relacionados às nossas próprias vidas também passaram a integrar e a colorir esse espetáculo. Mas elas estavam ali para a atriz, não para o espectador.

Tem um momento no espetáculo em que sou deixada sozinha e ouço passos atrás de mim. O que são aqueles passos? São os passos da morte? Começo a cantar. A canção mais parece um lamento fúnebre. Mas, para mim, ela é também uma oração. Levanto as palmas das minhas mãos para o céu, depois eu as viro na direção da terra, são como uma oração ao sol pedindo que ele desça e use suas raízes para iluminar a noite de tudo o que vive embaixo da terra.

As palavras têm grande importância para mim nesse canto: *dark is a way and light is a place* – a escuridão é um caminho (*a way*), mas ela também está longe, já foi embora (*away*).

A "morte" passa perto de mim, segue na minha frente, talvez me indique o caminho, talvez vá embora. Eu rezo, é como se visse os campos: *Leave, that all this may live*, [Afaste-se, deixe tudo isso viver!]. É nessa hora que eu ouço as marteladas, quando os demais atores começam a pregar um livro lá do outro lado. Acredito que os espectadores estejam pensando nos soldados que pregam as últimas ordens ou manifestos do governo nas paredes e portas de madeira das casas. Talvez também estejam pensando nos soldados que pregam Cristo na cruz. Ou em todos aqueles que pegam livros ou palavras vivas para depois fixá-las, transformá-las em lei ou destruí-las para sempre.

Quando ouço aquelas marteladas eu me lembro de uma situação de muitos anos atrás. Parecia que eu estava fora do tempo quando ouvi as batidas de um martelo, e o amigo que estava comigo falou: "É a morte: um carpinteiro está fazendo o caixão".

Então, toda vez que ouço aquelas marteladas, eu me ajoelho com o rosto virado pro chão e continuo rezando com as mãos: as coisas que estão debaixo da terra precisam crescer, precisam ter a força, o calor e o tempo para crescer. Com as mãos, tento aquecer o que ainda está fechado lá no fundo da terra. É por isso que, na hora que ouço os passos se aproximando e duas mãos levantam meu rosto e escancaram minha boca, eu sinto que é um momento de aceitação das coisas que estão por vir.

No entanto, aqui você diz que meu rosto parece se tornar de pedra, se transformar numa caveira. É óbvio que eu sei que essa cena é, precisamente, o resultado de uma montagem, fragmento por fragmento, feita pelo Eugenio a partir dos materiais da minha improvisação. Sei que está amarrada por uma sequência de ações que têm muito pouco a ver com o fio das minhas associações.

Objetivamente, você também pode dizer que meu personagem em *Come! And the Day will be Ours* é um xamã, um homem que descreve um universo criado por homens.

Observando com atenção, você ainda vai descobrir outra coisa: o xamã é uma mulher que fala do seu próprio destino. Essas duas imagens, aparentemente contraditórias, não se abafam reciprocamente. Pelo contrário: uma fertiliza a outra.

O que você experimenta, como espectador, não pertence nem ao diretor nem ao ator.

É a criança que está falando.

Temos que limpar as orelhas do barulho dos antigos preconceitos. Temos que encontrar o silêncio, se quisermos compreender o que a criança está dizendo.

IBEN NAGEL RASMUSSEN

ITSI-BITSI[1]

Dedicado à Memória de Eik

No programa de Itsi-Bitsi, *o espetáculo é apresentado da seguinte forma: "Dois jovens viveram juntos o início dos anos 1960 – atividades políticas, viagens, drogas. No eles acreditavam naquela época? Por que acabou mal para tanta gente? Um deles, Eik Skaløe, o primeiro poeta* beat *que cantou em dinamarquês, suicidou-se na Índia em 1968. A outra jovem, Iben Nagel Rasmussen, atriz do Odin Teatret desde 1966, reflete sobre sua vida atual, confrontando-a com as visões e os acontecimentos daquela época por meio dos personagens de seus antigos espetáculos".*

TEXTO DO ESPETÁCULO

I. A HISTÓRIA DE JAN

Jan: Eu tinha cinco anos quando comecei a tocar. A primeira canção que aprendi foi "Durma, meu filho, durma bastante...". Eram só três acordes. Meus verdadeiros mestres foram músicos de *blues*: John Lee Hooker, Lead Bellye e Brownie Mc Ghee. Eu tentava imitar aquele jeito de tocar, mas não entendia as palavras das músicas. Falavam de criminosos negros e assassinos que acabavam na prisão e sofriam pra caramba. Eu era um jovem burguês da

---

[1] *Itsi-Bitsi*. Texto: Iben Nagel Rasmussen. Atores: Iben Nagel Rasmussen – Jan Ferslev – Kai Berdholt. Arranjo Musical: Jan Ferslev e Kai Berdholt. Direção e Montagem do Texto: Eugenio Barba. Estreia: 1991 (ainda em repertório em 2016).

Dinamarca, de classe média, então era difícil me identificar com aquilo tudo. E quando ouvi *Blowing in the Wind* de Bob Dylan, minha cabeça é que foi soprada pelo vento. Tinha voz, gaita, violão e texto.

Em 1965, quando tinha dezesseis anos, eu rodava pelas cidades do interior tocando nos clubes onde uma nova música era apresentada: o *folk beat*.

The Needle of Death [A Agulha da Morte], do deus do violão Bert Janch – Eu ouvi ele tocando essa música ao vivo num clube de *folk music* que ficava em Roskilde. Foi a primeira pessoa que vi se picando. Eu tinha tocado pra aquecer o ambiente, e o Bert Janch estava logo ali no camarim, com uma seringa espetada no braço. Ele estava muito chapado. Dois músicos levantaram o Bert. Um deles pegou o violão, depois eles o colocaram no palco com o instrumento no colo. E ele tocou como se fosse um deus.

Também foi em Roskilde que eu encontrei Stig Moller. Eu me lembro particularmente de uma de suas músicas: *Dunhammeraften* [Uma noite, Marteladas]. O que diabos significa 'uma noite, marteladas?', as pessoas se perguntavam.

Mas uma coisa é certa: foi a primeira vez que tanto a língua quanto a poesia dinamarquesa começavam a ganhar espaço, já que quase todo mundo só cantava em inglês. Eik tinha escrito esse texto. Só ouvi ele cantando uma vez, numa galeria em *Store Kongensgade*, em Copenhague. Havia poucas pinturas, mas muita música e muito haxixe. Algumas pessoas que recebiam 'tratamento especial' podiam experimentar as drogas mais modernas. Eik cantava com o grupo *Steppeulvene* [Os Lobos da Estepe]. A música era boa, mas os textos de Eik, escritos em dinamarquês com sua loucura e sua fantasia selvagem, eram um mundo à parte. Os *Steppeulvene* fizeram um disco que foi um marco no nosso ambiente musical.

Alguns anos depois, em 1968, me contaram que o Eik tinha morrido na Índia. Fazer o quê? Tanta gente terminava assim naquela época.

II. O CONTO DE TRICKSTER

(Iben, com o figurino de Trickster, faz a neve cair: uma espécie de confete feito de papel manteiga branco.)

JAN E IBEN:
Eik chegou e disse: adeus

ainda vamos nos encontrar,
uma viagem sem igual
começa quando o sol se põe.

Nos despedimos dele
e desejamos boa sorte.
Ficamos em silêncio
e ele partiu para outras terras.

Esperamos notícias suas
durante muito tempo,
mandávamos dinheiro pra ele
então, se ele quisesse, poderia voltar.

Mas ele se dirigiu para o Oriente
em estradas de luz rumo a um desconhecido fim
aqui o céu era de um azul outonal
e as roupas perfumavam de fogueiras noturnas.

Um dia, no inverno seguinte,
recebemos uma triste notícia
vinda de um indiano desconhecido,
por meio de um amigo que chegava de lá.

À noite, encontraram Eik
às margens da floresta, no meio da terra vermelha,
com um cafetã amarelo todo rasgado
E nada mais: estava morto.

Um silêncio invadiu a sala
as conversas calaram.
mas do lado de fora,
a neve, tranquila, continuava a cair

(*Kai e Jan tocam uma música enquanto Iben dança, com um elegante vestido todo preto.*)

III. A ÚLTIMA MEMÓRIA DE EIK

Iben: A história deve ser contada. Mas qual história? Já tentei várias vezes, mas a cada vez eu disse a mim mesma: não, ainda que eu não diga uma só palavra que não seja verdadeira, não será nunca o retrato real do que de fato aconteceu. E foi assim que eu renunciei, com senso de impotência em relação às palavras, às palavras que eram tão importantes na minha relação com o Eik – tanto que, às vezes, eram *a própria* relação.

Quando eu entrei para o Odin Teatret e me mudei para Holstebro, em 1966, era como se essa ponte de palavras tivesse colapsado entre nós.

Eik morreu... Fiquei sabendo disso em Saunte, durante o Ano Novo. No primeiro dia do ano, dei um passeio de mãos dadas com Torgeir. Tinha nevado. O ar estava límpido, sereno. Sem Eik, e sem palavras.

IV. AS FORÇAS OBSCURAS DO XAMÃ

(*Iben interpreta o personagem do Xamã*[2])

Iben: Há forças obscuras que cegam. E há forças obscuras que doam conhecimento. Somos conduzidos por forças obscuras – só não sabemos para onde.

Em 1976, interpretei o papel de um xamã. O xamã pode alterar o próprio estado de consciência e viajar naquela zona da realidade que normalmente está escondida.

O espetáculo *Come! And the Day will be Ours* falava de um encontro entre índios e pioneiros. "Civilizados" e "Selvagens" se enfrentavam, se procuravam, combatiam, um se apropriava do que pertencia ao outro.

O espetáculo é uma espécie de viagem. As experiências que estão enraizadas em nós se tornam um testemunho e revelam o seguinte: a pessoa que é diferente incomoda, é rejeitada, é transformada em objeto de diversão e depois é destruída.

(*Pausa*)

---

[2] O Xamã era personificado por Iben Nagel Rasmussen no espetáculo *Come! And the Day will Be Ours* (Conferir p. 97).

O sol espelha-se na lua

seu rosto está longe, bem longe.

Nas noites longas, revivo nossas viagens

as viagens dos nossos corpos e das nossas mentes

ou os lugares que encontramos e os lugares que abandonamos.

Eu deveria ter sido forte o bastante para aceitar seus gestos violentos.

Eu deveria ter sido mil pessoas

mas eu era uma só, e também era dividida.

Eu deveria ter ficado perto de você, como um sussurro

naquele dia...

(*Kai canta. Jan aperta um baseado.*)

V – AS VIAGENS E A MULHER IDOSA

Iben: Foi no escuro que encontrei Eik pela primeira vez. Isso aconteceu em 1961, durante uma campanha contra a bomba atômica. Tínhamos saído à noite para colar cartazes e fomos detidos pela polícia. Ele rosnou bastante, mas foi ignorado. Era pequenininho e tinha o cabelo vermelho.

Pertencíamos a um mesmo grupo, tínhamos nos conhecido durante a marcha de Holbak: artistas, operários, intelectuais, estudantes. No que acreditávamos naquela época, quando marchávamos dia após dia ou ficávamos 24 horas deitados na frente da Prefeitura? Acreditávamos que isso ia servir para alguma coisa.

Participávamos da criação de uma sociedade aberta, de uma nova comunidade, sem armas. O gelo da política do pós-guerra começava a derreter. Era muita gente soprando e soprando em cima daquele gelo para ele dar à luz. E ele pariu os filhos das flores, a música *folk*, a música *beat*, novas maneiras de vestir, novas palavras.

Eik e eu morávamos juntos. Às vezes éramos dez pessoas na mesma cama. Líamos, discutíamos, ouvíamos Bob Dylan. Eik não parava de escrever. Sempre que estávamos juntos, ele escrevia: poesias, novelas, artigos, cartas.

Não me lembro exatamente como foi que a política sumiu do nosso dia a dia. Será que a vida na Dinamarca tinha ficado fácil demais para a gente, cheia de palavras e significados que já não tinham raiz em nada que fosse real? Será que as viagens ou as drogas mudaram nossa maneira de ver o mundo e a vida?

As viagens nos fizeram conhecer a insegurança. Nunca tínhamos passado fome antes, nunca tínhamos ficado sem um teto, congelando a noite toda, sempre no meio da rua, só com um violão e um chapéu para juntar dinheiro. Eik tocava e eu passava o chapéu na Costa Azul, na Itália e na Espanha. À bordo de um navio, sob milhares de estrelas, Eik apontou no meio da escuridão e disse: "Iben, a África! Estamos longe daquele mundo organizado, frio, medíocre. Estamos longe da Dinamarca".

Eik tocava e eu passava o chapéu. Deserto... nas aldeias, deserto... nas cidades, deserto... Marrocos, Argélia, Tunísia, Líbia. Deserto.

Os beduínos nos ofereciam leite de cabra. Eik vivia recebendo ofertas de dinheiro "em troca da minha pessoa". As cidades eram sujas. Os museus, grandes demais. De dentro dos carros que nos davam carona, víamos o sol pintando céu e terra da mesma cor. Egito, Líbano, Turquia, Grécia. Eu estava grávida. Tocávamos nos bares e nas ruas para pagarmos o monstruoso aborto no qual vi a cara de Deus sem amor, parecia uma caricatura de mim mesma. O verão estava acabando. Eu sentia saudade do Norte: da chuva, das nuvens, do vento, da neve. "Odeio pensar no outono chegando na Dinamarca", disse Eik.

Meu rosto está cheio de rugas
minhas mãos estão cansadas.
No escuro há uma luz
São estrelas ou é a neve?

Sonhei que estávamos num ônibus,
junto de outras pessoas
para fazer uma longa viagem.
Ouvi a voz de uma mulher
cantando uma linda canção.
Olhei para trás
e vi uma mulher de idade
com os cabelos embranquecidos pelo tempo
e eu disse ao Eik
que estava ao meu lado:

"Olha Eik, olha como ela é bonita.
Ouça Eik, ouça como ela canta."
Olho para as pernas dela
e descubro que ela é a Morte
que nos acompanha nesta viagem.
A morte...

VI. A HISTÓRIA DE KAI

Kai: Na verdade, sou carpinteiro. Vivi uma vida normal e saudável perto do mar, ao ar livre. Depois da escola primária, trabalhei um ano como pescador em Skagen. Em 1978, me matriculei numa *Højskole* ambulante.

Nos mandaram em duplas para Istambul, tínhamos que chegar lá pedindo carona. Depois, fomos de ônibus até Aqaba, na Jordânia, e de barco até Dar es Salaam, na Tanzânia. De lá, pegamos carona de novo até chegar na África do Sul, passando por Moçambique. Voltamos pelo mesmo caminho: pegando um barco até Reggio Calabria, na Itália, e de carona até a Dinamarca.

Comecei a fazer um curso de enfermagem em Falster, mas abandonei-o depois de um ano. Em seguida fui para o Norte da Groelândia, para Upernavik, onde trabalhei como telegrafista, limpador de chaminés, pescador e caçador.

Aí fui morar em Bornholm para me tornar carpinteiro, eu queria construir barcos. Isso aconteceu depois de três anos e meio. Foi lá que aprendi a tocar acordeão. A primeira canção que aprendi era italiana. Falava de uma mulher que visita um monge num mosteiro.

(*Kai canta*)

Eu não entendo italiano, mas parece que o texto é vulgar. As canções dinamarquesas são bem diferentes.

Nunca tinha ouvido falar no Eik. Mas conhecia o disco dos *Steppeulvene*. Eu gostava de um verso de uma das músicas: "*violette snabeltyrkersko*" [as babuchas com a tromba violeta].

(*eles tocam e cantam* Uma noite, Marteladas, *texto de Eik*)

VII. AS VIAGENS E O SILÊNCIO

Iben: Minha primeira viagem para fora do país foi para a Alemanha. Eik foi para a França. Ele voltou mais seguro de si, se vestindo de um jeito mais provocante e estava de cabelo comprido – mais do que era aceitável na época. Trouxe algumas pílulas que podiam ser compradas sem receita na França: nossas primeiras anfetaminas.

A primeira vez que fumei haxixe foi uma experiência terrível. O mundo ao meu redor se desintegrou, meu corpo desapareceu, fui totalmente excluída da humanidade. Ouvia passos que mais pareciam o tic-tac do relógio da morte.

Me piquei com morfina pela primeira vez lá em Hjortekaer, na parte da tarde. Primeiro fiquei sufocada. Depois, à medida que aquele negócio ia entrando rápido pelo meu corpo, parecia que eu estava tendo um orgasmo. Aí uma sensação indescritível de bem-estar me fez relaxar e sorrir – sorrir aquele mesmo sorriso abençoado da mulher que eu tinha visto em sonho, dentro de um ônibus no Norte da África, a mulher que cantava tão lindamente.

Eik foi preso pela polícia. Eu também, logo depois. Ficamos uma semana na prisão.

Vivíamos com as persianas abaixadas em apartamentos emprestados. Colocávamos as anfetaminas em colheres e saíamos comendo tudo. A gente se picava com morfina e dexedrine. Caímos no mundo do crime: arrombávamos farmácias onde também pegávamos o dinheiro do caixa.

Fazíamos uma confusão danada com as nossas veias e com as veias dos outros para conseguirmos nos picar. As veias dos braços e das mãos estavam destruídas. Aí a gente começou a se picar nas pernas ou nos pés, as partes mais impensáveis do corpo. Às vezes levava mais de meia hora para achar a veia – minutos desesperados até que o sangue, como se fosse uma serpente bem pequenininha e fininha, fosse aspirado pela agulha e se misturasse com o líquido da seringa.

Quando o LSD chegou à Dinamarca, fomos buscar as cápsulas na mesma hora. Foi o encontro com um mundo divino, de uma beleza avassaladora, mas às vezes cruel. Eik foi preso de novo. Eu também. Consegui sair com a condicional. Depois Eik foi para o Kuwait, Bagdá e Teerã, onde pedia esmola para comprar uma máquina de escrever. Eu fui para Atenas, Istambul e Israel, e caí bem no meio do mundo das drogas. Em Eilat, sob um céu despido de nuvens, eu só via neve, neve, neve. Eu tinha medo de todo mundo, me arrastava pelos cantinhos, estava ficando cada vez mais magra, achava que as pessoas podiam ler meus pensamentos.

"Se eu pudesse falar... se eu pudesse falar... se eu pudesse falar" – eu dizia a mim mesma nas montanhas de Eilat, e a luz me cegava e eu voava alto por sobre a terra... o que dizer? E eu me sentia como um animal queimado, um animal aterrorizado que estava sendo caçado, que tinha medo do homem... Eu sei o que é uma boca espumando, eu sei o que é ter pedras rolando sob as patas, eu sei o que é a corrida de uma lebre e a luta de um lobo... fala... fala... fala... depois, depois, depois... quando eu ficar muda, eu vou falar...

> Eu não estou aqui
> sou aquele que caminha ao meu lado
> sem que eu o veja
> sou aquele que cala
> ao falar
> Sou aquele que perdoa
> ao odiar
> Eu não estou aqui

(*Iben surge como Nijinsky. Jan e Kai a vestem com uma roupa toda branca: blusão e calça. Colocam uma máscara branca em seu peito*[3]).

VIII – MATRIMÔNIO COM DEUS

IBEN: Acordei no meio da noite. A varanda e a porta da casa estavam abertas. Eu gritei: "Quem está nessa casa do coração?". E Ele respondeu: "Por que essa casa do coração está tão cheia de imagens?". Eu expliquei: "São as imagens do meu coração ferido e dos meus pés na lama". Ele agarrou o pescoço da minha alma e começou a estrangulá-la. Consegui sussurrar: "Eu sou o confidente do seu amor. Não sacrifique seu próprio confidente".

---

[3] O personagem de Nijinsky deriva do espetáculo *Matrimônio com Deus*, com Iben Nagel Rasmussen e César Brie, dirigido por Eugenio Barba em 1984. Mas Iben Nagel Rasmussen não usava essa roupa branca e essa máscara em *Matrimônio com Deus*, são o figurino que ela criou para as "Paradas de Rua".

Então Ele me deu um fio, um fio cheio de enganos e astúcias. "Puxe!", Ele me disse, "de maneira que eu possa puxá-la. Mas cuidado para não rompê-lo ao puxá-lo".

No coração da noite, a figura do meu Amado brilhou na minha frente mais linda que nunca: "Espera, luz, espera!". Eu corri, ansiosa e cega. "Espera!" Estendi minhas mãos em Sua direção. Ele bateu nelas e disse: "Não me toque!" Eu implorei: "Por que Você está sendo tão duro comigo?". E Ele respondeu: "Minha dureza se deve à bondade, e não ao rancor e ao desprezo. Esfregue os olhos para que fiquem bem abertos. Depois conserve as imagens do seu coração".

> Através do Amor, espinhos viram rosas.
> Através do Amor, vinagre vira vinho doce.
> Através do Amor, fogueira vira trono.
> Através do Amor, dor vira alegria.
> Através do Amor, raiva vira graça.
> Através do Amor, doença vira saúde.

O campanário de estrelas soava em silêncio. Cada folha era uma vela de luz para o amanhecer. Era bonito arrancar do corpo o prego queimado com minha espera.

Vestida de branco com roupa de festa, esperei o Hóspede entrar. Em seguida, Seu vento fez tremerem as maçãs da minha alma. Deus me segurou em Seus braços.

> Eu não estou aqui.
> Sou aquele que caminha ao meu lado
> sem que eu o veja.
> Sou aquele que cala
> ao falar
> Sou aquele que perdoa
> ao odiar
> Eu não estou aqui.

(*Sai*)

IX. A NEVE E AS ESTRELAS

Jan (*pegando do chão um daqueles confetes, um pedacinho de papel manteiga branco, e mostrando-o para Kai*): Você sabe o que é isso?
Kai: Neve.
Jan: Não. É papel. (*Silêncio. Pega outro confete branco*).
Você sabe o que é isso?
Kai: Papel.
Jan: Não. É neve. (*silêncio*).
Você sabe o que é neve?
Kai: É uma coisa branca que cai do céu.
Jan: Não. É uma coisa branca que o céu manda pra você...

(*Eles cantam, rindo, "I'm dreaming of a White Christmas".*)
... um grãozinho de neve puríssima, dissolvida e rapidamente transportada pelo sangue através de suas veias...

(*Iben entra. Segura a máscara nos braços como se fosse uma boneca. No lugar de uma mamadeira, uma seringa*).

Iben, Jan, Kai (*cantam*)

Olha só a minha bonequinha,
como ela fecha os olhos.
Papai a comprou,
mamãe a vestiu,
eu a batizei.
Olha só a minha bonequinha,
nova e tão bonita.
ela se move e se dobra
sorri como se fosse uma sereia...

Iben: Uma noite, Eik começou a observar as estrelas que tinham acabado de surgir. Ele sabia o nome de todas. E me disse: "elas estão ligadas por vínculos invisíveis, por forças que fazem com que uma dependa da outra. Sua marcha, que consideramos lenta, é veloz e as torna incandescentes. Elas se consomem ardendo. É por isso que brilham".

Quando entramos em contato com as drogas, achamos que nossas mentes passariam por uma revolução. Para algumas pessoas, as drogas eram uma brincadeira, para outras, uma fuga ou um meio para encontrar Deus. Mas sem que elas se dessem conta, o meio se transformou no fim. As drogas, que deveriam escancarar as portas, tornaram-se portas trancadas. Algumas pessoas estavam do lado errado quando as portas começaram a se fechar.

(*Iben volta a interpretar o Xamã*)

X. A CANÇÃO DO XAMÃ

Iben: Numa terra de gente ativa, qual é o sentido dos índios?
O pioneiro é útil, eficaz, trabalhador. Ele vai longe, tão longe que transforma cada valor no seu contrário: exclui todas as pessoas que não organizam a própria vida de acordo com os valores dele.
Por que ficamos indignados quando não se respeitam as liberdades de algumas milhares de pessoas que não sabem explorar a terra, pessoas que que, com sua ignorância, impedem o bem-estar de milhares de outras pessoas?
Em *Come! And the Day will be Ours* o progresso triunfa. O xamã é despido de tudo, com exceção de sua memória, de seu canto.

(*Iben canta. Depois interpreta outro personagem: Kattrin, a Muda*[4])

XI. KATTRIN, A MUDA

Iben: Essa aqui é a Kattrin.
Kattrin é a filha muda de Mãe Coragem na peça de Bertolt Brecht. Eu era Kattrin em *Cinzas de Brecht*, um espetáculo no qual a vida e as viagens de Brecht se misturavam com as cenas e os personagens de suas obras.
Será que o mutismo pode virar um canto que incita à ação ou faz uma criança dormir serenamente?

---
[4] *Cinzas de Brecht* (Conferir p. 214).

Eu costumo me sentir mais muda que a Kattrin. É como se as palavras não bastassem, não revelassem. Por isso sempre achei importante usar a voz num espetáculo. A ideia do mutismo total da Kattrin me parecia terrível. Eu precisava descobrir qual era a linguagem dela.

Tem uma cena no espetáculo na qual Kattrin descobre que os soldados querem pôr fogo na cidade de Halle. Ela tenta avisar e salvar a população. Sobe no teto de uma casa e grita na escuridão para acordar os habitantes que estão dormindo.

Kattrin, a muda, consegue acordar a cidade de Halle.

Mas ela é presa e violentada pelos soldados, que depois a colocam contra a parede e a matam. Suas últimas palavras, ditas por meio de gestos, usando a linguagem das mãos dos surdos-mudos, vêm de uma poesia de Brecht:

(*Iben diz a poesia de Brecht com a língua de sinais dos surdos-mudos. Depois ela a repete em voz alta*).

Quando você me faz feliz
Costumo pensar:
agora eu poderia morrer,
assim ficaria feliz até o final.
Quando você ficar velho e pensar em mim,
Serei exatamente como hoje
assim você terá uma amada
que será jovem para sempre.

... Eik morreu com 25 anos em 1968, na Índia, na fronteira com o Paquistão.

(*pausa*)

XII. FINAL

Uma vez o Eik me escreveu: "É preciso falar com cuidado, as palavras são frágeis, elas se esmigalham sobre os lábios e se recusam a expressar tudo o que sentimos e pensamos. Mas mesmo assim, será que só as palavras existem, só elas sempre existiram e só elas sempre existirão?

Desde que comecei a me sentir inteira como atriz, aparentemente perdi a capacidade de usar as palavras. Era esse o preço para encontrar minha própria língua?

Ainda me lembro do Eik sussurrando pra mim: "Não vamos nunca nos tornar frios e cínicos, vazios por dentro".

Se ele pudesse nos ver agora, será que conseguiria perceber a pequena chama que tento proteger e que fala por meio dos personagens que eu represento, aquilo que os outros chamam de "teatro"?

Você se enfiou na mata vestindo seu cafetã amarelo, carregando aquele veneno e seus eternos cadernos de anotação. Deve ter sentado para nos escrever. Suas cartas não eram nem sentimentais nem dramáticas, como aquelas que líamos juntos, escritas por jovens que tinham sido condenados à morte pelos nazistas durante a guerra.

Você deve ter tomado o veneno. Deve ter deitado na grama. Deve ter sentido uma dor horrível. Céu, grama e árvores – tudo deve ter se transformado numa roda girando ao seu redor, em cima de você, através de você... e aí você deve ter ouvido aquela mulher de idade cantar:

Eu nasci na Dinamarca,
aqui é o meu lugar,
aqui estão minhas raízes,
é aqui que o meu mundo começa.

(*Jan e Kai tocam e cantam a canção com o texto de Eik: "Ah, Itsi-Bitsi, vem comigo pro Nepal"*).

(*A neve cai, a luz do sol é vermelha*).

EUGENIO BARBA

CARTA PARA ARAMIS[1]

Holstebro, 1 de junho de 1991

Caro Jurek,[2]

Aqui está ventando, escurece à meia-noite, o verão está por chegar.

Fiquei sabendo que você anda contando por aí que é parecido com Aramis, que quando era mosqueteiro vivia dizendo que desejava ser padre, mas, depois de seguir a carreira religiosa, começou a falar da vida militar. Hoje, você tem o hábito de analisar seus espetáculos de vinte ou trinta anos atrás. E já tem um bom tempo que não *quer* mais fazer espetáculos. Está tecendo outros fios. Você diz que "já concluiu a tarefa que lhe foi confiada".

No meu teatro, meus espetáculos estão crescendo mais rápido que antes. Você deixou que eles deslizassem de sua vida, como o vestido daquela mulher que um dia acordou de manhã e correu até a voz do seu deus. E ao correr seu vestido desamarrou, escorregou por suas costas e ficou lá, na margem da estrada: a lembrança de um tempo.

Você me falou várias vezes das razões de sua escolha. Mas não é para nós dois que você deve prestar contas. Está fazendo novas perguntas. Mas você ainda faz as *minhas* perguntas?

Para apresentar *Itsi-Bitsi*, o espetáculo que fiz com a Iben, é para você que eu escrevo. Eu me pergunto: "O que é um espetáculo para mim? Por que, para mim, ele é necessário?".

---

[1] Texto publicado no programa do espetáculo *Itsi-Bitsi*, de 1991. (N. T.)
[2] "Jurek" é o diminutivo de Jerzy. É assim que Eugenio chamava Grotowski nos últimos anos de sua vida. *Carta para Aramis* foi publicado no programa do espetáculo *Itsi-Bitsi*.

A resposta chegou quase sozinha: "É um fio de astúcias e enganos. Puxe-o, mas não o rompa quando o puxar".

Iben apresenta sua própria biografia, a vida de uma jovem de vinte anos na década de 1960. A palavra "biografia" contém a ideia de um gráfico, de um desenho, de um fio. É representação, não é confissão.

No que será que acreditávamos naquela época, quando você tecia seus espetáculos e eu achava que estava aprendendo a fazer teatro, enquanto, na verdade, estava me descobrindo ao te descobrir? Com certeza você já acreditava no que acredita ainda hoje.

Se é assim, existe algo imóvel e absoluto? Se existe, está lá no fundo de um labirinto. O labirinto é história. Eu acredito no labirinto. Então o fio se torna sagrado, porque ele não liga, mas religa a alguma coisa ou a alguém que nos mantêm em vida.

Quando as pessoas me falam de você, eu te reconheço na tua intransigente sabedoria.

Quando nos encontramos, falamos uma língua antiga, e também línguas paralelas.

Eu me tornei dinamarquês. E você, francês e italiano. Mas as casas não são importantes. Importam as histórias que habitamos.

Nesse espetáculo, você vai ver uma atriz que diz: "A história deve ser contada". Não é *uma* atriz. É a Iben. Eu não sabia que, antes de começar a fazer teatro, ela tinha sido batizada de Itsi-Bitsi por alguém que iluminou esse nome com uma música rock.

É um nome cheio de alegria. Você vai ver a dança de Itsi-Bitsi quando ela fala do dia em que soube da morte de Eik. Eu mesmo fiquei chocado: procuro os contrastes, os nós entrelaçados dos opostos, o grotesco. E eis que surge algo completamente diferente: essa animação engraçada de uma criança mascarada, mais velha do que todos nós, que estamos aprendendo a envelhecer.

Nós não temos certeza, mas o menino mascarado sabe: tudo é presente, o tempo não existe. Um labirinto inteiro pode ser atravessado em uma hora, sem paixão.

O rosto do menino é uma máscara quebrada, toda corroída e machucada. Ele não tem nenhum motivo para ser alegre. Mas tem *alegria*. Parece que o menino mascarado se livrou das nossas mãos – mãos de teimosos artesãos do grotesco. Parece dizer: "Sorria – e não ria nunca mais".

Será que é uma das astúcias do teatro? Ou um engano da razão?

Ao longo do fio do espetáculo penduramos figuras de tragédias cotidianas: veias torturadas e seduzidas, o florescer da indiferença, jovens de cara limpa que fogem das lúgubres febres da "serenidade a todo custo" que, na Dinamarca, chamam-se *hygge*.

É provável que essas histórias sejam algo bem distante para você. O rapaz que inventou esse nome – Itsi-Bitsi – é uma parte da vida da Iben. Ele era pequeno, tinha uma franja meio avermelhada, foi o primeiro poeta *beat* da Dinamarca, um líder de sua geração. Hoje, os jovens que estão ao seu e ao meu redor não sabem mais nada daquela erva que foi plantada e cortada nos anos 1960. Eles falam daquela época assim como nós, em Opole, falávamos da Guerra Civil Espanhola. Em 1968, aquele rapazinho de franja vermelha engoliu seu próprio veneno, na Índia, em total solidão.

Naquele período, na sala de tijolos de Wroclaw, você e seus atores (eram sete, quatro não estão mais aqui) trabalhavam em cima de um espetáculo cujo título se inspirava num livro de ilustrações – de figuras – de Dürer. Nós, na sala preta de Holstebro, trabalhávamos em cima de Alceste e pensávamos em Jan Palach. Iben era uma menina sem palavras. Eu a vi crescer, cair, voar: sete vezes no chão, oito vezes de pé.

Ela me seguia. Ela nos seguia. Depois vimos que outras pessoas começaram a seguir a Iben. Apesar da distância, de tempos em tempos você também comenta as fases dela.

Agora, no teatro, você defende que os mortos têm direito de permanecerem vivos: nem chorados nem esquecidos, vivos.

Costuma-se dizer que um espetáculo é feito de imagens e metáforas. Tenho algumas certezas com relação a isso. Sei que não é verdade. Trata-se de uma ação real. É por isso que não permito que o fio se estenda ao ponto de se romper.

A verdadeira carta que envio agora não é essa aqui que está no papel. É aquele pedaço de pano branco sobre o qual Iben e seus companheiros – Jan e Kai – dançam estilhaços de vida, para que não sejam enterrados.

Mais uma vez eu me pergunto: por que te enviar um espetáculo?

Fora o passado, isso aqui ainda nos une: a aguda experiência do dissídio e da aliança entre *ação* e *palavra*. Mas tem outra coisa que também nos une: sabemos que, no espetacular deserto das cidades sujas e dos museus demasiadamente grandes, a primeira vive, mas só a segunda sobrevive.

IBEN NAGEL RASMUSSEN

TRINTA ANOS DEPOIS[1]

"... E AS ÁRVORES AINDA CHORAM..."

Eik morreu em 1968, só dois anos depois que comecei a trabalhar no Odin Teatret. Sua morte encerrou um capítulo da minha vida.

Encontrei Eik pela primeira vez em 1961, durante uma campanha contra a bomba atômica. Os anos que vieram depois (para minha surpresa, vejo que podem ser contados nos dedos de uma única mão) tiveram um efeito profundo em tudo o que eu viria a fazer.

Vivemos *juntos* o início dos anos 1960, no sentido mais pleno da palavra. Nossa relação de amor era instável, mas uma união espiritual permanente nos transformou em "conspiradores", em gêmeos místicos. Eu não quis usar o termo "intelectual" de propósito. Eik era muito mais maduro do que eu com relação a isso. Participamos dos movimentos pela paz que reuniu pessoas de vários partidos. Começamos a publicar, junto de outros jovens que encontramos nas marchas de Holbæk, uma revista chamada *Alternativ*. Viajamos pela Europa e pelo Norte da África, íamos vivendo com as canções e com o violão de Eik. Ele escrevia poesias em dinamarquês, mas no começo só cantava em inglês. Em seus últimos anos de vida, música e texto se fundiram, principalmente graças à colaboração do guitarrista Stig Møller. Juntos, em 1966, eles fundaram o grupo Steppeulvene [Os Lobos da Estepe].

Quando entramos em contato com as drogas, achamos que a humanidade toda daria um passo pra frente. Acreditamos que as drogas abririam os sentidos e tornariam a consciência mais aguda. Experimentamos uma outra "realidade" e nos consideramos uma vanguarda.

---
[1] Texto publicado no programa do espetáculo *Itsi-Bitsi*, de 1991. (N. T.)

Por que, depois de trinta anos, resolvo voltar ao passado? Por que falar de Eik em 1991? Será que nossas experiências têm algo a dizer nos dias de hoje?

Para mim, acho que a questão nunca foi *se* falar ou não de Eik e de tudo o que aconteceu naquela época. É diferente: só agora, depois de 27 anos no Odin, é que tenho a segurança profissional necessária para poder falar de tudo isso.

Sozinha, eu nunca teria tido a coragem de dar ao espetáculo a forma pessoal que ele tem. Com a ajuda do Eugenio, acho que consegui chegar o mais perto possível, através de ações e palavras.

EIK SKALØE

UMA CARTA DO EIK[1]

9 de dezembro de 1963

Querida Iben,

Um ano atrás, talvez dois, muita gente jovem vivia intensamente e formava opinião. Lentamente, um pequeno grupo começou a se destacar, minúsculo e bem sintomático daquela época: podemos chamá-lo de "alternativo" ou de qualquer outra coisa. Quem eram aqueles jovens careteiros que riam, se colocavam em risco e queriam mudar o mundo? Eles não se perguntavam sobre o que poderia acontecer com eles, e viviam amontoados para se manterem aquecidos. Eles eram eles mesmos: um grupo de vanguarda, banalmente falando. É claro que, antes deles, não houve mais ninguém, eles aprenderam tudo sozinhos. Entre erros e acertos, encheram-se de hematomas ao se confrontarem com o mundo e com eles mesmos. Não tinham exemplos para seguir. O mundo *era* novo, tanto o público como o privado. Tudo acontecia com uma velocidade vertiginosa.

Não adianta os outros protestarem: mas vocês só têm 18, 19, 20 anos. Fico pensando em todos nós, que envelhecemos fazendo campanha contra a bomba atômica. Não adianta protestar. Uma pessoa não pode se sentir jovem por causa de um número: Eik, você tem vinte anos. Não, deve haver um erro. Não é possível ficar assim tão cansado em dois anos, você não pode escorregar tão rapidamente no vazio.

Iben, papel!

As mãos precisam ter criado algo antes de repousarem imóveis.

---

[1] Texto publicado no programa do espetáculo *Itsi-Bitsi*, de 1991. (N. T.)

O que eu deveria responder se o silêncio ameaçasse minhas mãos? O que eu deveria apresentar? Um livro de cartas nas quais fico rindo e sofrendo? Nas quais eu vivi? De tudo o que já toquei, só sobrou isso. E nem disso eu tenho certeza.

Então elevo meu olhar de avô, vejo cartas voando ao redor e a sua frase que pula diante dos meus olhos.

P.S.: Como é bom ter tantos amigos! E meu olhar acinzentado de lobo diz que você está certa, talvez a gente tenha tido um sentido. Penso: talvez, não por acaso, tenhamos nos tornado velhos para a nossa idade. Talvez, não por acaso, tenhamos levado tantas surras, que paravam o tempo ou o deixavam passar.

Os jovens cervos chegam derrubando tudo, rugindo com todas as suas forças, implacáveis e poderosos. Não é à toa que se irritam facilmente e que se comprometem tanto, que ainda respeitam as velhas árvores que – com arrogância e vaidade – bloqueiam as trilhas que conduzem ao pântano. As velhas árvores que nunca conseguem se tocar – no máximo, seus ramos se paqueram e suas raízes se entrelaçam lá no fundo da terra. As velhas árvores cuja cortiça é comida pelos cervos. As velhas árvores que conversam sobre o céu noturno que vai se tornando cada vez mais escuro: quanto mais olhamos pra cima, mais penetramos nele.

EUGENIO BARBA E IBEN NAGEL RASMUSSEN

O CORPO TRANSPARENTE[1]

Conversa sobre o Treinamento

Eugenio Barba: Iben, quando você chegou ao Odin Teatret, há mais de trinta anos, você começou sua aprendizagem praticando alguns exercícios. O que era importante naqueles exercícios, para você, naquela época?

Iben Nagel Rasmussen: O importante era a atitude. Os atores começavam imediatamente a *fazer*. O exercício não precisava ser explicado. Você não dizia nada. Antes, na minha vida, as coisas tinham sido diferentes. Alguém sempre precisava explicar. Até mesmo na escola tudo era explicado com palavras, tudo tinha uma longa explicação.

Então, pra mim, encontrar esse silêncio no Odin foi estranho e sedutor: ter que *fazer*, sem saber por quê. Não havia uma "filosofia", uma "teoria". Eu simplesmente devia saltar quando o colega avançava com um bastão tentando atingir minhas pernas, ou devia abaixar quando o golpe mirava meu pescoço.

Depois, havia a continuidade: o treinamento não era interrompido, por exemplo, para que fosse explicado o que era certo e o que era errado. Isso só acontecia depois de um tempo, e para mim esse tempo era longuíssimo, porque...

---

[1] As perguntas que Eugenio Barba faz a Iben Nagel Rasmussen sobre o treinamento são o fio condutor de um documentário realizado em 2002 por Claudio Coloberti, no qual a conversa entre o diretor e a atriz – sentados em suas poltronas – é intercalada por fragmentos de filmagens do treinamento de Iben no Odin, de 1971 até seu trabalho atual com o "Ponte dos Ventos". As imagens apresentadas em alternância provêm de quatro fontes: filmes pedagógicos sobre o treinamento físico e vocal realizados por Torgeir Wethal em 1971; programas experimentais feitos para a televisão italiana; um documentário em preto e branco sobre os primeiros anos de trabalho no Odin Teatret; uma filmagem sobre o trabalho do "Ponte dos Ventos".

Eugenio: ... depois de vários dias ou várias semanas...

Iben: Não, agora estou falando de horas, de meia hora, de repente até menos, não lembro. Podia ser até em menos de meia hora: mas pra mim era um tempo longuíssimo. E depois o exercício acabava sendo corrigido por você ou por algum colega.

Eugenio: Então, o exercício não era a única coisa importante. Está bem: era importante que não houvesse explicações, que se começasse logo *fazendo*, que vocês se concentrassem numa tarefa precisa que obrigasse a reagir. Mas eu me pergunto se, para você, havia outros fatores externos que também eram importantes. Por exemplo: a duração de um exercício, a fadiga, e, quem sabe, o fato de estar cansada e continuar trabalhando...

Iben: Mas eu ficava cansada *na mesma hora*, era tudo tão difícil pra mim, a acrobacia e todo o resto. Era logo assim (*ela respira de maneira ofegante*), tinha essa respiração no início, e a gente precisava aceitar. Aceitar o cansaço desde o início, com o corpo e com a mente, principalmente com a mente. Eu tinha que aceitar o cansaço e encontrar um modo de *engolir* essa respiração ofegante, pensando que o trabalho – o exercício – ainda podia durar horas e horas.

Eugenio: Então, o exercício permitia que você aprendesse tanto qualidades ou capacidades físicas (como reagir imediatamente à ação de um colega, por exemplo) quanto uma espécie de atitude mental: como trabalhar com o cansaço durante muito tempo, como conviver com ele. Também permitia descobrir que há outras formas de energia, em nós, que podem vir à tona. É isso que você associa àquele período inicial de treinamento no Odin?

Iben: Sim, essas foram as primeiras coisas, sim.

Eugenio: Qual era a coisa mais interessante para você?

Iben: A coisa mais importante pra mim era ver os mais "antigos", ver o Torgeir [Wethal] e a Else Marie [Laukvik]. Quando eu via o Torgeir fazer, por exemplo, a sequência...

Eugenio: A sequência de exercícios, a sucessão dos exercícios...

Iben: Sim, os exercícios de ioga que o Grotowski tinha elaborado com o Cieślak. Quando a sequência era feita por Torgeir ou por Else Marie, eu não via os exercícios, eu via... uma outra coisa, algo que... enquanto o Torgeir, por exemplo, fazia a "sequência do gato", alguma coisa acontecia *através* do corpo dele. Era isso que me impressionava, a mesma coisa que tinha me impressionado quando vi *Ornitofilene*, o primeiro espetáculo do Odin, que assisti na Holbæk Kunsthøjskole,[2] onde eu estudava naquela época, aquele... corpo transparente.

Não era uma "habilidade", não era uma vontade de construir um corpo "belo", como no balé clássico. Também não era uma estética, algo que vinha de fora. Era alguma coisa *dentro*... Era isso que decidia, que fazia com que o corpo se tornasse uma outra coisa: não um corpo bonito ou feio. Mas aquele corpo era, como... sim, era transparente, e eu via isso muito claramente no Torgeir, na sequência do gato. Acho que ele também trabalhou com Grotowski, durante aquele primeiro seminário que Grotowski fez aqui em Holstebro.

A mesma coisa acontecia com a voz de Else Marie: não era simplesmente uma voz bonita ou feia, forte ou sutil, era... não sei, parecia que havia uma força dentro dela, e eu sempre tinha essa mesma sensação, como se fosse uma... uma matéria que se tornava transparente. Quando escutava a voz dela, pensava: se eu conseguisse fazer algo assim, se conseguisse ter um corpo transparente, uma voz que traz essa... paixão, essa coisa de dentro que... que se sentia, que podia ser percebida, que chegava até você, passando através de tantas e tantas dificuldades...

Eugenio: Durante alguns anos, você praticou os exercícios que já existiam no Odin, ou que nós mesmos desenvolvíamos inspirados em

---

[2] Na Dinamarca, uma *højskole* é uma escola para adultos frequentada para ampliar a própria educação, sem títulos de estudo ou obrigações. É um serviço social financiado pelo Estado e que também oferece bolsas de estudo. Pode ser usado por jovens que ainda não entraram no mundo do trabalho, mas também por trabalhadores que têm uma licença para interromper suas atividades regulares durante um ano para alargar o próprio horizonte cultural. Quem possui um trabalho fixo, pode voltar ao seu emprego após esse ano na *højskole* como se retornasse de um ano sabático. Cada *højskole* possui sua especialização: estudos históricos, econômicos, políticos, de artesanato e artísticos. A *Kunsthøjskole* onde Iben estudava era uma escola de arte.

Grotowski. No início dos anos 1970, você começou a se opor a essa tendência e a inventar exercícios que eram seus, muito originais, diferentes daqueles que fazíamos antes. Por quê?

Iben: Eu não conseguia encontrar essa coisa *dentro*, dentro de mim. Você sempre dizia que não.

Acho que eu trabalhava no Odin há pelo menos quatro anos. Torgeir e Else Marie há mais tempo, acho que há uns seis anos. E eu não conseguia encontrar dentro do treinamento o que tinha visto no Torgeir, no Cieślak... Alguma coisa não funcionava.

Depois, a uma certa altura, você disse que não estava mais interessado no treinamento, que não queria mais ficar na sala assistindo.

Quando cheguei ao Odin, ficávamos o tempo todo com você na sala. Não havia um só momento em que ensaiássemos ou treinássemos sozinhos. Mas teve uma hora que você disse que o treinamento não te interessava mais, que você queria se concentrar em outras coisas. E aí você não vinha mais na sala. Eu lembro que estávamos em turnê e eu ficava pensando nisso tudo, porque, pra mim, o treinamento do ator sempre foi um momento importantíssimo, e de repente eu comecei a refletir: o que é uma ação dramática? O que é *para mim*? Não em geral: *para mim*.

E foi aí que comecei a experimentar todas as maneiras possíveis de sentar, de girar, de ir até o chão e de sair do equilíbrio. Olhando pra trás, voltando a pensar naquilo tudo agora – como sair do equilíbrio e depois retornar, como ir até o chão e depois ficar novamente de pé –, eu vejo que, pra mim, foi como encontrar... sim, uma fênix: eu me jogo, perco completamente o equilíbrio, não sei o que vai acontecer. E depois, eu volto a ficar de pé, como se... renascesse. O próprio treinamento, pra mim, tinha renascido. Eu havia encontrado aquele fluir que tinha buscado durante anos e nunca encontrava, porque ele era sempre interrompido por alguma outra coisa: pelo pensamento, pela fadiga, pela descontinuidade do treinamento. Durante muitos anos não encontrei aquele fluir que estava buscando. E agora, de uma hora pra outra, com esses novos exercícios, sim, eu havia encontrado.

Eugenio: O fato de você mesma elaborar, inventar, trabalhar, desenvolvendo uma nova gama de exercícios, também te deu segurança na hora de ensinar, quando você transmitia a sua experiência para os outros. No início, como isso acontecia?

Iben: Depois de dois anos no Odin, Else Marie e Torgeir já tinham começado a ensinar, pois não havia ninguém com mais experiência do que eles. Eu não, não era necessário que eu fizesse isso imediatamente. Então só comecei depois de quatro ou cinco anos, talvez até mais. Nesse meio-tempo, eu já tinha passado por todas as dificuldades, por todos os problemas. Torgeir vivia dizendo que sabia ensinar bem a acrobacia porque tinha demorado muito para aprender. Tinha levado um ano.

Eu também sabia o que era difícil e por que era difícil para algumas pessoas. E sabia *como* chegar lá porque eu também tinha levado muito tempo. É por isso que eu colocava tanta, tanta energia – eu me lembro das primeiras vezes em que ensinei – para dar apoio, para ajudar, para dar o que, pra mim, no começo, tinha sido mais importante, como: não interromper, dar tarefas muito simples, estimular a encontrar uma certa "liberdade" dentro do treinamento...

Eugenio: O que significa que no ensinamento há duas dimensões: de um lado, tem o exercício em si, que podemos chamar de "a sua essência"; do outro, tem a atmosfera, o contexto criado em torno da aprendizagem do exercício, do qual fazem parte: uma certa qualidade do silêncio, a duração, o modo de falar...

Iben: Sim, é assim.

Eugenio: Mas no começo, quando você ensinava, também ensinava exercícios precisos.

Iben: Sim, no começo eu ensinava o que havia descoberto, o que chamamos de "exercícios suíços". Estávamos em turnê na Suíça quando mostrei esses exercícios pra você.

Eugenio: Mas depois de um certo tempo, você teve uma espécie de rejeição, não tinha mais tanta vontade de ensinar.

Iben: Não tinha mais vontade porque, durante as turnês, o que eu podia ensinar era sempre num nível muito baixo, elementar: o aluno começava a dar os primeiros passos, depois tínhamos dois dias de curso e já íamos embora. Eu ensinava uma coisa que não podia desenvolver, então pra mim isso não era *importante*. Importante era a *duração*, era poder continuar o que havia semeado. Eu via aquelas pessoas e parecia que elas ficavam abandonadas, sem um caminho para continuar.

Eugenio: Foi isso que te levou a inventar outro tipo de relação pedagógica? Foi por isso que você criou um grupo fixo de pessoas, que se encontravam a cada ano durante várias semanas? Ou seja, seu projeto "Ponte dos Ventos"?

Iben: Sim, foi por isso. E também porque eu queria ensinar para pessoas que já tivessem uma base, uma experiência, como aconteceu principalmente com o primeiro grupo do "Ponte dos Ventos".

Eugenio: O "Ponte dos Ventos", esse seu projeto, ou essa sua situação pedagógica, já existe há mais de dez anos. Toda vez que o vejo, noto logo as diferenças: a primeira refere-se à terminologia. Você costuma usar uma palavra que nunca havíamos usado no Odin Teatret: "energia". Como foi que essa palavra entrou na maneira de você falar com seus colaboradores, com seus alunos?

Iben: É que eu não tenho outra palavra, e essa é uma palavra fácil de entender, para quem trabalha, acho que para quem está olhando também, porque é muito evidente. Você pode *vê-la*, você vê uma energia lenta que atravessa o espaço, vê uma energia forte ou uma energia doce...

Eugenio: Uma qualidade de tensão. Energia no sentido de uma certa qualidade de tensões...

Iben: ... mas, na verdade, costuma-se dizer que uma pessoa está cheia de energia ou sem energia. Você nunca diria que ela está "cheia de tensão"... Energia é uma palavra *normal*. Cotidiana.

Eugenio: Se você tivesse que indicar as maiores diferenças entre o seu aprendizado no Odin Teatret e o seu trabalho com "Ponte dos Ventos", quais seriam?

Iben: Que eles têm que *inventar*... eu dou as indicações, mas eles é que têm que inventar. Não ensino exercícios precisos, como fiz no início aqui no Odin, nem mesmo os exercícios que fui eu que inventei. Agora é diferente: eu dou uma tarefa. Digo, por exemplo: encontrem cinco, três ou sete maneiras de sentar; encontrem três maneiras de saltar; três maneiras de girar. Isso significa que a lógica é *deles*, que acabam se acostumando a inventar uma lógica pessoal, que é deles, e não minha. Até mesmo porque, depois, eles não vão trabalhar comigo, mas trabalharão sozinhos, em outros contextos. É por isso que, pra eles, é importante inventar uma espécie de poesia corporal, uma poesia que podem repetir. E em cima dela, eu certamente posso acrescentar outros elementos de informação. Mas a base deve ser deles. Depois eles também podem pegar elementos ou exercícios, tanto de mim quanto dos outros alunos...

Eugenio: Quando você observa o que os seus alunos fazem ou inventam, você escolhe, faz uma seleção. Você gosta de algumas soluções deles, elas têm um sentido, mas outras não têm. O que é importante naquilo que eles fazem?

Iben: O importante é que cada exercício tenha um início, um pequeno nó e uma solução. Assim nunca vira uma "ginástica".
Cada exercício deve ter esse desenvolvimento dentro dele mesmo. Por exemplo, se vejo um aluno se ajoelhar e depois se levantar da mesma maneira que ele foi até o chão, eu vou dizer: "Isso não funciona, você tem que encontrar outra solução". Depois aquela mesma pessoa vai trabalhar sozinha, ou então posso mostrar e propor um exercício, posso dar uma sugestão.

Eugenio: Você acabou de usar a palavra "ginástica". Qual é a diferença entre um exercício feito por um ator e um exercício de ginástica?

Iben: Mas a ginástica tem uma função totalmente diferente, serve para as pessoas ficarem em forma, para terem músculos, para serem flexíveis. Aqui não... através dos exercícios deve aparecer uma outra coisa, aquilo que chamei de "corpo transparente". Você sente que é um outro tipo de energia que aflora na sala. Ela pode até vir do conjunto, e você a sente. É inexplicável...

Eugenio: E você explica isso aos seus...?

Iben: (*balança a cabeça dizendo que não*).

IBEN NAGEL RASMUSSEN

O LIVRO DE ESTER[1]

TEXTO DO ESPETÁCULO

Iben entra, senta a uma mesa sobre a qual se vê uma máquina de escrever. Ela escreve...
Ela para e olha para os espectadores:

IBEN: De onde vem a minha mãe?
De onde vem a sua mãe?

IBEN (*com a voz de ESTER*): Essa aqui é minha máquina de escrever. Uma Erika. Foi meu pai que me deu de presente. Ele pagou parcelado. Foram seis parcelas, cinquenta Coroas cada vez. Era muito dinheiro naquela época – em 1937.
Sim, eu a usei durante anos e anos. Escrevi romances, novelas, radionovelas.

Ela rasga uma folha do calendário.

ESTER: O fumo é realmente fascinante, não é?

Ela queima a folha como se acendesse um cigarro.

---

[1] *O Livro de Ester* (2005). Texto e Direção: Iben Nagel Rasmussen. Conselheiro de Direção: Eugenio Barba. Atrizes: Iben Nagel Rasmussen e Elena Floris (ou Uta Motz). Primeira apresentação: abril de 2006. O "Libro da Semente", citado no texto, é o verdadeiro diário de Ester Nagel, a mãe de Iben Nagel Rasmussen. As poesias "Escuridão em Toda Parte" e "Eu te Chamo, Amor" são de seu pai, Halfdan Rasmussen. "IBEN", no texto, indica a atriz, enquanto o "personagem Iben" está indicado como "ELENA", o nome da atriz italiana. Já "ESTER" indica o nome do personagem.

Ester: Primeiro dia.

Entra Elena (como se fosse a Iben).

Ester: Que lugar é esse?
Elena (*como se fosse Iben*): É uma casa de repouso, mãe.
Ester: Uma casa de idosos, você quer dizer. Então esse é o lugar onde vou ficar até morrer?
Elena: Poxa, mãe! É um apartamentinho bem legal.
Ester: Hmmm... a antessala da morte.
Elena: Olha só, tem cortinas douradas e uma poltrona novinha. Colocamos a mesa na frente da janela, assim você pode ver as árvores. Olha como são bonitas com essa luz outonal.
Ester: Está tudo cheio de lama.
Elena: Sim, mas na primavera vão plantar grama e flores.
Ester: Hmmmm..... Flores. Grama.

Ester rasga uma folha do calendário.

Ester: Segundo dia.
Você não tem um quartinho na sua casa, com um espacinho pra mim? Eu também poderia viver num *trailer*, no jardim. Não ia incomodar.
Elena: Sim, mãe. Mas você vai ficar aqui por enquanto. Você sabe que estou sempre viajando com o teatro. Não ia ter ninguém pra ficar com você.
Ester: Aqui também não tem ninguém.
Elena: Claro que tem. As enfermeiras são muito gentis.
Ester: São, mas não tem ninguém que me conhece.
Elena: Mãe, eu já te disse, quase todas as pessoas que você conhecia já morreram.
Ester: Eu poderia ter um cachorro.
Elena: Mas como é que você ia cuidar dele?
Ester: Um cão de guarda. Ele ficaria bem na frente do *trailer*.
Elena: No inverno fica muito frio dentro do *trailer*.
Ester: A gente poderia colocar uma estufa.

Elena: Ia fazer frio de qualquer jeito. Depois, como é que você ia se lembrar dos remédios pra dormir? Quem iria te ajudar? Você sabe muito bem que não consegue dormir sem tomar esses remédios.

Ester: Vem cá, não tem mesmo nenhum quartinho na sua casa onde eu possa ficar? Eu também podia ficar morando num *trailer*. Eu não ia incomodar.

Elena: Claro, mãe. A gente vai achar uma solução no verão, quando estiver mais quente.

Primeira filmagem.
Imagem de um encontro entre escritores.

Ester: Encontrei Halfdan pela primeira vez em Copenhague, no Clube dos Jovens Artistas. A gente se casou três anos depois, no dia 9 de abril de 1944, exatamente quatro anos depois do dia da invasão alemã.

Imagens de um refúgio antiaéreo em Rådhuspladsen, Copenhague.

Ester: Era uma insanidade ter filhos naquela época, não há dúvida. Mas também eram tempos que faziam apelo à vontade de viver. Quanto mais víamos mortes, miséria e loucura, mais ansiávamos por vida, saúde e normalidade. Nós amávamos a vida. Tínhamos uma fome absurda de viver. Não sabíamos se um dia uma bala podia atingir nossa garganta – de repente o chumbo já estava fundido e ela já passava de mão em mão para dar cabo de todos nós. Tínhamos nos tornado pessoas otimistas, adoradores do sol, exatamente porque o céu estava baixo e carregado de nuvens.

Imagens de Ester grávida.

Ester: Fizemos isso de propósito porque estávamos com vontade, porque tínhamos urgência. Quando tudo deu certo após algumas tentativas fracassadas, não podíamos nem acreditar! Era absurdamente engraçado e surpreendente pensar que podíamos sair por aí carregando na barriga a semente de um ser humano, uma criança que um dia vai crescer e se tornar independente, que vai dizer "os meus velhos" quando falar de Halfdan e de mim.

Iben e Elena (*cantam*):

Escuridão em toda parte. O medo de morrer
Uma noite se transformou em carícia: uma pequena semente, o devir.

O mundo estava lá fora. Noite. Alguém gritou.
Óvulos e espermas juntos: uma sementinha estava a caminho.

Uma sementinha, sangue do nosso sangue, um ser vivo,
Acolheste o sonho de tantas horas. Cegamente.

Calma como um sussurro tu vais crescendo
Primeiro és uma sementinha na barriga de sua mãe.

Depois romperás o cordão, sementinha.
Serás menina ou menino?

Terás olhos azuis ou olhos escuros?
O céu que verás será o mesmo.

Se o mundo inteiro sufoca usando roupas apertadas
Conserves a liberdade ao respirar.

Morras, mas nunca aceites a escravidão.
Nenhuma força, sementinha, pode aprisionar a vida.

Elena: Mãe?
Ester: O quê?
Elena: Lê alguma coisa pra mim.
Ester: O que você quer que eu leia?
Elena: O "Livro da Semente". Lê alguma coisa do "Livro da Semente".
Ester: O "Livro da Semente". O diário que eu te escrevia quando você ainda não tinha nascido. Deixa eu ver...
20 de fevereiro de 1944. Quarto ano de guerra.
"O mundo, nesse período, está realmente de cabeça pra baixo. Quando voltarmos para a cidade, provavelmente não vamos mais encontrar nem

luz nem gás. Não há quase mais carvão em todo o reino da Dinamarca. Há poucos trens, luz e gás estão racionados, faltam batatas. Não há nada, apenas incertezas e tiros." Primeiro de março.

"Eis aqui uma florzinha, uma 'fura-neve', ou 'campainha-branca', para indicar que a primavera está chegando. Ela vai murchar um pouquinho até você conseguir admirá-la, sementinha minha, ficando alegre quando surgirem diante de seus olhos. Mas acho que ela deve estar no livro, como um minúsculo símbolo de otimismo.

Vamos ver depois se, ao menos uma vez, o otimismo será recompensado."

Elena (*canta em dinamarquês*):

Amarraram nossa boca e nossas mãos
Mas não poderão amarrar nosso espírito
Ninguém é prisioneiro se o pensamento for livre.

Em nós há uma fortaleza
E seu valor fica ainda mais forte
Se lutamos pelo que é importante para nós.

Ester: 23 de março de 1944
Hoje pela manhã Halfdan foi bem cedo até a cidade para participar de um encontro da Associação de Escritores....

Acabei de saber que a situação é terrificante, tem tiro vindo de todo lado, ninguém sabe mais quem está atirando em quem.

Ontem teve um ataque aéreo aliado. O prédio da Shell, a Casa dos Engenheiros, o Instituto Tecnológico e outros edifícios foram atingidos e destruídos.

Quando Halfdan vai até a cidade, a noite começa a se aproximar e eu sei que o trem já voltou, não consigo ficar calma até ouvir seu sinal vindo lá do jardim: "Cu-co! Cu-Co! Cu-Co!". Só então tudo volta a ficar seguro e familiar.

Imagens de Berlim destruída.

Ester: 5 de maio de 1945
Finalmente, acabou essa história de raça superior.

É uma alegria infinita. Nas estradas, membros da Resistência brotam em cima dos mais estranhos veículos, usando capacetes de aço e uma faixa no braço, caçando colaboradores que precisam ser presos e levados ao tribunal. Haverá pena de morte para os canalhas que, em troca de dinheiro ou de outras vantagens, denunciaram homens e mulheres aos nazistas, condenando-os aos campos de concentração, à tortura, à fome e a tratamentos desumanos.

"Paz." Sementinha, você consegue imaginar o que essa palavra quer dizer? Não precisa mais ter medo das pilhagens dentro de casa, não precisa mais calar com relação ao que você pensa e sente, não precisa mais ficar ansiosa querendo saber do destino de amigos e de companheiros presos pela Gestapo e deportados para o Sul. Ah, sim, sementinha, paz é uma boa palavrinha, e se alguém tentar te dizer que a guerra é um valor, um ato importante e heroico, romântico e empolgante, cuidado: é a maior mentira de todas.

Sequência de imagens de um homem tocando acordeão numa rua onde há uma fogueira – são os últimos dias de guerra.

Iben: Minha mãe pertencia a uma geração de mulheres que se fechava em seu papel de mãe de família. Na Dinamarca, durante a ocupação alemã, homens e mulheres reuniam-se em pequenos grupos clandestinos para lutarem juntos contra os nazistas. "Mas mesmo assim" – dizia minha mãe – "o que aconteceu depois?" Começamos a servir chá para os homens que discutiam sobre o destino do mundo, a remendar, a cozinhar, a educar as crianças. Só ficávamos livres depois das oito da noite.

Só à noite minha mãe podia sentar e escrever. E depois que nós, seus filhos, fomos embora de casa, eu a vi se transformar numa pessoa dura e amarga. Após tantos anos de paciência e gentileza, de repente veio a raiva, que tinha ficado reprimida e escondida por tanto tempo. Durante muitos anos, ela não pode fazer o que queria. Quando vi minha mãe assim tão mudada, não pude reconhecê-la. Fiquei com medo. Quando descobri a mesma tendência em mim, eu disse: não. Ainda que doa, ainda que possa ferir os outros, prefiro viver a dor na mesma hora. Não quero que essa dor fique se acumulando em um algum cantinho, esperando por mim no final da vida.

Ester: Terceiro dia
Me diga, você mora aqui perto?
Elena: Moro, bem pertinho.
Ester: Que legal que você encontrou o *seu* "lugar".
Elena: Sim, tenho sorte.
Ester: Eu estava me perguntando se podia viver com você – ou então colocar um *trailer* no jardim...
Elena: Mas mãe – quem é que ia cuidar de você? Eu passo metade do ano fora de casa!
Ester: Eu poderia ter um cachorro.
Elena: E o que você faria com os remédios? Quem é que te ajudaria com isso?
Ester: Ah! Eu daria um jeito. Você não acha que tem algum quartinho a mais na sua casa? Eu não incomodaria.
Elena: Tem, mãe, tem sim. Nesse verão, quando estiver um pouco mais quente.

Ester: Quarto dia.
Sabe, tenho um sonho antigo: viajar a pé do Norte da Dinamarca até a fronteira com a Alemanha, e depois atravessá-la de costa a costa. Eu levaria a máquina de escrever comigo.
Elena: Mas mãe, você acha mesmo que vai conseguir caminhar tanto assim? É uma viagem bastante longa.
Ester: Pode até ser – mas não quero fazer essa viagem agora. Vamos ver como ficarão as coisas. Em todo caso, se você tivesse um cantinho pra mim na sua casa...

Começa o segundo filme.

Iben: Vesterbro, o bairro operário de Copenhague; Virum, nos subúrbios na cidade; Ølstykke, no campo, fica bem perto: são lugares dos quais ela não se lembra mais.

O violino acompanha as sequências do filme.

A escuridão era viva.

Noite adentro, meu irmão e eu podíamos ouvi-los falando bem baixinho, ou escrevendo.

O som da máquina de escrever – a batida das teclas contra a folha de papel e contra o rolo – era nossa canção de ninar.

Com suas pausas – densas de pensamentos – entre palavras e frases, o ritmo tornava-se calmo, repousante: a voz confiante da noite.

Raramente eles saiam sozinhos. Mas teve uma noite em que foram a uma festa de carnaval no Clube dos Jovens Artistas. A vovó ficou cuidando da gente. Já estávamos na cama quando vieram se mostrar com suas fantasias feitas em casa. Mamãe estava fantasiada de corvo, com uma saia de tafetá que fazia fru-fru e com grandes asas negras. Papai estava fantasiado de duende, usava um chapéu alto com uma luz bem na ponta. Eram fantásticos...

Voltaram de madrugada atravessando o caminho do jardim, batendo papo com a vovó. Diziam que o grande gerânio tinha florescido e que as pérolas de orvalho que repousavam sobre suas pétalas brilhavam no meio daquela imensa escuridão.

Essa é a exata imagem da minha mãe naqueles anos: uma flor que desabrochou em todo o seu vigor destacando-se sob um fundo preto.

Não, ela não se lembra mais. Já se esqueceu da casinha com teto de palha que fica lá em Ølstykke.

"Vivemos da fertilidade da terra", ela dizia em alto e bom som, enquanto trabalhava naquela cozinha fria, usando um chapéu de esqui com duas abas cobrindo as orelhas (ela sofria de otite).

Ela tinha dado um gato siamês pro papai de aniversário; chamava-se Kaspar. Ele adorava ficar nos ombros da mamãe, ou em cima do seu chapéu, enquanto ela, toda encurvada sobre o grande fogão a lenha, mexia a comida em panelas e tigelas e organizava os anéis de ferro sobre o fogo. Ela amassava o pão, preparava vários alimentos em conserva, picles, geleias, que colocava em vasos ou em potinhos, e depois alinhava tudo em prateleiras que não acabavam nunca.

Ølstykke ficava no campo, então para nós – crianças – era a África. Insetos enormes voavam durante a noite, pássaros gigantes batiam suas asas sobre nossas cabeças fazendo um barulhão enquanto íamos até uma fazenda ali perto para comprar leite. Havia cobras, ameixas, nozes – e cenouras. Elas não cresciam em cima das árvores, como a gente pensava. Papai as tirava de dentro da terra. Também tinha uns cogumelos imensos – as "bolas de lobo" que um dia tio Joergen encontrou no campo. "Olhem pra cá, crianças" – ele disse – "encontrei um monte de ovos de vaca." Saímos correndo por aquela estrada toda empoeirada, gritando: "Mãe, mãe! O tio Joergen encontrou ovos de vaca!".

Mas foi em Saunte que ela encontrou a sua casa, o lugar de sua família. O único lugar do qual ela se lembrava e que chamava de casa, ainda que a tivesse abandonado após o divórcio, trinta anos antes.

Fim do segundo filme. Ester rasga uma folha do calendário e a queima.

Ester: Quinto dia.
Minha caderneta do banco desapareceu. Alguém deve tê-la perdido.
Elena: Acho que não, mãe. Uma das faxineiras deve tê-la guardado no cofre. Tenho certeza de que foi isso que aconteceu.
Ester: Eu queria saber quanto dinheiro eu tenho. Podíamos comprar uma casa onde poderíamos morar todos juntos.
Elena: Claro, mas acho que não quero me mudar agora, mãe. Já temos uma casa.
Ester: E os livros? Você não quer alguns? Aqueles de Troels Lund são realmente bons. Você quer? E a cômoda com as gavetas? Olha só, está completamente vazia.
Elena: Obrigada, mas agora não. Você pode precisar dos livros e da cômoda.
Ester: Não posso levar tantas coisas comigo quando eu voltar pra lá.
Elena: E pra onde você vai voltar?
Ester: Para Sjælland – como é que se chama o lugar?
Elena: Saunte?
Ester: Claro, Saunte.

Ester: Sexto dia.
Não precisa ter tanto trabalho. Os quadros... as fotos. Não fique ali colocando pregos na parede... Daqui a pouco eu vou voltar para Sjælland.
Elena: Mas mãe, você não conhece ninguém lá.
Ester: Aqui eu também não conheço ninguém.

Elena: Você me conhece.

Ester: Sim, claro. A minha caderneta do banco desapareceu. Não está na bolsa. Alguém pegou.

Elena: Acho que não, mãe. Pode deixar que vou cuidar disso.

Ester: Parece que você se sente bem aqui.

Elena: Sim, mãe. Estou bem aqui.

Ester: Fico tão feliz em ver que você encontrou o *seu* "lugar".

Canção (em dinamarquês)

A vida é um momento
Bom e ruim.
Se você acredita ou espera
Se decepciona.

Os ponteiros da vida rodam
Nos encontramos e nos separamos
Primeiro, uma brincadeira doce e agradável
Depois, cada um por si

Agora eu lhe abandonei
Mesmo gostando de você
É por isso que eu lhe digo
Se você se esquecer, eu vou me lembrar de cada palavra

Tudo desabou, mas não tem problema
Tenho o direito de me lembrar das lembranças
Você nunca poderá roubá-las de mim.

Você se lembra das alegrias que descobrimos juntos
E os pensamentos que nos uniam
Contei cada hora.
Se você se esquecer, eu me lembro de tudo.

Ester rasga algumas folhas do calendário e as queima.

Ester: Sétimo, oitavo, nono, décimo dia. Dias, dias, dias...

Minha cabeça. Acho que estou ficando meio abobalhada. Não consigo mais saber qual é o meu lugar.

Elena: Porque você não pertence a lugar nenhum, mãe. Você é uma velha cigana. Já viveu em tantos lugares – até no *trailer* do Tom.

Ester: Tom? Meu filho? Quando eu for embora – quando eu desaparecer – fica com a escrivaninha. Está completamente vazia... E os livros... Não se esqueça dos livros.

Terceiro filme. Canção de ninar.

Iben:

Eu te chamo, meu amor
Olha só – minhas mãos deslizam
como sombras sobre teu seio branco
e através dos teus cabelos negros.

Deitado sobre os alvos joelhos da vida
eu procuro tua boca.
Debaixo de mim brota a luz
dos canteiros de flores dos teus olhos.

Ajoelhado na grama da noite
eu vivo este momento.
Eu te chamo, meu amor
e aprisiono-te a uma semente.

O frio vaga cego pela noite
Amanhã terá início o degelo.
A semente vive e cresce.
E a árvore morrerá.

APÊNDICE III

Imagens

NOTA CRONOLÓGICA

Eugenio Barba nasce no dia 29 de outubro de 1936, em Brindisi, Itália. É o segundo filho de um oficial que pertence a uma importante família da pequena cidade de Gallipoli, que fica na Puglia, Sul da Itália.

Na época da guerra, ainda criança, assiste a morte de seu pai. Cresce em Gallipoli, na grande casa dos avós. Sua mãe, napolitana, filha de um almirante e alheia ao ambiente dessa cidadezinha de província, transforma a defesa dos filhos órfãos na sua própria missão. São anos de penúria para uma família que já foi poderosa na cidade e que, agora, corre o risco de afundar com as transformações políticas e sociais do pós-guerra.

Eugenio Barba e seu irmão mais velho, Ernesto, frequentam o "Liceu Clássico" do colégio militar da Nunziatella, em Nápoles, que oferece educação gratuita aos órfãos dos militares. O nível do ensino é bom, mas eles não se abrem aos problemas modernos. A disciplina é militar. Eugenio Barba coleciona punições. Em pouco tempo, torna-se o aluno com maior número de punições e passa boa parte do tempo na cela da prisão escolar. Chega a ser o único aluno repreendido numa cerimonia pública punitiva, diante de todas as autoridades do colégio e de todos os alunos. É impedido de seguir a carreira militar. Seu físico também não ajuda: além de ser levemente míope, é um dos alunos mais baixos (sua altura só aumentará depois de completar dezoito anos). Em compensação, é admirado por seu amor pela literatura e pela facilidade com a qual se destaca como um dos melhores alunos da escola.

Depois de receber seu diploma, em 1954, viaja muito tempo pegando carona, principalmente pelos países do Norte europeu. Naquela época, a Suécia é um mito para os jovens do sul da Itália: ou melhor, as jovens suecas são um mito, contam-se histórias fascinantes sobre sua liberdade sexual.

Problemas de passaporte e de visto de permanência impedem que ele fique na Suécia. Passa pela Noruega, onde trabalha como soldador na oficina de Eigil Winnje (que será lembrado como seu primeiro mestre). Posa como modelo para o pintor Willi Mildelfart, que viveu em Paris nos anos 1920 e lhe apresenta a cultura francesa. A cada mês que passa, afasta-se do caminho que foi projetado para a sua vida: não volta à Itália e não se matricula na faculdade de Direito. Abandona a ideologia da família (o pai era cônsul da Milícia Fascista) e a resignação, ou ceticismo, dos "filhos da derrota". Na Noruega, liga-se aos ambientes da *intellighenzia* estudantil de esquerda.

Durante dois anos, 1956 e 1957, trabalha como marinheiro: é grumete da casa de máquinas de navios noruegueses. Chega a passar seis meses seguidos no mar, viajando com um petroleiro e fazendo escalas na África, na Ásia, na América Latina e na América do Norte.

Em seguida, volta para Oslo e se matricula na faculdade para cursar Estudos Humanísticos. Alterna estudos, trabalho operário, atividades políticas e viagens para o Sul da Europa.

Em 1960, passa alguns meses vivendo num kibutz em Israel. Depois ganha uma bolsa de estudos e se transfere para Varsóvia, onde frequenta o curso de Direção da Escola Teatral. É seu primeiro contato sério com o teatro. Abandona essa Escola em 1961 para se dedicar a um pequeno teatro experimental que fica na cidadezinha de Opole, coordenado pelo jovem e desconhecido diretor Jerzy Grotowski e por Ludwik Flaszen, ensaísta e crítico teatral admirado por seu pensamento paradoxal e anticonformista. Fica lá até agosto de 1964, alternando esse trabalho com viagens na Europa para tornar conhecida a atividade do teatro de Grotowski.

Mas passa seis meses na Índia, entre julho e dezembro de 1963. No Kerala, em Cheruthuruthy, estuda o Kathakali, uma forma de teatro bastante desconhecida no Ocidente naquela época.

Tenta entrar novamente na Polônia, mas as autoridades lhe negam o visto. Então ele volta para a Noruega. Tenta encontrar trabalho como diretor, mas não consegue. No outono de 1964, funda em Oslo o Odin Teatret. Em 1966, o grupo emigra para a Dinamarca e se estabelece em Holstebro, uma cidadezinha da Jutlândia que, na época, não tinha mais de 20 mil habitantes.

A partir desse momento, a figura pública de Eugenio Barba se distingue, de modo cada vez mais evidente, da figura privada. Logo após fundar o Odin Teatret, ele obtém seu diploma universitário em Oslo, passando numa prova final sobre Literatura Norueguesa, Literatura Francesa e História das Religiões. Em 1965, se casa com a inglesa Judy Jones, com quem se transfere para Holstebro. Nascem dois filhos. Mora com a família nos arredores da cidade, numa espécie de casa de campo bem parecida com a da sede do Odin Teatret. Em 1983 tira a cidadania dinamarquesa.

Iben Nagel Rasmussen nasce em Copenhague em 1945, é filha de Ester Nagel e de Halfdan Rasmussen. Ambos são escritores, mas quem é uma verdadeira celebridade na Dinamarca é seu pai, Halfdan Rasmussen. Suas poesias, pouco conhecidas no exterior por serem praticamente intraduzíveis, fazem parte dos programas escolásticos dinamarqueses. Seus pais se separam no início dos anos 1970. Em seu espetáculo *O Livro de Ester*, Iben Nagel Rasmussen conta a história de sua mãe, "escritor mulher", como ela mesma costumava se definir (em dinamarquês, não era comum colocar o nome das profissões no feminino) e como está escrito em seu epitáfio.

No início dos anos 1960, durante a sua juventude, Iben Nagel Rasmussen participa das grandes manifestações para a paz e contra a guerra do Vietnam. Junta-se ao jovem poeta e músico Eik Skaløe. Como vários jovens rebeldes de sua geração, eles se drogam. Viajam de carona pelo mundo todo, normalmente se mantendo com a música do Eik. Iben fala de tudo isso no espetáculo *Itsi-Bitsi* e num livro que se tornará bastante conhecido na Dinamarca, no qual ela publica as cartas de Eik Skaløe, cuja importância para a cultura dinamarquesa nos anos 1960 foi sendo reavaliada ao longo dos anos. O livro das cartas de Eik Skaløe (que se suicidou em 1968) foi organizado por Iben Nagel Rasmussen, que também as comenta. Chama-se *Breve til en Veninde*[1] [Cartas a uma Amiga] e foi publicado em 1993.

Em 1965, Iben Nagel Rasmussen entra na *Højskole* de Holboek, perto de Copenhague. Uma *Højskole* é uma escola para adultos, sem títulos de estudo e sem obrigações, que possui várias especializações, várias disciplinas. A *Kunsthøjskole* frequentada por Iben Nagel Rasmussen era uma Escola de Arte. Foi lá que ela viu o Odin Teatret pela primeira vez, ainda em 1965. Eles estavam apresentando seu primeiro espetáculo na Dinamarca: *Ornitofilene*.

Iben entra no Odin em 1966, quando o grupo se transfere para Holstebro. Participa de todos os seus espetáculos a partir do segundo: *Kaspariana*.

---

[1] *Breve til en Veninde*, Org. Iben Nagel Rasmussen, publicado por Lindhardt & Ringhof, Dinamarca, 1993. (N. T.)

A única exceção é *O Evangelho de Oxyrhincus*. Em 1973, ela se casa com Torgeir Wethal, outro ator do Odin Teatret, de quem se separa alguns anos depois.

Hoje, ela vive numa casa de campo próxima a Holstebro.

O Odin Teatret dá início às suas atividades no dia 01 de outubro de 1964, em Oslo. Dois de seus fundadores ainda fazem parte do grupo: Eugenio Barba e Else Marie Laukvik. Sem contar com nenhum tipo de financiamento, a economia do grupo é garantida pelo dinheiro de seus integrantes, que arrumam trabalhos de meio expediente para que o Odin se mantenha de pé. Além do trabalho artístico, o grupo começa a publicar a revista "Teatrets Teori og Teknikk", que, até 1974, lança livros e exemplares temáticos. O Odin organiza a turnê escandinava de *O Príncipe Constante* de Grotowski, uma das primeiras presenças do Teatr Laboratorium fora da Polônia. Na Itália, a editora Marsilio publica o livro de Barba *Alla Ricerca del Teatro Perduto*[2] [Em Busca do Teatro Perdido]. *Ornitofilene* é o primeiro espetáculo do Odin Teatret e primeira direção de Eugenio Barba. A peça se inspira num texto de Jens Bjørneboe ainda inédito. O espetáculo é levado para a Suécia, a Dinamarca e a Finlândia. Ao todo, é apresentado 51 vezes.

Em 1966, o Odin Teatret encontra sua sede estável na Dinamarca. O município de Holstebro decide adotar uma política cultural para escapar da vida cinzenta de uma cidadezinha de província. Compra até uma pequena estátua de Giacometti. Decide ter uma escola de música, um teatro e um museu. Alguém fala para o prefeito de um grupo de jovens muito competentes que apresentaram um espetáculo em Copenhague. Eles são aceitos e vão trabalhar nas salas de uma escola local. Depois poderão trabalhar nos espaços de uma granja de porcos que fica nos arredores da cidade.

O segundo espetáculo, *Kaspariana*, inspirado num texto que Ole Sarvig escreveu para o Odin Teatret, tem atores provenientes de diversos países da Escandinávia. O grupo consegue obter alguns financiamentos, destinados para atividades de promoção cultural. Como já foi dito, esse é o primeiro espetáculo do Odin Teatret com a dinamarquesa Iben Nagel Rasmussen.

---

[2] Eugenio Barba, *Alla Ricerca del Teatro Perduto*, publicado por Ed. Marsilio, Pádua, 1965. (N. T.)

A produção dos espetáculos continua sendo autofinanciada. Em 1968, Eugenio Barba faz a curadoria do livro *Em Busca de um Teatro Pobre*,[3] de Jerzy Grotowski, publicado pela "Teatrets Teori og Teknikk". O Odin começa a organizar os "seminários escandinavos", dedicados aos profissionais do teatro e que acontecem, anualmente, até 1976. Diferentes professores são convidados a dar aulas, entre os quais: Jerzy Grotowski; Ryszard Cieslak; Dario Fo; Étienne Decroux; Jacques Lecoq; os Irmãos Colombaioni; Charles Marowitz; Otomar Krejka; os mestres balineses I Made Djimat, Sardono e I Made Pasek Tempo; os mestres das formas clássicas indianas de dança e teatro Shanta Rao, Krishnam Nambudiri, Sanjukta Panigrahi, Ragunath Panigrahi e Uma Sharma. Sanjukta Panigrahi pertence ao grupo dos cofundadores da ISTA.

No início de 1969, pouco antes de acabarem os ensaios de *Ferai*, o financiamento do "Fundo Cultural Escandinavo" é cortado de uma hora para a outra. O Odin Teatret precipitar numa grande crise econômica e a única solução é o fechamento do teatro. Vários artistas e intelectuais dinamarqueses se posicionam a favor do grupo. Alguns organizam coletas de fundos. No "Falkoner Center" de Copenhague, o famoso ator Ove Sprogø convoca os colegas do teatro profissional para um grande show a favor do Odin Teatret. Os artistas alternam monólogos, poesias, números de comédia e trechos de operetas.

Ferai, o terceiro espetáculo do Odin Teatret, inspirado num texto que Peter Seeberg escreveu especialmente para eles, estreia em 1969 e faz com que o grupo e seu diretor se tornem internacionalmente famosos. Mas o Odin não é um teatro de repertório. Entre um espetáculo e outro, como será que eles podem viver sem depender unicamente dos financiamentos? Durante o trabalho para o espetáculo que virá depois de *Ferai*, o grupo se reúne semanalmente para falar da possibilidade de viver como uma comunidade agrícola. A decisão final é negativa. O próximo espetáculo, *Min Fars Hus* (1972), confirma a fama do Odin. Ao mesmo tempo, os coloca em contato – sobretudo na França – com uma realidade juvenil que não pertence nem

---

[3] *Towards a Poor Theatre*, Org. Eugenio Barba, *Teatrets Teori og Teknikk*, n. 7, 1968. Foi publicado pela primeira vez no Brasil com o título *Em Busca de um Teatro Pobre*, Rio de Janeiro, Ed. Civilização Brasileira, 1987, com tradução de Aldomar Conrado. Uma segunda versão foi intitulada *Para um Teatro Pobre* e foi publicada pela Dulcina Editora/Teatro Caleidoscópio, Brasília, 2011, com tradução de Ivan Chagas. (N. T.)

ao "teatro oficial" nem ao "teatro de vanguarda": associações culturais alternativas; grupos teatrais nascidos em pequenos centros; universidades que, além dos espetáculos do Odin, querem palestras, demonstrações de trabalho, oficinas de duas ou três dias. Um dia após o outro, a natureza das turnês se transforma. O Odin Teatret não apresenta somente espetáculos, mas uma inteira gama de atividades que é típica da sua cultura de "enclave teatral". A partir de 1971, o Odin também produz filmes didáticos sobre o trabalho do ator, dirigidos por Torgeir Wethal.

Entre 1969 e 1970, Iben Nagel Rasmussen desenvolve seu treinamento pessoal e, com isso, acaba provocando uma virada radical no treinamento do grupo todo (lembrando que o Odin pratica o treinamento desde o ano de sua fundação, seguindo os passos do Teatr Laboratorium de Grotowski): são os "exercícios suíços", dos quais ela fala na entrevista que deu a Barba em 2002: *O Corpo Transparente*. Nos anos seguintes, ela ampliará seu trabalho de pedagoga, ensinando seu treinamento pessoal para os novos alunos do teatro e para os que participam de suas várias oficinas ao redor do mundo.

Depois de *Min Fars Hus*, o Odin Teatret fica trabalhando num vilarejo do Sul da Itália, Carpignano Salentino, durante cinco meses, entre a primavera e o outono de 1974. No ano seguinte, volta para a Itália e fica lá mais três meses: novamente em Carpignano e também em Ollolai, na Sardenha. Começa a produzir espetáculos para vários espectadores, que também podem ser apresentados ao ar livre: espetáculos itinerantes, "Paradas de Rua". Todos baseados na montagem de materiais que pertencem ao repertório de cada ator ou do grupo todo, como fragmentos do treinamento que são "espetacularizados" ou números de clown. Os atores trabalham com máscaras, pernas de pau, acessórios vistosos e figurinos com cores muito vivas, criados pelos próprios atores e que dão a impressão de ser "exóticos".

A partir do outono de 1974, nasce a prática da "Troca": o enclave do Odin, em vez de vender seus próprios espetáculos, em alguns casos os "troca" com manifestações culturais e espetaculares organizadas pelas pessoas que os recebem (associações culturais, vilarejos, bairros, escolas, hospitais, prisões). A prática da Troca teatral caracterizará a ação social do Odin daí em diante, junto das turnês de sempre. O caso mais extremo acontecerá em 1976, quando o Odin levará seus espetáculos para um grupo de índios Ianomâmi que vive na selva da Venezuela.

Cada vez mais, a vida do Odin em Hostebro vai sendo fortemente marcada pela dimensão cosmopolita. Depois da permanência em Carpignano Salentino, o Odin hospeda em sua sede, durante alguns meses, um grupo de jovens atores europeus e sul-americanos que participam do "seminário internacional", sob a orientação de Barba e dos atores do Odin.

Em 1975 é publicado *O Livro do Odin*,[4] organizado por F. Taviani: o primeiro dedicado à experiência do grupo de teatro de Holstebro.

A partir de 1976, paralelamente ao seu trabalho de atriz, Iben Nagel Rasmussen "adota" três jovens alunos que, mais tarde, passarão a fazer parte do Odin Teatret: Toni Cots, Silvia Ricciardelli e Karl Olsen.

O Odin Teatret começa a fazer dois tipos de espetáculo: de um lado, temos os "espetáculos novos", que, como os anteriores, são feitos para poucos espectadores e precisam de ambientes reservados; do outro lado, temos os "espetáculos de montagem", baseados na rápida composição de materiais pré-existentes, muitas vezes pensados para serem apresentados ao ar livre, em situações de muita gente e poucos protegidas.

Entre 1976 e 2004, os "espetáculos de montagem" serão: *O Livro das Danças* (1974); *Johann Sebastian Bach* (números de clown, 1974); *Anabasis* (espetáculo itinerante, 1977); *O Milhão* (1978); *Ode ao Progresso* (1997); *As Grandes Cidades sob a Lua* (2003).

Entre abril e maio de 1976, o Odin Teatret está em Caracas, onde participa do Festival Internacional de Teatro com o espetáculo *Come! And the Day will Be Ours*. Organiza Trocas e encontros de trabalho, faz Paradas e Espetáculos de Rua. Por iniciativa do antropólogo Jacques Lizot, o Odin encontra os índios Ianomâmi em seu próprio território (onde Lizot também vivia).

A presença do Odin em Caracas marca o início de uma relação entre o enclave do Odin e vários outros enclaves teatrais latino-americanos. No ano seguinte, alguns deles estarão presentes em Belgrado, onde Barba organiza um Ateliê do Teatro de Grupo no âmbito do Festival do Teatro das Nações. Nessa ocasião, ele publica o Manifesto sobre o Terceiro Teatro.

Outros encontros de "teatros de grupo", que têm Barba como ponto de referência, começam a ser organizados em diferentes países: na Itália, em Bergamo (1977); no Peru, em Ayacucho (1978); na Espanha, em

---

[4] *Il Libro dell'Odin*, Org. F. Taviani, Ed. Feltrinelli, Milão, 1975. (N. T.)

Madri e Lequeitio (1979). Ainda em 1979, Barba publica, na Dinamarca, o livro *As Ilhas Flutuantes*,[5] que reúne alguns de seus artigos e resume as várias fases de trabalho e da história do Odin Teatret (é o livro que, com modificações, traduções, novas versões, dá origem ao livro *Teatro. Solidão, Ofício, Revolta*,[6] publicado em 1997 e traduzido para o inglês, o francês, o espanhol e o português. Em 1980, publica, também na Dinamarca, o pequeno livro *A Corrida dos Contrários*,[7] onde apresenta as primeiras hipóteses sobre a Antropologia Teatral. De 01 a 31 de outubro de 1980, organiza a primeira sessão da *International School of Theatre Anthropology* (ISTA) em Bonn, na Alemanha.

Entre 1980 e 2016, acontecerão 15 sessões da ISTA: Alemanha (Bonn, 1980); Itália (Volterra, 1981); França (Blois – Malakoff, 1985); Dinamarca (Holstebro, 1986); Itália (Salento, 1987); Itália (Bologna, 1990); Grã Bretanha (Brecon – Cardiff, 1992); Brasil (Londrina, 1994); Suécia (Umeå, 1995); Dinamarca (Copenhague, 1996); Portugal (Montemor O-Novo – Lisboa, 1998); Alemanha (Bielefeld, 2000); Espanha (Sevilha, 2004); Polônia (Wroclaw, 2005); Itália (Albino, 2016).

A partir de 1980, dentro do Odin Teatret, o trabalho começa a assumir novas dimensões. Surgem linhas de pesquisa individuais, que se somam e se alternam com os trabalhos do grupo. Iben Nagel Rasmussen, por exemplo, continua presente no Odin Teatret ao mesmo tempo em que cria o grupo "Farfa". E assim, todos os atores do Odin, de modo mais ou menos continuado e formalizado, também criam, para si, campos de atividade e de intervenção igualmente independentes.

Em 1989, Iben Nagel Rasmussen dá vida a um grupo internacional de atores, "A Ponte dos Ventos". Não é um grupo no sentido mais tradicional do termo: é uma rosa de atores que trabalham normalmente em seus respectivos países, mas, quando se reúnem periodicamente com o "Ponte dos Ventos", cultivam – juntos – um próprio terreno profissional. Nos anos

---

[5] A versão italiana do livro chama-se *Aldilà delle Isole Galleggianti*, Eugenio Barba, Milão, Ed. Ubulibri, 1990. Foi publicada no Brasil como *Além das Ilhas Flutuantes*, Eugenio Barba, Campinas, Hucitec, 1991, com tradução de Luis Otávio Burnier. (N. T.)
[6] *Teatro. Solidão, Ofício, Revolta*, Eugenio Barba, Brasília, Dulcina Editora/Teatro Caleidoscópio, 2010, com tradução de Patricia Furtado de Mendonça. (N.T.)
[7] *La Corsa dei Contrari*, Eugenio Barba, Milão, Ed. Feltrinelli, 1981. (N. T.)

seguintes, essa rosa se alarga, e uma segunda geração de atores se junta à primeira: são os "Novos Ventos".

E assim, além dos espetáculos de grupo do Odin, começam a nascer espetáculos de pequenas dimensões, às vezes com um único ator: *Matrimônio com Deus* (com César Brie e Iben Nagel Rasmussen, direção de Eugenio Barba, 1984); *O país de Nod* (com César Brie e Iben Nagel Rasmussen, direção de César Brie, 1986); *El Romancero de Edipo* (com Toni Cots, direção de Eugenio Barba, 1984); *Judith* (com Roberta Carreri, direção de Eugenio Barba, 1987); *Memória* (com Else Marie Laukvik e com o músico Frans Winther, direção de Eugenio Barba, 1990); *O Castelo de Holstebro* (com Julia Varley, direção de Eugenio Barba, 1990); *Itsi-Bitsi* (com Iben Nagel Rasmussen e com os músicos Jan Ferslev e Kai Bredholt, direção de Eugenio Barba, 1991); *As Borboletas de Doña Música* (com Julia Varley, direção de Eugenio Barba, 1997); *Sal* (com Roberta Carreri e com o músico Jan Ferslev, direção de Eugenio Barba, 2002); *Ave Maria* (com Julia Varley, direção de Eugenio Barba, 2012). Já *Branca como o Jasmin* (1993) é uma "Demonstração-Concerto" de Iben Nagel Rasmussen: num espaço de menos de um metro quadrado, ela faz uma longa viagem lembrando-se de sua própria experiência no Odin, por meio de cantos e palavras de seus personagens.

As *Demonstrações-Espetáculo* (também conhecidas como Demonstrações de Trabalho) ficam em repertório durante muito tempo. Mais uma vez, o primeiro exemplo desse novo "gênero" é dado por Iben Nagel Rasmussen, ao compor *Lua e Escuridão* em 1980. Aqui, a atriz volta a percorrer as diferentes fases do treinamento, além de mostrar os elementos usados para construir alguns de seus personagens.

Em seguida, vieram: *Pegadas na Neve* (2003), de Roberta Carreri; *O Eco do Silêncio* (2004) e *O Irmão Morto* (2004), de Julia Varley; *Os ventos que Sussurram no Teatro e na Dança* (2004), do qual participam, atualmente, Iben Nagel Rasmussen e Tage Larsen, com a colaboração dos músicos Frans Winther, Jan Ferslev e Kai Bredholt; *O Tapete Voador* (2006), de Julia Varley; *Carta ao Vento* (2006), de Roberta Carreri e Jan Ferslev; *Minhas Crianças de Cena* (2008), de Else Marie Laukvik; *Quasi Orpheus: o Ator-Músico* (2010), de Jan Ferslev; *O Caminho de Nora* (2011), de Roberta Carreri; *Texto, Ação, Relações* (2012), de Tage Larsen e Julia Varley; e *A Vida dos Objetos de Cena* (2012), de Tage Larsen.

Em 1994, com Augusto Omolú (brasileiro, proveniente da tradição do Candomblé e bailarino profissional que passa a integrar o *staff* dos mestres da ISTA durante a sessão de Londrina) e Julia Varley, colaborando na direção, Eugenio Barba cria o espetáculo *Orô de Otelo*. Antes, em 1986, junto de Nando Taviani, é responsável pela dramaturgia do espetáculo *A Neve que não Derrete*, do japonês Kanichi Hanayagi (ator que, neste mesmo ano, passa a integrar o *staff* dos mestres da ISTA).

Voltando a falar da distinção entre "espetáculos novos" e "espetáculos de montagem", a única exceção é *Dentro do Esqueleto da Baleia* (1997), que também deriva de um espetáculo anterior, *Kaosmos* (1993).

Desde 1989, uma ou duas vezes por ano, organiza na própria sede a "Odin Week", durante a qual um grupo de 30-50 pessoas provenientes de vários países são inseridas na vida do Odin, assistindo a todos os seus espetáculos, participando da vida cotidiana do teatro, desenvolvendo um trabalho prático com os atores e com Eugenio Barba.

A partir de 1991, a cada três anos, o Odin organiza uma grande "semana de festa" em Holstebro, a *Festuge*, hospedando grupos e artistas estrangeiros, colaborando com associações e grupos culturais da cidade, entrelaçando teatro, música, dança, artes figurativas, palestras e debates sobre interculturalidade. Durante uma semana, todo o território é infiltrado pela cultura do espetáculo, a começar pelos grandes espetáculos ao ar livre e pelas Trocas, incluindo também as "visitas" dos atores em escolas, igrejas, institutos administrativos, centros comerciais e casas de família.

No dia 14 de janeiro de 1999, morre Jerzy Grotowski, em Pontedera.

Nos últimos meses de 2001, junto da Universidade de Århus (Dinamarca), Eugenio Barba lança as bases de uma Fundação voltada para o estudo do Teatro como laboratório (CTLS – *Centre for the Theatre Laboratory Studies*).

Em 2010 morre Torgeir Wethal, ator do Odin Teatret desde a sua fundação. Em 2013, morre Augusto Omolú, ator do Odin desde 2004.

Em fevereiro de 2014, fica pronto o arquivo dos primeiros cinquenta anos do Odin, o *Odin Teatret Archives*, criado no início de 2008 por Mirella Schino, que coordenou todo o trabalho com a ajuda de Francesca Romana Rietti, de Valentina Tibaldi e de uma equipe internacional de colaboradores. A organização final dos arquivos do Odin ficará sob a responsabilidade da

Biblioteca Real de Copenhague, para onde já foi transferida uma parte dos materiais e a cópia digital de tudo o que ainda está no Odin Teatret. Por outro lado, no Odin, está conservada a outra parte deste material e a cópia digital de tudo o que já foi transferido para a Biblioteca Real.

O Odin Teatret completa cinquenta anos. A comemoração acontece no dia 22 de junho de 2014, com uma Trilogia que é chamada de *Medindo o Tempo*: *Se o Grão não Morre*; *Claro Enigma*; *O Segredo de Alessandro*. É dirigida a quinhentos espectadores, todos amigos e companheiros de caminhada do Odin. Os atores são Kai Bredholt, Roberta Carreri, Jan Ferslev, Elena Floris, Donald Kitt, Tage Larsen, Else Marie Laukvik, Sofia Monsalve, Iben Nagel Rasmussen, Julia Varley e Frans Winther.

O balanço financeiro do quinquagésimo ano do teatro é de aproximadamente 14-15 milhões de Coroas dinamarquesas. Desse total, cerca de 38% é proveniente do trabalho do grupo, o resto vêm de fundos recebidos do Estado dinamarquês e da Prefeitura de Holstebro.

Entre 7 e 17 de abril de 2016, o Odin organiza uma nova sessão da ISTA, onze anos após a última. É realizada no Convento della Ripa, que fica em Albino, perto de Bergamo, Itália. É organizada em colaboração com a Associação Cultural Diaforà e com o Teatro Rascabile de Bergamo. Além do Odin Teatret, estão presentes: Parvathy Baul, da Índia; I Wayan Bawa, de Bali; Keiin Yoshimura e So Sugiura, do Japão; o Teatro Tascabile de Bergamo; e cinquenta participantes. Representa uma mudança, um novo tipo de ISTA, com características muito diferentes das anteriores: pela primeira vez, com exceção de Barba, nenhum dos outros fundadores está presente; também não está presente (fora o Odin, é claro) nenhum membro das equipes artísticas e científicas que, no passado, por sua relativa estabilidade, haviam permitido uma continuidade particular, mais forte que qualquer tipo de mudança; é a primeira sessão na qual não se prevê a presença de intelectuais. Tudo se concentra mais em torno do trabalho de Barba.

Em setembro de 2016, o Odin cria um novo espetáculo de grupo: *A Árvore*. Com este espetáculo, pode-se falar de uma virada, porque a mudança no grupo de atores é maior que o normal. Os atores deste último espetáculo são: Luis Alonso, Parvathy Baul, I Wayan Bawa, Kai Bredholt, Roberta Carreri, Donald Kitt, Elena Floris, Carolina Pizarro, Fausto Pro, Iben Nagel Rasmussen e Julia Varley.

Agora, em dezembro de 2016, o repertório do Odin está constituído por: espetáculos que reúnem todo o grupo (*A Árvore; A Vida Crônica; Dentro do Esqueleto da Baleia; Ode ao Progresso; As Grandes Cidades sob a Lua*); espetáculos individuais ou com menos atores (*Judith; Itsi-Bitsi; O Castelo de Holstebro; As Borboletas de Doña Música; Sal; Branca como o Jasmin; O Livro de Ester; Memória; Ave Maria; Matando o Tempo*; e Demonstrações-Espetáculo (*Pegadas na Neve; O Eco do Silêncio; O Irmão Morto; O Tapete Voador; Os Ventos que Sussurram no Teatro e na Dança; O Caminho de Nora; Texto, Ações, Relações; Carta ao Vento; Quasi Orpheus; Minhas Crianças de Cena; A Vida dos Objetos no Teatro*.

No dia 29 de outubro de 2016, Eugenio Barba completa oitenta anos.

Mirella Schino

OITENTA IMAGENS DO ODIN TEATRET

Álbum

1. Holstebro, 1966: Eugenio Barba no estábulo de porcos (que agora é uma sala de refeições e biblioteca do teatro) da granja que se tornará a sede do Odin Teatret, em Holstebro, na Dinamarca. É possível ver o dorso dos porcos atrás das grades, é para eles que Barba está olhando tão pensativo, não é fácil distingui-los. Para um teatro como o Odin, o momento da construção de uma casa talvez seja mais importante do que o seu próprio nascimento: ter um espaço próprio não é apenas uma questão de comodidade, é fundamental para um grupo que não quer – ou não pode – se adequar ao modo em que se costuma fazer teatro. Ainda que o Odin Teatret já carregue dois anos de vida nas costas – e um espetáculo, *Ornitofilene* –, num certo sentido, sua história só começa aqui, a partir da criação da casa. Fotógrafo desconhecido.

2. A casa do Odin, a granja que se tornou sua sede. Como se pode ver, é uma típica e rústica construção dinamarquesa, muito essencial. Será ampliada com o tempo, de modo progressivo, com o acréscimo de novas alas, torres, edifícios pré-fabricados e por aí vai. O Odin nasceu em Oslo, na Noruega. Mas, em 1966, o dinamarquês Kai K. Nielsen, prefeito de Holstebro, resolveu acolher o grupo em sua cidade. Essa decisão fazia parte de um vasto projeto de Nielsen para transformar uma cidadezinha pequena e isolada, onde era difícil viver, numa "cidade cultural". Ele faria isso comprando obras de arte ou por meio de outras iniciativas, como, por exemplo, acolhendo um jovem grupo teatral. A tentativa dá certo, Holstebro será considerada um modelo. Como sede, o Odin recebe essa granja que deve ser reestruturada. Até aquele momento, o único interesse do grupo era o trabalho do ator e a criação de espetáculos. E mesmo sendo um grupo bem pobre e bastante jovem, estava bem inserido no ambiente intelectual de vanguarda da Escandinávia. O fato de ter à disposição uma sede fixa na Dinamarca acaba privando o Odin de sua língua de partida, de uma língua com a qual e a partir da qual trabalhar. Por outro lado, isso permite que eles multipliquem sua esfera de atividades, o que muda radicalmente, e para sempre, seus ritmos biológicos de vida – basta vermos a quantidade vertiginosa de projetos que eles têm hoje em dia. Nos primeiros anos de vida, as atividades extras estavam relacionadas, principalmente, à organização de seminários e espetáculos, inclusive acolhendo gente de fora na própria sede. Já o trabalho editorial, com a publicação da revista *Teatrets Teori og Teknikk* (TTT), teve início ainda em Oslo. O prefeito Nielsen convidara o Odin para sua cidade por indicação de uma enfermeira de Holstebro, Inger Landsted, que vira o primeiro espetáculo do grupo, *Ornitofilene*, durante sua única turnê em Viborg, na Dinamarca. Fotógrafo desconhecido.

3. O *ensemble* do Odin em 1965, quando ainda era um grupo norueguês sem sede fixa, durante uma turnê do seu primeiro espetáculo. Da esquerda para a direita: Eugenio Barba, Torgeir Wethal, Anne Trine Grimmes, Tor Sannum e Else Marie Laukvik. Três dessas pessoas continuaram trabalhando juntas a vida toda (Eugenio Barba, Else Marie Laukvik e Torgeir Wethal, que faleceu em 2010). Após passar quase três anos colaborando com Jerzy Grotowski na Polônia, Barba funda seu próprio grupo teatral, o Odin Teatret. Isso aconteceu em outubro de 1964, em Oslo, quando ele reuniu atores muito jovens que não haviam passado nas últimas seleções da Escola de Teatro do Estado. *Ornitofilene* foi um espetáculo de um grupo de jovens, liderado por um diretor de cultura ítalo-polonesa que ainda não tinha completado nem trinta anos. No entanto, o espetáculo se baseava num texto do famosíssimo e polêmico escritor norueguês Jens Bjørneboe, grande romancista e poeta. Ele havia confiado o texto a Barba, seu amigo pessoal, antes mesmo de ter finalizado a versão definitiva da obra, prometida ao teatro mais importante de Oslo. Era um texto complexo, uma reflexão sobre a violência, a resistência e o perdão. Um grupo de estrangeiros, conhecidos como "amigos dos pássaros" e que acabam sendo descobertos como ex-nazistas, quer transformar uma cidade num paraíso turístico. Uma família local – o Pai, a Mãe e a Filha – tenta se opor a eles. Os protestos não funcionam e a Filha se desespera. Diante disso, o Pai resolve se enforcar. Mas não consegue. A Filha toma o lugar do Pai no nó da forca que ele havia preparado para si. Ela se mata. O final, criado pelo Odin Teatret, acaba sendo usado pelo autor na versão definitiva de seu texto. Fotógrafo desconhecido.

4. *Ornitofilene* [Os Amigos dos Pássaros] (1965). Primeiro espetáculo do Odin Teatret. Faz turnê na Dinamarca, onde é visto por Inger Landsted, a enfermeira que propõe ao prefeito de Holstebro oferecer uma casa ao grupo, e por Iben Nagel Rasmussen, quando ainda tinha vinte anos – é a partir daí que ela pede para entrar no grupo, do qual ainda hoje faz parte. *Ornitofilene* foi composto em Oslo, num refúgio antiaéreo, em dez meses de trabalho. Durou seis meses e foi apresentado 51 vezes. Cada apresentação podia receber 120 espectadores. Na foto: Else Marie Laukvik, a Filha. Foto: Roald Pay, que fotografa os primeiros anos do Odin Teatret na Dinamarca.

5. Uma imagem complementar ao trabalho para os espetáculos: o treinamento do ator na sede do teatro em 1966, em Holstebro. É a outra face do Odin Teatret daqueles anos: um trabalho de exercitação constante, física e vocal, que os jovens atores do grupo fazem com roupas esportivas, assim como acontecia no Teatr--Laboratorium de Grotowski. Escolhi essa imagem porque no fundo da sala é possível ver Eugenio Barba sentado à mesa, assistindo ao trabalho dos seus atores, como fazia todo dia, durante várias horas. Iben Nagel Rasmussen falou sobre isso em seus textos. Torgeir Wethal também dizia: "O treinamento, assim como nós o fazemos, é uma situação solitária: podemos estar trabalhando na mesma sala, mas trabalhamos sozinhos. No entanto, dizemos que as ações devem ser dirigidas com precisão. O problema é quando ninguém dá tarefas precisas, e sozinho você não consegue criá-las". O ator em primeiro plano é Torgeir Wethal. Os outros são: Jan Erik Bergstrøm, Lars Göran Kjellstedt e Dan Nielsen. Foto: Roald Pay.

6-7-8. Outras imagens do treinamento: Eugenio Barba e Iben Nagel Rasmussen, treinamento vocal em Holstebro, 1967. Foto de Roald Pay, que foi capaz de captar um momento de trabalho intenso, silencioso, físico, entre o diretor e a atriz. Em 1972, Eugenio Barba escreveu: "Depois de termos trabalhado juntos durante tantos anos, tantas horas por dia, não são mais as palavras que contam. Às vezes, é a minha presença que fala". Olhando para essas fotos, lembro-me das palavras usadas por Iben Nagel Rasmussen para falar do tipo de trabalho que ela tinha encontrado ao chegar ao Odin Teatret: "O importante era a atitude. O fato de os atores começarem imediatamente a *fazer*. O exercício não precisava ser explicado. Você [Barba] não dizia nada. Na minha vida anterior, tinha sempre sido diferente. Alguém sempre precisava explicar. Até mesmo na escola tudo era explicado com palavras, qualquer coisa tinha uma longa explicação. Então, para mim, encontrar esse silêncio no Odin foi estranho e sedutor: ter que *fazer*, sem saber por quê. Não havia uma 'filosofia', uma 'teoria'. Eu simplesmente tinha que saltar quando o colega avançava com um bastão tentando atingir minhas pernas, ou tinha que abaixar quando o golpe visava o meu pescoço".

7

8

9. *Kaspariana* (1966): Eugenio Barba no espaço cênico do espetáculo, assim como havia sido montado numa sala do Museu de Arte Moderna de Lund, durante uma rápida turnê na Suécia, entre o final de 1967 e o início de 1968. É provável que essa foto seja de Torgeir Wethal. Esse espetáculo do Odin, o primeiro no qual Iben Nagel Rasmussen trabalhou, também foi o primeiro trabalho composto pelo grupo na Dinamarca. Havia sido pensado para sessenta espectadores, não mais do que isso. Nessa foto, é possível ver: o quanto o espaço dos atores era reduzido; a proximidade dos assentos dos espectadores; o modo como algumas ações cênicas foram pensadas – sobre plataformas inclinadas que ficavam dentro da área reservada ao público. A proximidade dos espectadores, que continuará sendo uma marca registrada dos espetáculos do Odin, também dificulta fotografar os espetáculos: o fotógrafo precisa decidir se vai fotografar os atores e o público juntos ou se vai focar nos primeiros planos dos atores. No que diz respeito a nós, espectadores, é impossível guardar na memória a imagem de um ator ou de um fragmento de um espetáculo do Odin sem que apareçam atrás – emocionados, maravilhados, confusos ou indiferentes – as caras dos outros espectadores, que estavam sentados na nossa frente ou do nosso lado, que víamos que estavam bem perto de nós. Nesse sentido, talvez o melhor testemunho que tenhamos seja de Martin Berg, escritor e editor que acabou se tornando amigo e conselheiro do Odin durante muitos anos. Ele fala de sua experiência como espectador de *Kaspariana*, citando o momento final, depois que os jovens atores já foram embora: "E agora, os espectadores que estão do outro lado se debruçam sobre a água assim como eu também me debruço. E, no final, eles veem o meu rosto exatamente como eu também vejo os deles. E, por um momento, os olhos que vejo diante de mim parecem tão emocionados que acho até que entendo o que eles estão vendo".

10. *Ferai* (1969). Os dois protagonistas, Else Marie Laukvik (Alceste) e Torgeir Wethal (Admeto), ambos atores do Odin desde 1964. Com *Ferai*, o Odin fica internacionalmente famoso de uma hora pra outra. Até então, o grupo tinha uma posição de prestígio, embora marginal, no âmbito do universo artístico de vanguarda da Escandinávia. Nos braços de Else Marie, é possível ver o ovo branco, obra de um grande designer, Jakob Jensen. É o único vestígio da tentativa de Barba de colaborar com um profissional que não pertence ao mundo da cenografia. Foto: Iben Nagel Rasmussen.

11-12. Novamente, o treinamento. Mas a foto **11** documenta a atmosfera, e não o trabalho. Tage Larsen, Ulrik Skeel, Eugenio Barba e Iben Nagel Rasmussen estão sentados juntos, numa pausa da filmagem que Torgeir Wethal estava fazendo sobre o treinamento físico e vocal do Odin Teatret. O filme foi rodado para os programas experimentais da televisão italiana, em 1971. É um período em que as regras internas do Odin estão se transformando, como aquelas que haviam norteado as mudanças na relação entre diretor e atores até então. É também o momento em que a imagem do Odin, e de suas rígidas regras, bate cada vez mais de frente, na Dinamarca, com os novos ideais dos movimentos juvenis. Foto: Roald Pay.

Na página seguinte, foto **12**: uma imagem dos "exercícios suíços" inventados por Iben Nagel Rasmussen durante uma turnê na Suíça, no início dos anos 1970. Iben contou: "comecei a experimentar todas as maneiras possíveis de sentar, girar, ir até o chão e sair do equilíbrio. Olhando pra trás, voltando a pensar naquilo tudo agora – como sair do equilíbrio e depois retornar, como ir até o chão e depois ficar novamente de pé –, vejo que, pra mim, foi como encontrar... sim, uma fênix: eu me jogo, perco completamente o equilíbrio, não sei o que vai acontecer. E depois, volto a ficar de pé, como se... renascesse. O próprio treinamento, pra mim, tinha renascido. Eu havia encontrado aquele fluir que tinha buscado durante anos e nunca encontrava, porque ele era sempre interrompido por alguma outra coisa: pelo pensamento, pela fadiga, pela descontinuidade do treinamento. Durante muitos anos não encontrei aquele fluir que estava buscando. E agora, de uma hora pra outra, com esses novos exercícios, sim, eu tinha encontrado". Foto: Torgeir Wethal.

12. Iben Nagel Rasmussen, "exercícios suíços". Foto: Torgeir Wethal.

13. *Min Fars Hus* [A Casa do Pai] (1972). O espetáculo é a virada: o Odin conquista um grande sucesso internacional e inúmeros fãs, por sua originalidade, pelo erotismo e pela energia selvagem do espetáculo, tão diferente do trabalho de composição que caracterizou *Ferai*. Além disso, naqueles anos, o Odin se torna um grupo-modelo para boa parte do teatro europeu. Mas, enquanto isso, em casa, na Dinamarca, seu estilo de vida e sua inconfundível disciplina interna o isolam dos movimentos que ficaram marcados pela mentalidade que predominou nos anos seguintes a 1968. Na foto: Jens Christensen, Else Marie Laukvik, Torgeir Wethal, Iben Nagel Rasmussen e Ragnar Louis Christiansen. Entre os espectadores vemos Ulrik Skeel com um acordeão. Else Marie Laukvik e Jens Christensen estão sentados em cima de um grande pano preto, parecido com o pano branco das tarantelas do Salento. Atrás dos atores, é possível ver os espectadores (sessenta no total), sentados sobre os bancos, em grupos. O espaço era uma sala vazia com bancos ao redor formando um retângulo e iluminados por uma guirlanda de pequenas lâmpadas coloridas, como se vê em festas típicas de cidades pequenas. Foto: Tony D'Urso.

14. *Min Fars Hus.* Tage Larsen e Ragnar Christiansen. O espetáculo era dedicado a Fiódor Doistoiévski, e os atores – que falavam numa língua inventada, um gromelô russo – encarnavam personagens da vida e das obras do escritor. As respostas do público e da crítica a *Min Fars Hus* não serão completamente homogêneas e se mostrarão sempre muito conturbadas, tanto que acabam integrando a "lenda do Odin Teatret": pelas reações dos espectadores, pelo silêncio no final das apresentações, pelo amor imediato com o qual era recebido ou, até mesmo, por certos movimentos de repulsão que provocava. Eu tinha dezesseis anos na época do espetáculo, faço parte da categoria dos "espectadores de fotografias", mas também do grupo de amigos e de atores do Odin "que não viram *Min Fars Hus*", uma espécie de geração eternamente inferior. O espetáculo não contava uma história em si, seria difícil reconstruí-la. No entanto, o espetáculo provocava uma sensação de fortíssima unidade, testemunhada pelos espectadores. As fotografias não podem restituir a intensidade do espetáculo, só dão a imagem exterior de sua violência. Mas, para algumas pessoas, elas chegam a ser perturbadoras, pois revelam a força da relação entre os atores: uma evidência indiscutível. Foto: Tony D'Urso, que se tornará amigo e companheiro do Odin, além de ser o fotógrafo de suas mais extremas escolhas.

15. *Min Fars Hus*. Iben Nagel Rasmussen e Ragnar Christiansen. Foto: Tony D'Urso.

16-17. No alto: Iben Nagel Rasmussen e Torgeir Wethal no dia de seu casamento, no verão de 1972. Embaixo: Iben Nagel Rasmussen e Eugenio Barba. Provavelmente, a foto é de Torgeir Wethal.

18. Entre 1974 e 1975, após a última turnê de *Min Far Hus* (a última apresentação foi em janeiro de 1974), o Odin Teatret foi para o Sul da Itália, onde permaneceu por dois longos períodos: primeiro foi para o Salento, em 1974, depois foi para a Barbagia, em 1975; em seguida, retornou ao Salento. A fotografia nos mostra uma procissão religiosa em Carpignano Salentino, em 1974. Ainda que mulheres e estrangeiras, as atrizes do Odin foram convidadas para carregar a estátua da Nossa Senhora, algo que nunca havia acontecido na cidade. A jovem à direita é Iben Nagel Rasmussen.

19. *O Livro das Danças*: uma das primeiras apresentações do espetáculo, no Salento, Sul da Itália, em outubro de 1974. Na foto, vemos Torgeir Wethal como o personagem "anão". Nas fotografias do Odin desse período, vemos uma mistura de exotismo, juventude, disponibilidade e vulnerabilidade. São anos em que descobrem novos modos de trabalhar e novos públicos. Mas é também o período em que o pequeno barco do Odin atraca em um novo continente teatral, feito de uma infinidade de grupos teatrais desconhecidos com os quais eles tinham afinidades, gente jovem: amigos. Um mundo feito de espaços abertos, cheios de luz, de força, difíceis de serem ocupados. As temporadas no Salento e na Barbagia, em "terras sem teatro", fazem nascer novas linhas de ação do Odin: as "Trocas" e os espetáculos ao ar livre. Ambos se baseiam numa dramaturgia elementar, na montagem de atrações e numa relação com os espectadores que é, principalmente, física: mais do que contar histórias, eles lançam ideias. Por isso, acaba se chamando *O Livro das Danças*. Fora as motivações oficiais, essa temporada no Salento é também, para Barba, um retorno à terra natal, pois sua família é de Gallipoli. Certamente isso tem consequências emocionais. São desse período muitas das fotografias mais conhecidas do Odin, normalmente feitas por Tony D'Urso. Não é uma temporada fácil: o grupo dinamarquês tenta fazer com que a população local aceite sua presença e seu trabalho, mas sem perder a própria identidade e sem usar o Salento apenas como uma paisagem exótica. Eles propõem seus espetáculos "de vanguarda" para públicos mistos compostos, na maioria das vezes, de camponeses do Sul e dos seus espectadores habituais. Essas duas categorias podem opor resistência de maneira imprevista. Foto: Tony D'Urso.

20-21-22-23. Uma sequência de quatro fotografias de Iben Nagel Rasmussen no Sul da Itália.

Foto **20.** Carpignano Salentino, um primeiro embrião de espetáculo de rua. Foto: Tony D'Urso.

21. Sempre no Sul da Itália: Iben Nagel Rasmussen ensaiando com Eugenio Barba que, atrás dela e de barba, sugere como ela pode amplificar seus gestos ao tocar o tambor. Atrás deles, Odd Ström. Foto: Tony D'Urso.

22. Ollolai, na Sardenha, sul da Itália. Foto: Tony D'Urso.

23. Uma Parada no Sul da Itália, na Sardenha. Foto: Tony D'Urso, que acompanhou o trabalho do Odin Teatret durante toda a sua temporada na Itália, publicando, com Ferdinando Taviani, o livro de fotografias *O Estrangeiro que Dança* (*Lo Straniero che Danza*, Torino, Studio Forma, 1977).

24. Essa não é uma das fotos mais famosas do Odin Teatret durante suas primeiras "Trocas" ou durante suas temporadas no Sul da Itália, mas é uma imagem muito representativa do período passado em Carpignano Salentino. Para o Odin, parece que aquele período foi caracterizado por uma espécie de total liberdade artística, uma nova capacidade de se colocar em jogo, inclusive fazendo espetáculos improvisados, às vezes quase "familiares". Tudo isso perturbava os espectadores mais antigos, acostumados com aquela maníaca busca de perfeição, rigor e precisão típicas do Odin. É o período em que nasce, ou se destaca, a solidariedade com vários jovens diretores (como Pierfranco Zapparedu, Renzo Vescovi, Pino di Buduo e Roberto Bacci) e com alguns intelectuais e estudiosos italianos de teatro, começando com Ferdinando Taviani (que em 1975 publicará *O Livro do Odin*, pela Editora Feltrinelli), e logo depois com Nicola Savarese, Franco Ruffini, Fabrizio Cruciani e Franco Perrelli. As relações com vários grupos teatrais italianos, ainda jovens, também representarão uma virada naqueles anos. Não por causa das repetidas temporadas na Itália, mas, sobretudo, devido à peculiaridade e à dificuldade para escolher lugares e espectadores – uma escolha que, para muitos, sugere uma preciosa indicação sobre um novo modo de pensar o teatro, sobre seu valor e sua finalidade. Nessa foto, Elsa Kvamme, Eugenio Barba e Iben Nagel Rasmussen tocam instrumentos durante o primeiro embrião de uma "Troca", quando se "trocam" fragmentos de espetáculos (após ser convidado por uma comunidade, um hospital, uma prisão, uma escola, entre outros, o Odin vai até lá e oferece seu próprio trabalho, pedindo, "em troca", uma manifestação da cultura do grupo que o recebe). Isso foi inventado por Barba durante a temporada do grupo dinamarquês na Itália. Essa foto tirada por Torgeir Wethal, uma instantânea de propriedade particular, é uma verdadeira foto "de família". Foi após essa temporada que nasceu *Come! And the Day Will Be Ours*, um embate de culturas entre os índios da América e os colonos.

25-26. *Come! And the Day Will Be Ours* (1974). No alto, Torgeir Wethal. Embaixo, Else Marie Laukvik e Iben Nagel Rasmussen. Fotos: Andreas Hansen.

27

28

27-28-29-30. Após o período no Salento, a história do Odin se torna, cada vez mais, uma mistura de viagens e espetáculos. As duas fotografias instantâneas da página à esquerda (**27-28**) retratam momentos da temporada de Toni Cots, Silvia Ricciardelli e Iben Nagel Rasmussen, em Bali: a primeira, enquanto aprendem a dançar com um mestre balinês; a segunda, durante uma pausa do trabalho (agradeço a Iben Nagel Rasmussen pelas fotos). Eles ainda não sabem, mas estão trabalhando em cima de materiais que darão origem ao espetáculo *O Milhão*, que foi diferente de todos os outros: uma viagem entre os carnavais das culturas – da Índia a Bali, do Japão ao Brasil, da África às danças de sociedade europeias. Tratava-se de um musical à maneira do Odin, no qual imagens exóticas saltavam, em carne e osso, diante dos olhos de um estranho viajante, de mochila nas costas e vestindo uma roupa de padre e óculos. A aparente alegria das primeiras cenas durava pouco. *O Milhão* era um álbum de imagens essenciais: amor, abandono, velhice e morte. No final, depois que um personagem alto sobre pernas de pau cai no chão, o padre viajante e *bon vivant* (Torgeir Wethal) tira o charuto da boca, vira para o público e anuncia: "Nós sobreviveremos a tudo". Mas nós quem? Nesta página (fotos **29-30**), outra face das turnês: uma menina, Alice Pardeilhan, filha de dois atores do Odin, Roberta Carreri e Francis Pardeilhan, brinca com objetos de cena – a máscara de *O Milhão* e a máquina de escrever de *Cinzas de Brecht* – enquanto seus pais embalam figurinos e acessórios dos espetáculos durante uma das turnês. Ambas as fotos são de Roberta Carreri, a quem agradeço.

31. *O Milhão* (1978): Toni Cots, com a máscara balinesa, e Iben Nagel Rasmussen. Foto: Tony D'Urso. Os atores do Odin já voltaram de suas viagens ao redor do mundo, levando para casa novas danças que acabam confluindo para esse espetáculo, ironicamente dedicado a Marco Polo.

32. *O Milhão*. Ao fundo, Francis Pardeilhan, Julia Varley, Tage Larsen e Iben Nagel Rasmussen. Sobre as pernas de pau, com a máscara, Ulrik Skeel. Na frente de todos, Torgeir Wethal. Foto: Tony D'Urso.

33-34. Torgeir Wethal e Iben Nagel Rasmussen em *Cinzas de Brecht* (primeira versão, 1980; segunda versão, 1982): Brecht e Helene Weigel escapam diante do avanço do nazismo. Atrás deles é possível ver os espectadores que, como sempre, estão muito próximos ao espaço dos atores. Na próxima página (Foto **34**): Silvia Ricciardelli, Tage Larsen e Roberta Carreri. Todos os espetáculos do Odin possuem uma veia autobiográfica relativamente mimetizada: "Nós somos como Brecht" – disse um dos atores, Toni Cots, durante uma turnê – "artistas que vivem num país estrangeiro, sem poder usar a própria língua". Foto: Tony D'Urso.

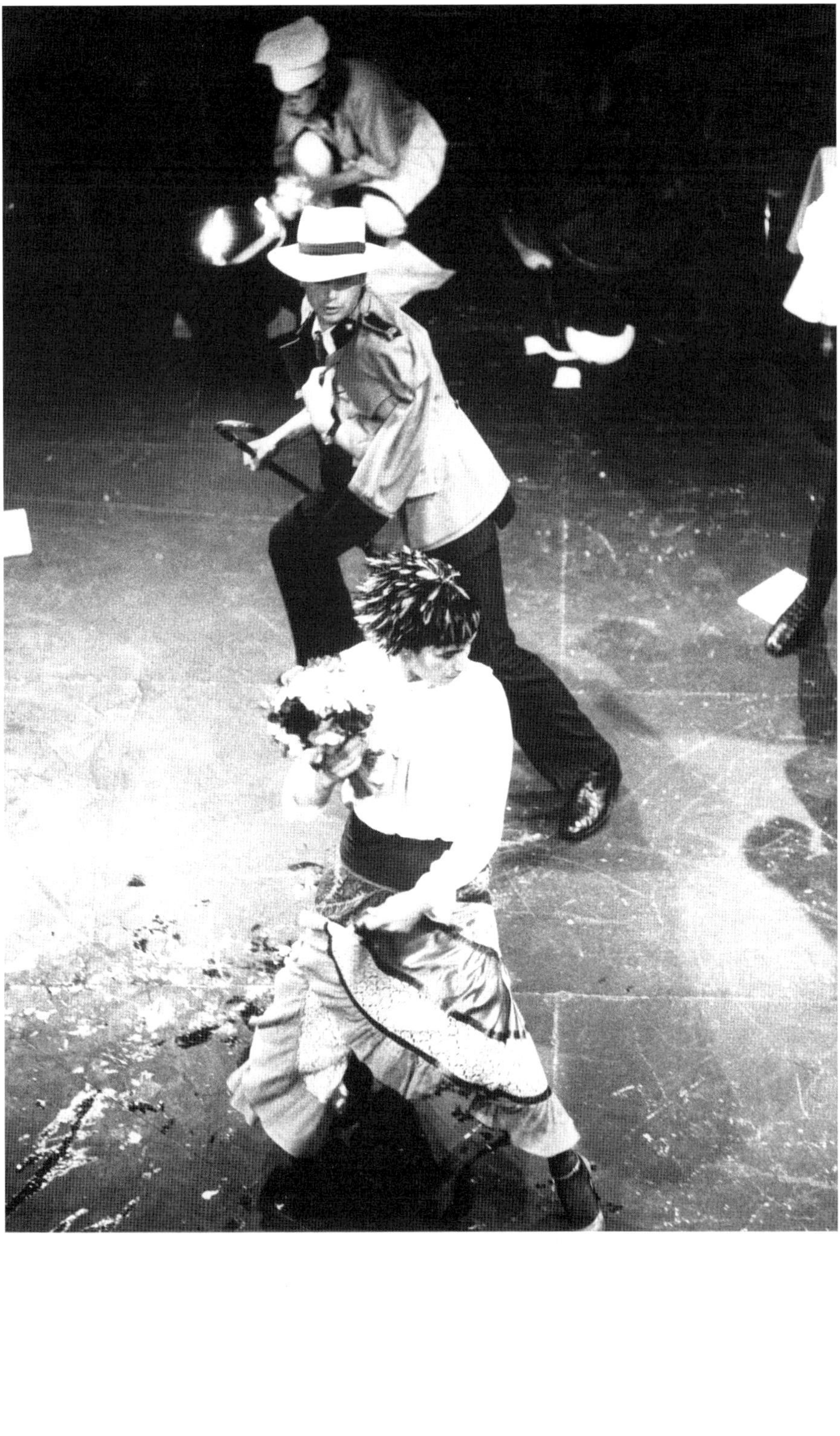

34

35-36. *O Evangelho de Oxyrhincus* (1985), Roberta Carreri e Tage Larsen. Iben Nagel Rasmussen não fala desse espetáculo em seu livro *O Cavalo Cego*, pois não participou dele. Era um espetáculo colorido e terrível, falava das divindades, da ferocidade e da fé. Era cheio de máquinas e truques teatrais, espadas que caíam, guilhotinas, fogueiras, portas que abriam sozinhas, um Golem vestido de branco que escorregava magicamente na estreita passarela que ocupava toda a cena, cheia de pássaros empalhados, incenso, machados e martelos. O espetáculo estava todo enfaixado com panos vermelhos (por isso era difícil fotografá-lo) e acontecia sobre uma longa passarela-palco levemente elevada do chão. Dos dois lados havia duas filas de arquibancadas para os espectadores que, como é padrão na maioria dos espetáculos do Odin, não podiam ser mais que 190. Ao se sentar, cada bloco de público se via diante de uma cortina vermelha, que caía de repente, marcando o início do espetáculo. Nesse momento, do outro lado da passarela-palco, que era o espaço dos atores, cada bloco de espectadores via as caras atônitas e perplexas que estavam lá na outra margem. Era como se olhassem para um espelho. Foto: Tony D'Urso.

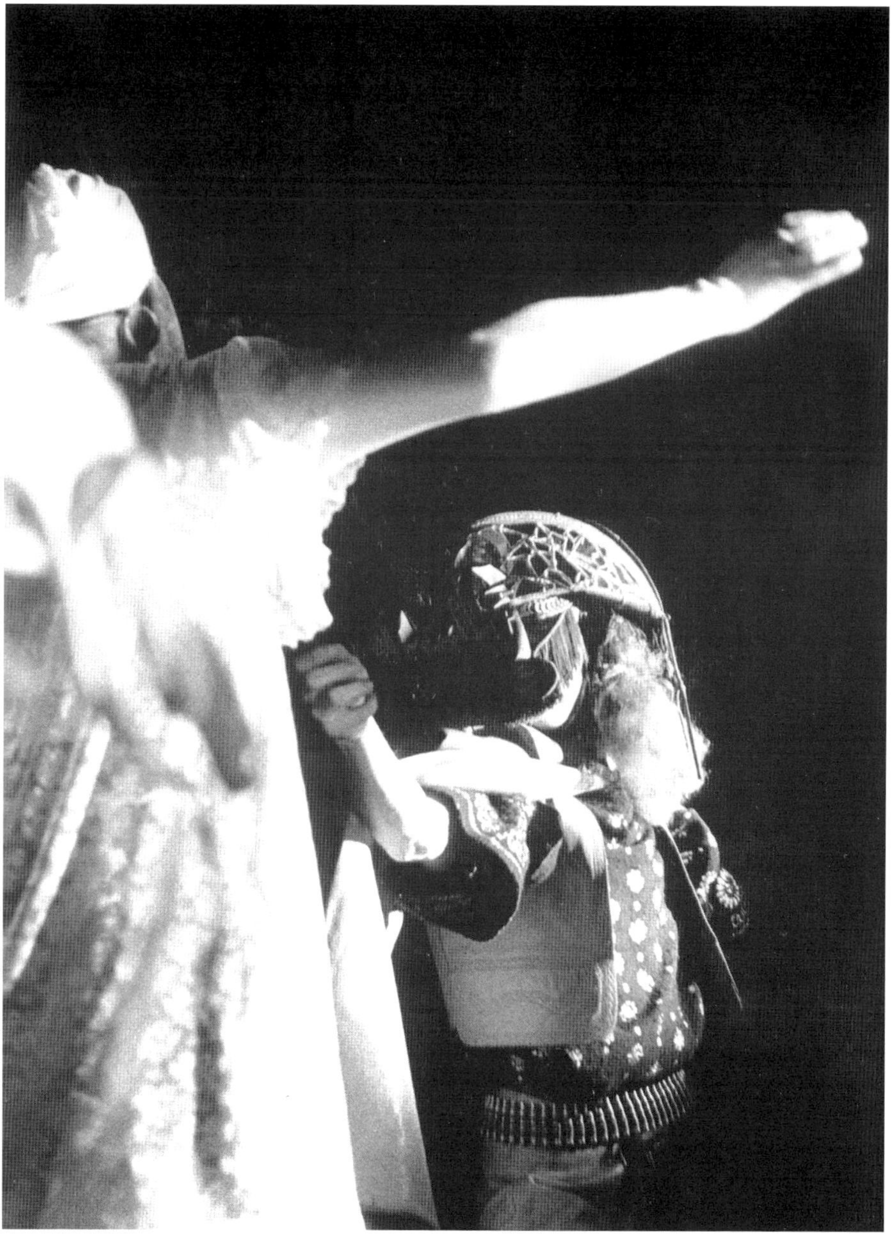

36

37. O navio *Talabot*, no qual Barba embarcou em 1956. Ele sempre volta a falar de suas lembranças dos tempos em que era marinheiro, seja como descoberta da solidariedade de classe (era um grumete que trabalhava na casa de máquinas do navio) seja por ter abandonado sua condição de filho – ainda que na condição de andarilho – de uma família burguesa. O espetáculo *Talabot*, de 1988, ganha esse nome por causa deste navio, fazendo uma referência direta a um episódio autobiográfico importante da vida do diretor. Ele conta a história de uma vida "real", só que de outra pessoa: Kirsten Hastrup, uma antropóloga dinamarquesa que entrou em contato com o Odin como espectadora. Além de aceitar se tornar o tema do espetáculo, ela concordou em escrever uma série de fragmentos autobiográficos para o Odin. Uma mulher, dinamarquesa, antropóloga de profissão, mãe de quatro filhos, professora universitária: eram características que impediam que se buscasse qualquer semelhança entre a biografia de Barba e a da protagonista do espetáculo. E, no entanto, a vida dessa filha da burguesia nórdica – pronta para partir em busca de planícies estrangeiras e que vive entre os ecos da história e as vozes do pequeno "povo escondido" – era capaz de transmitir o eco da outra biografia, aquela de Barba.

38-39. Fevereiro de 1988. A foto **38** foi tirada na praia de Chicxulub, que fica na península de Yucatã, no México, onde o Odin se estabeleceu por um período para começar a trabalhar em cima do espetáculo *Talabot*. Foto do grupo com todos vestindo seus figurinos. Numa praia bem pouco turística, um pequeno barquinho colorido – batizado de *Talabot* – navega na areia, com sua carga de atores que fazem poses que deveriam reproduzir os clichês da *Commedia dell'Arte*, sobre os quais estavam trabalhando. De todo o trabalho feito em cima da *Commedia dell'Arte*, conduzido por um dos maiores especialistas sobre o tema nessa época, Ferdinando Taviani, as únicas coisas que sobreviveram no espetáculo foram essa fotografia e o uso de máscaras. Na foto **39**, vemos Eugenio Barba e Torgeir Wethal numa praia do México, durante os ensaios para o novo espetáculo. Foto: Iben Nagel Rasmussen.

40-41. *Talabot*, 1988.

40. Julia Varley e Richard Fowler, que são, respectivamente, a protagonista que tem sua vida contada no espetáculo, a antropóloga Kirsten Hastrup, e seu pai. Foto: Tony D'Urso.

41. Iben Nagel Rasmussen como Trickster, o anjo da história e o duende, de luvas vermelhas, máscara quebrada e toda corroída. Seu figurino é livremente inspirado na roupa do Arlequim. No final do espetáculo, o Trickster (que se tornava um Trickster-mulher) tirava um bebê de baixo da saia, abria a blusa para amamentá-lo e, de seu seio, escorria areia. Ele pegava uma corda bem fininha, que tinha ficado presa ao recém-nascido como se fosse um cordão umbilical esquecido, e até ele – o bebê – acabava se dissolvendo em areia. Bem no alto, uma lâmpada redonda de papel começava a queimar, como se fosse um mundo. Foto: Tony D'Urso.

41

42-43-44. International School of Theatre Anthropology (ISTA).

42. Roberta Carreri, Eugenio Barba e Julia Varley trabalham juntos com um artista balinês durante os ensaios do *Theatrum Mundi* da ISTA de Bolonha, em 1990. No fundo, Sanjukta Panigrahi, dançarina de Odissi. O *Theatrum Mundi* é o espetáculo final, e cada vez diferente, que Eugenio Barba compõe junto de outros mestres da ISTA, entrelaçando fragmentos de tradições e técnicas diferentes entre si. Aqui, o espetáculo é composto rapidamente, e essa imagem é um bom testemunho disso. É um modo de trabalhar bem distinto daquele outro que caracteriza o Odin, com um lento crescimento dos espetáculos. A ISTA é uma "escola" ou um lugar itinerante de reflexão sobre o teatro, inventada e organizada por Eugenio Barba em 1980. A primeira de inúmeras outras sessões internacionais aconteceu em Bonn, na Alemanha. É uma das atividades mais conhecidas do Odin, inclusive por sua ligação com algumas culturas performativas asiáticas (talvez fosse melhor dizer "com alguns artistas asiáticos").

43. Sanjukta Panigrahi, dançarina de Odissi. Entre os artistas que participaram das várias sessões da ISTA, talvez Sanjukta tenha sido a que mais soube aceitar o trabalho com Barba, encarando-o como uma outra possibilidade da sua vida, paralela ao seu mundo, ao seu verdadeiro trabalho, à sua dança. Sanjukta faleceu em 1997. Tinha chegado ao Odin pela primeira vez em 1977 para participar de um seminário de dança indiana. Na foto, dança na "Troca" feita com a Frabbrika Occupata, em Bolonha, 1990, acompanhada de seu *ensemble*. À janela, sobre pernas de pau, Julia Varley. No fundo, artistas balineses e japoneses. Foto: Fiora Bemporad.

44. Fara Sabina, 1993, "Università del teatro Eurasiano". A partir da esquerda: Eugenio Barba, o *ensemble* de Sanjukta e Ragunath Panigrahi, e os músicos do Odin Teatret – Jan Ferslev, Frans Winther e Kai Bredholt. Foto: Fiora Bemporad.

43

44

45-46. Treinamento: Iben Nagel Rasmussen mostra seus exercícios de treinamento durante uma sessão da ISTA. A importância do trabalho de treinamento não é uma invenção de Barba ou de Grotowski, mas encontra suas raízes em "exercícios" criados para atores, que foram inventados nas primeiras décadas do século XX por grandes mestres do teatro desse período, como Stanislávski e Meyerhold, primeiros entre todos. O treinamento foi elaborado e desenvolvido ao longo do século XX como um dos canais para escapar da asfixia, física e psicológica, que resulta da alternância entre ensaios e espetáculos. E também para dar ao ator um espaço relativamente independente no qual pode desenvolver o próprio trabalho e vencer os próprios bloqueios, fora da companhia ou do grupo como um todo. Foto: Turben Huss.

46

47. *Itsi-Bitsi* (1991), Iben Nagel Rasmussen e Jan Ferslev. É o início do espetáculo. Iben está vestida como Trickster e diz: "À noite, encontraram Eik às margens da floresta, no meio da terra vermelha, com um cafetã amarelo todo rasgado – e nada mais: estava morto. Um silêncio invadiu a sala, as conversas calaram. Mas, do lado de fora, a neve continuava a cair, tranquila". Foto: Tony D'Urso.

48. *Itsi-Bitsi*: Jan Ferslev e Iben Nagel Rasmussen. Foto: Fiora Bemporad.

49. *Itsi-Bitsi*: Jan Ferslev, Iben Nagel Rasmussen e Kai Bredholt. Foto: Fiora Bemporad.

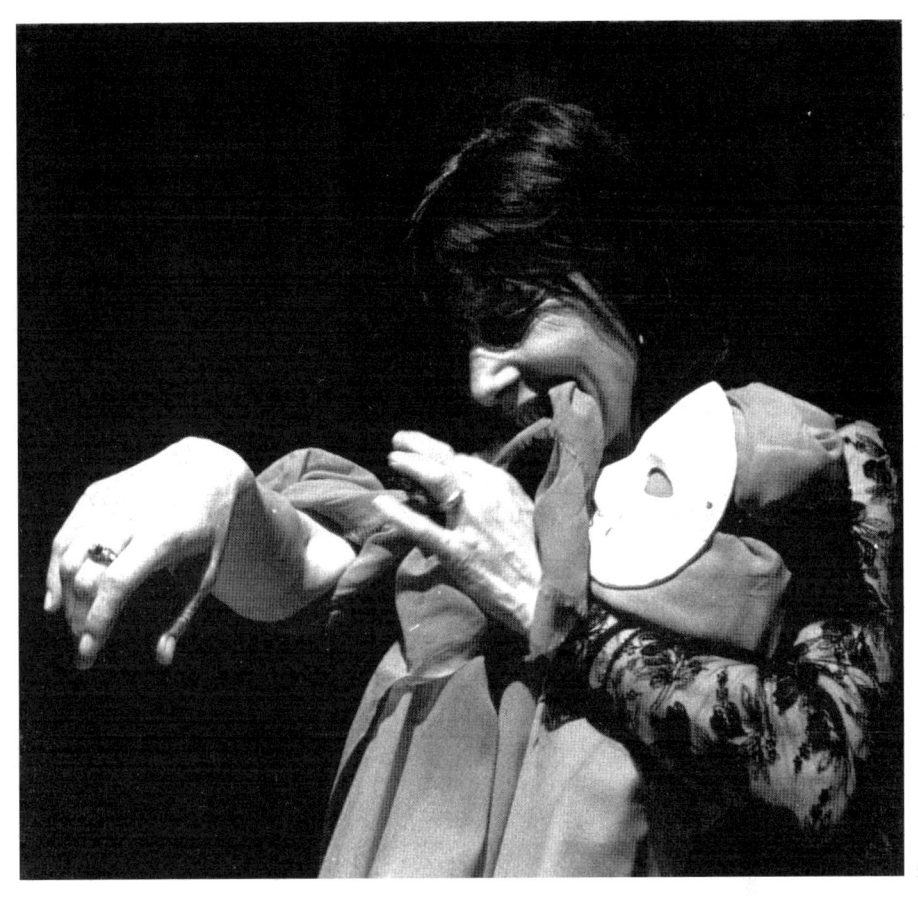

50. *Itsi-Bitsi*. Iben Nagel Rasmussen. Do texto do espetáculo: "Uma noite, Eik começou a observar as estrelas que tinham acabado de surgir. Ele sabia o nome de todas. E me disse: elas estão ligadas por vínculos invisíveis, por forças que fazem com que uma dependa da outra. Sua marcha, que consideramos lenta, é veloz e as torna incandescentes. Elas se consomem ardendo. É por isso que brilham. Quando entramos em contato com as drogas, achamos que nossas mentes estavam começando a passar por uma revolução. Para algumas pessoas, as drogas eram uma brincadeira, para outras, uma fuga. Também tinha gente que achava que eram uma forma de encontrar Deus. Mas, sem que se dessem conta, o meio se transformou no fim. As drogas, que deviam escancarar as portas, tornaram-se portas trancadas. Algumas pessoas estavam do lado errado quando as portas começaram a se fechar". Foto: Tony D'Urso.

51-52. Um salto para trás de vinte anos: Jerzy Grotowski e Eugenio Barba na biblioteca do Odin, em 1971. Duas imagens dos primeiros anos da longa história entre Grotowski e o Odin Teatret. Talvez não seja possível compreender uma relação realmente importante sem levar em consideração suas raízes, desenvolvidas nos anos da juventude. Aqui, Barba tem 35 anos, e Grotowski, 38. A relação profissional entre os dois já tem dez anos de vida. Barba tinha ido para a Polônia em 1960, com uma bolsa de estudos, para estudar na Escola Teatral de Varsóvia. Em 1961, ele abandonou a Escola para se dedicar a um pequeno teatro experimental que ficava em Opole e era dirigido pelo jovem e desconhecido Jerzy Grotowski. Barba ficou com Grotowski até 1964, intercalando sua estadia na Polônia com viagens pela Europa para divulgar o trabalho do teatro de Opole. Em 1964, enquanto estava na Noruega, não renovaram seu visto para a Polônia. "Eu não conseguia entender. [...] Tudo aquilo que eu possuía tinha ficado em Opole: livros, discos, anotações de trabalho, roupas" – escreveu Barba em *A Terra de Cinzas e Diamantes*, livro no qual fala de sua aprendizagem com Grotowski – "Sem que eu esperasse, de um dia pro outro, meu profundo e cotidiano contato com Grotowski e com seu teatro tinha sido interrompido. [...] Era final de abril de 1964, ainda tinha neve nas ruas de Oslo." Barba fundou seu teatro no mês de outubro desse mesmo ano. As fotografias da conversa entre os dois diretores são de Marianne Ahrne, escritora e diretora norueguesa, sobretudo de cinema, que frequentara os primeiros cursos de Grotowski e de Ryszard Cieślak no Odin, na segunda metade dos anos 1960. O Teatr-Laboratorium apresentou doze vezes, na sede do Odin, *Apocalypsis cum Figuris*, o último espetáculo do diretor polonês.

52

53-54. A história dessa amizade durou mais de quarenta anos. Foi a história de uma longa relação entre o diretor polonês, mais velho, e o diretor italiano, um pouco mais novo. Mas também foi a história de uma relação, em primeiro lugar, entre dois grupos teatrais, o Teatr-Laboratorium e o Odin, depois entre Grotowski e todo o Odin, principalmente se pensarmos em Torgeir Wethal e Iben Nagel Rasmussen.

Na página ao lado, foto **53.** Jerzy Grotowski com Iben Nagel Rasmussen, durante o aniversário dos trinta anos do Odin, em Holstebro. Foto: Fiora Bemporad.

Na foto **54.** Em 1996, o Odin Teatret comemora com Grotowski, em ocasião do prêmio que lhe foi conferido pela Universidade de Copenhague, durante a 10ª sessão da ISTA. Da esquerda para a direita: Torgeir Wethal, Jerzy Grotowski e Iben Nagel Rasmussen, vestida como Trickster. Foto: Fiora Bemporad.

55

56

55-57. Com as imagens de Grotowski, tem início uma pequena série de fotografias do grupo dinamarquês junto de seus "consanguíneos": pessoas ou grupos teatrais com os quais o Odin tem afinidade, que sente pertencer ao seu mesmo universo. Isso vale para o fotógrafo Tony D'Urso, para Ferdinando Taviani, para alguns dos grandes teatros rebeldes que nasceram nos anos 1960 ou 1970, para grupos teatrais menores, unidos ao Odin por uma afinidade que talvez seja mais uma postura de vida do que um estilo artístico.

55. Huampani, Peru, encontro de teatros de grupo, 1988. Foto: Tony D'Urso.

56. É possível que essa foto tenha sido tirada na mesma ocasião. Tony fotografa Grotowski. Tony foi mais que um companheiro de viagem, foi parte integrante do grupo dinamarquês, seguindo constantemente suas atividades. Não era apenas uma testemunha. Foi, especialmente, o fotógrafo das grandes viagens do Odin: das estadias nos lugares distantes de Holstebro, das Trocas, dos encontros de teatros de grupo. Fotógrafo desconhecido.

57. Nesta foto de 1993, vemos Ferdinando Taviani (conselheiro literário do Odin Teatret, passou a integrar o grupo em 1974), Eugenio Barba e Julia Varley, sobre pernas de pau. Foto: Fiora Bemporad.

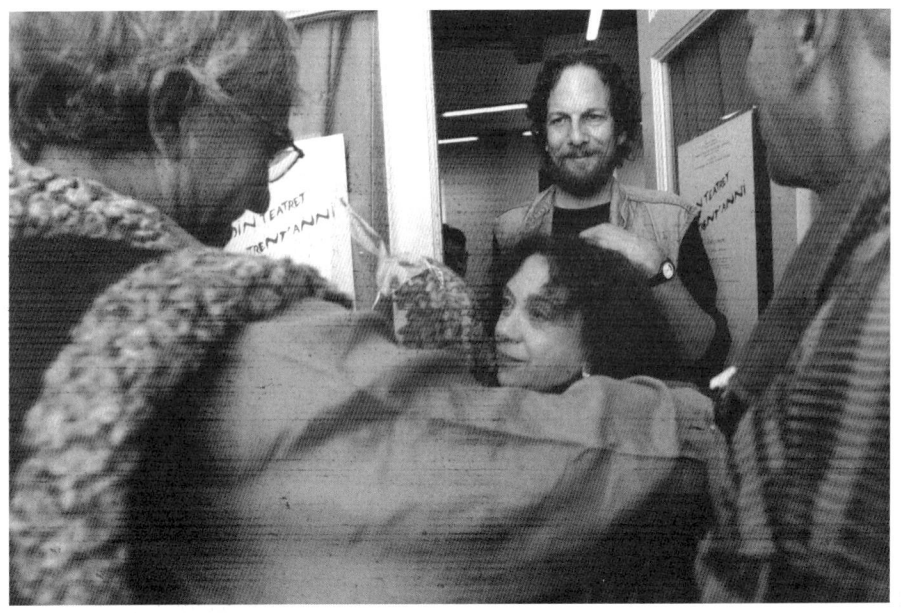

58. Hanon Reznikov e Judith Malina encontram Eugenio Barba em Roma, durante o congresso "Os Submersos e os Salvos", organizado por Franco Ruffini na Universidade de Roma Tre, em 1995. Foto: Francesco Galli.

59. Eugenio Barba, Iben Nagel Rasmussen e Ariane Mnouchkine no Théâtre du Soleil, em 2002. A foto é de Roberta Carreri, a quem agradeço.

60. Em Aquila, na Itália, maio de 2004. Foto de grupo com: o Odin, o Teatro Tascabile e o grupo de estudos teatrais da Universidade de Aquila, no final de um seminário. A partir da esquerda: em pé, Ferdinando Taviani, Mirella Schino, Beppe Chierichetti, Tage Larsen, Jan Ferslev, Torgeir Wethal e Nicola Savarese; sentados, Renzo Vescovi, Alessandro Rigoletti, Roberta Carreri, Luigia Calcaterra, Julia Varley, Eugenio Barba, Tiziana Barberio, Silvia Baudin, Augusto Omolú, Simona Zanini, Alberto Gorla, Kai Bredholt, Caterina Scotti e Iben Nagel Rasmussen. Fotógrafo desconhecido. Agradeço a Nicola Savarese pela foto.

61. *Kaosmos* (1993). Tina Nielsen, Torgeir Wethal, Jan Ferslev, Roberta Carreri e Isabel Ubeda. Em um espaço quase circular e contra um fundo branco, os atores se movem como habitantes de um vilarejo fora do tempo, atormentados pela presença da morte e cobertos por figurinos pesados de lã e seda. Estão esperando para dar início a um imaginário "ritual da porta", que Kafka teria tomado de uma tradição popular, transformando-o em conto em seu *Processo*. Através de uma porta que não está ligada a nenhuma parede, do nada eis que surge um homem que está buscando a cidade onde não se morre jamais. Foto: Tony D'Urso.

62-63. *Dentro do Esqueleto da Baleia* (1997), espetáculo ambientado durante um jantar: duas filas de espectadores, que estão sentados atrás de duas longas mesas, cada uma de um lado da sala, cuidadosamente arrumadas, ainda que de forma espartana, com toalhas brancas, vinho, pão, azeitonas e velas acesas. Foi construído despindo o esqueleto do espetáculo anterior, *Kaosmos*, deixando apenas a simples partitura das ações dos atores, substituindo textos, cenas e figurinos.

62. Bem no início do espetáculo, Eugenio serve vinho aos espectadores, que estão sentados atrás de duas longas mesas. Essa imagem acabou se tornando um símbolo desse íntimo e obscuro espetáculo. Foto: Francesco Galli.

63. Kai Bredholt, Tage Larsen, Iben Nagel Rasmussen, Frans Winther, Julia Varley e Roberta Carreri. Foto: Francesco Galli.

64. O grupo Farfa, que Iben Nagel Rasmussen fundou e dirigiu em 1980. A partir da esquerda: Dolly Albertin, Tove Bornhøft, Isabel Soto, Pepe Robledo (o cavalo) e Marta Orbis (com a caveira). Foto: Jan Rüsz.

65. 15 de agosto de 2003, Iben Nagel Rasmussen junto de duas gerações de alunos: "Os Novos Ventos", criado em 1999, e "A Ponte dos Ventos", que a partir de 1989 começou a se reunir periodicamente com ela para desenvolver o trabalho do treinamento. Após 2003, os dois grupos se fundiram em um só, que continuou a se chamar "A Ponte dos Ventos", reunindo-se, normalmente, uma vez por ano. A foto foi tirada poucos minutos antes de uma Parada em Ringkøbing. A partir da esquerda: Rafael Magalhães, Franco Acquaviva, Carlos Simioni, Sandra Pasini, Giovanni Zolin, Tippe Molsted, Mika Juusela, José Masias Yabar, Iben Nagel Rasmussen, Albamarina (filha de José), Tatiana Cardoso, Jori Snell (atrás dele está uma menina que não pertence a esses grupos, é filha de Tippe Molsted). Foto: Francesco Galli.

66. "A Ponte dos Ventos". Sebastian Kaatrasalo e Guillermo Angelelli. Sentada: Iben Nagel Rasmussen. Foto: Francesco Galli. Agradeço a Iben Nagel Rasmussen pela foto.

65

66

67. "Os Novos Ventos", a nova geração de "A Ponte dos Ventos", a última rosa de atores reunida e guiada por Iben Nagel Rasmussen. Aqui, estão trabalhando com o treinamento durante um seminário em Pontedera, hóspedes de Roberto Baccio. De costas, sentada, Iben Nagel Rasmussen observa o trabalho de Mika Juusela, Signe Thomsen, Maria Mänty, Giovanni Zolin, Michael Weiss, Jori Snell, Iza Jurkowska e Annemarie Waagepetersen. Foto: Francesco Galli. Agradeço a Iben Nagel Rasmussen pela foto.

68. *Mythos* (1998). Cassandra: Roberta Carreri. Foto: Tony D'Urso.

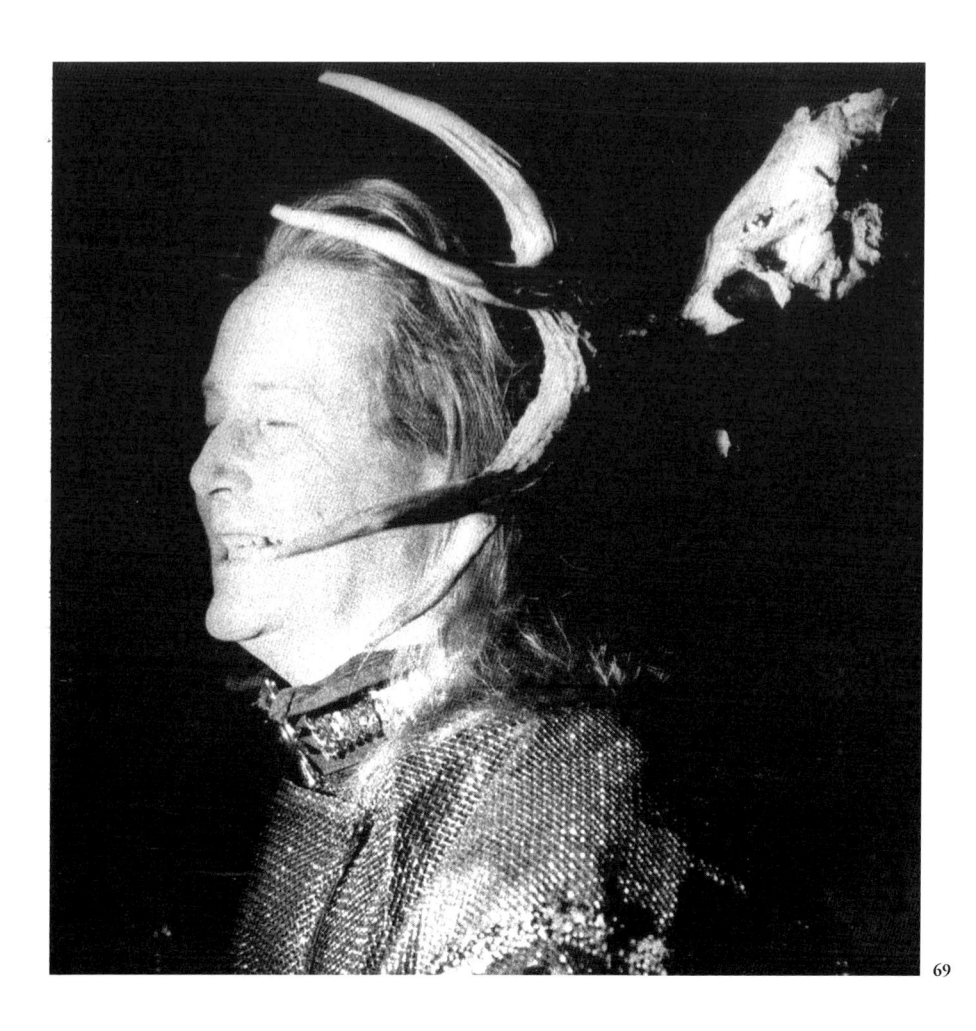

69. *Mythos* (1998). Édipo: Tage Larsen. Uma exploração do mundo dos mitos, enquanto o século XX está chegando ao fim. Um jardim de cascalho, que é continuamente desarrumado e reorganizado pelas ações dos atores, é habitado pelos grandes protagonistas dos mitos clássicos: Medeia e Orfeu, Cassandra, Édipo, Odisseu e Dédalo. Nesse mundo do além, cheio de pedras e de monstros, chega o último revolucionário, Guilhermino Barbosa, que acabou de morrer. Foto: Tony D'Urso.

70. Iben Nagel Rasmussen e sua mãe, a escritora Ester Nagel. Iben havia acabado de apresentar o primeiríssimo embrião do que se tornará seu último espetáculo, *O Livro de Ester*, durante as comemorações dos 35 anos de vida do Odin. Ester Nagel tinha acabado de ler a primeira página de seu diário quando seus óculos caíram. Sem se descompor, ela se dirigiu aos espectadores, surpreendendo tanto eles quanto sua filha atriz, e disse: "Eu não sou uma atriz, sou um clown". Foto: Tony D'Urso. Agradeço a Iben Nagel Rasmussen pela foto.

71. *O Livro de Ester* (2005). Iben Nagel Rasmussen. Foto: Tony D'Urso.

72. *O Sonho de Andersen* (2004), Augusto Omolú (1962-2013). No final do espetáculo, os atores apareciam vestindo pijama e levando sua própria imagem nas mãos. Eles estendiam as imagens numa grande cama que dominava o centro da cena, como se estivessem colocando uma criança ou um idoso para dormir. Em seguida, essas imagens eram incendiadas.

73. *O Sonho de Andersen*, Torgeir Wethal (1947-2010).

74. *O Sonho de Andersen*, Iben Nagel Rasmussen. Foto: Rina Skeel.

75-76-77. *A Vida Crônica* (2011). O que significa "vida crônica"? Que a vida é uma doença? Uma infecção? É alguma coisa da qual não conseguimos nos livrar? É um modo de dizer que a vida pode até dar uma trégua, mas não dá nenhuma esperança? Ou será que é um modo de ressaltar uma coisa óbvia: que a "vida", no final das contas, vence sempre, e chega a transformar a morte em novos nascimentos? Uma vez Barba disse: "Eu queria que *A Vida Crônica* fosse vista como a representação daquilo que passa na cabeça de um idiota, sentado no cantinho de uma calçada, enquanto folheia, sem saber ler, as páginas ilustradas de um jornal europeu". O espetáculo é dedicado a Anna Politkovskaya e a Natalia Estemirova, escritoras russas defensoras dos direitos humanos, assassinadas por matadores em 2006 e em 2009. Foi composto em Holstebro entre fevereiro de 2008 e o outono de 2011. Ainda está em repertório.

75. Julia Varley e Kai Bredholt. Foto: Jan Rüsz.

76. Kai Bredholt. Foto: Francesco Galli.

77. Elena Flores e Sofia Monsalve. Foto: Francesco Galli.

76

77

78. Parte do *ensemble* do mais recente espetáculo do Odin, *A Árvore*. A partir da esquerda: Iben Nagel Rasmussen, I Wayan Bawa, Parvathy Baul, Donald Kitt, Elena Floris, Roberta Carreri e Julia Varley. Foto: Eugenio Barba. Agradeço a Roberta Carreri pela foto.

79. Iben Nagel Rasmussen na praia, com nove anos. Foto: Halfdan Rasmussen. Agradeço a Iben Nagel Rasmussen pela foto.

80. Iben Nagel Rasmussen como "o Anjo da história" no espetáculo *Talabot* (1988). Antes do espetáculo, os espectadores recebiam um cartão postal com essa imagem. Na parte de trás, lia-se um texto de Walter Benjamim: "O Anjo da história. Seu rosto está virado para o passado. Onde nós percebemos um encadeamento de eventos, ele vê uma única catástrofe, que continua amontoando destroços sobre destroços, e os joga sobre os seus pés. O Anjo gostaria de ficar lá, acordar os mortos e reconstruir tudo o que foi destruído. Mas do paraíso chega uma tempestade de neve, que penetra em suas asas de tal maneira que o Anjo não consegue mais fechá-las. A tempestade o empurra inexoravelmente para o futuro, ao qual ele dá as costas. Enquanto isso, diante dele, a montanha de detritos se eleva na direção do céu. Essa tempestade é o que chamamos de progresso". Foto: Tony D'Urso.

Todas as fotos desse álbum que estão sem indicação específica provêm do *Odin Teatret Archives*.

Você poderá se interessar também por:

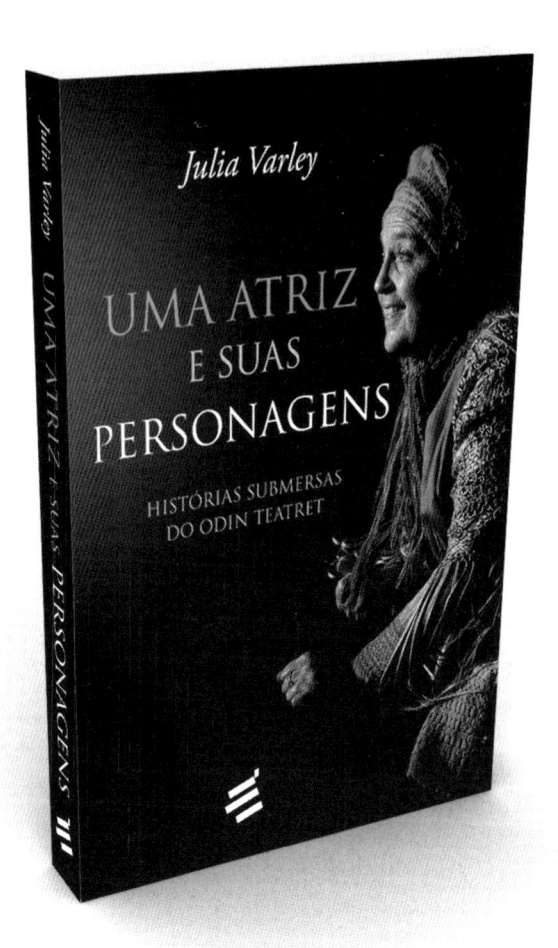

Julia Varley
UMA ATRIZ E SUAS PERSONAGENS
HISTÓRIAS SUBMERSAS DO ODIN TEATRET

Este livro é composto por histórias *esquecidas*, porque elas são a parte submersa de alguns espetáculos do Odin Teatret. Através de vários relatos e artigos, algumas de minhas personagens esforçam-se para trazer a imagem de labirinto intrincado do processo criativo. Recolho um conjunto de informações que talvez deem ao leitor uma ideia do que consiste a massa submersa do iceberg.

facebook.com/erealizacoeseditora   twitter.com/erealizacoes   instagram.com/erealizacoes   youtube.com/editorae

issuu.com/editora_e   erealizacoes.com.br   atendimento@erealizacoes.com.br